駿台受験シリーズ

短期攻略

大学入学 共通テスト

地理B

阿部恵伯・大久保史子　共著

は じ め に

　本問題集は，2021年からの共通テスト対策用に作成されました。2回の試行テスト問題を分析し，変化の特徴を明らかにしながら，地理の学力向上に最適な問題を，2回の試行テストとセンター試験の過去問から精選しています。出題頻度の高い分野および地域を52のテーマに分類したうえで，過去問のデータ更新が可能な場合は，現状を考慮して更新してあります。またこの52テーマを通して，自然や人文分野，系統地理や地誌など，すべての分野を網羅する配慮もしています。テーマごとに構成されているため，第1章から順を追う必要はなく，学校の進度や自分の理解度に合わせて利用することも可能です。

　各テーマの冒頭には★によって問題の難易度が示されているので，間違えやすい問題を確認できるだけでなく，学習到達度の判定も可能です。なお，図表の統計については，出題意図を考慮したうえで，可能な範囲で更新しています。そのため，試行テストとセンター試験の過去問題からの単なる精選問題集ではなく，出題傾向を考慮したテーマ別出題予想問題集ともいえる構成となっています。

　時間配分や配点はおおよその目安です。試行テストでは30〜32問で60分100点でした。

　別冊の解答・解説編は，正答以外の選択肢にも言及しており，解答のポイントや正誤判定のポイントが簡潔に示されています。単なる正答のチェックや暗記ではなく，正答以外の選択肢も含めて地理的事象を理解するように心がけてください。

　また，所々には解法へのヒントやテクニックに言及しており，地理的思考の育成や高得点獲得のためのヒントにも触れています。さらに，重要語句は赤，重要な文章は黒のゴシック文字で示されています。把握すべきポイントや理解すべき内容を明確にすることで，学習の便を図るとともに，入試直前の要点整理としても利用できるはずです。

　この問題集を学習することで，自身の高得点につながり，所期の目的が達成されることを願っています。

著　者

本書の特長と利用法

●特　長

❶　短期間で大学入学共通テストの総仕上げができます

　　本書は，大学入学共通テストで出題される全分野の問題を，毎日2テーマ・1か月間で効率的に学習することができる問題集です。

❷　各分野で出題頻度の高い良問に絞って問題演習が行えます

　　各問題は，近年の大学入学共通テストで出題され，今後も同じテーマで出題される可能性のある問題で構成されています。

❸　問題の難易度表示で学力の到達度を判断することができます

　　各問題につけられた難易度表示で，自分の学力の到達度を判断することができます。問題の難易度は次のように表示してあります。

　　　　　　　★☆☆……大学入学共通テストの中では易しいレベル
　　　　　　　★★☆……大学入学共通テストの中では標準的なレベル
　　　　　　　★★★……大学入学共通テストの中ではやや難しいレベル

❹　問題を解くスピードを身につけることができます

　　大学入学共通テストでは，決められた時間内で解答することが求められています。本書に収録された各問題には，標準的な制限時間と試験時におけるその問題の配点を明示してあります。

❺　解答チェックが簡単に行えます

　　「解答・解説編」は使いやすい別冊形式にしてあります。

　　各問題の「解答」は「解説」の前に一覧形式でまとめてありますので，解答の正誤チェックをすぐ行うことができます。

●利用法

❶　問題は，各問題に設けられた制限時間内で解答するようにしましょう。これにより，各問題に配分する時間の感覚をつかんでください。

❷　★印と★★印の問題は，60％以上の正解を得られるようにつとめてください。

❸　解説文中の赤ゴシック文字は語句そのものが正解として問われたり，その知識がなければ正解に至れない重要語句を表しており，黒ゴシック文字部分は重要な内容や考え方を示しています。

❹　問題は出題分野ごとにまとめてありますので，大学入学共通テスト直前に苦手分野に限って取り組むこともできます。

短期攻略共通テスト地理B

★**大学入試共通テスト新傾向問題**★ ………………………………………………… 6

【系統分野】

1	地図	…………………………………………	12
2	地理情報	………………………………………	16
3	地形図の読図	…………………………………	23
4	新旧の地形図	…………………………………	29
5	地域調査	………………………………………	39
6	地形図上の景観	………………………………	49
7	大地形	…………………………………………	55
8	小地形	…………………………………………	59
9	海洋・河川・地下水	…………………………	64
10	地形図や図・写真から見る地形	……………	67
11	大気大循環	……………………………………	72
12	各地の気候	……………………………………	75
13	植生・土壌	……………………………………	80
14	気候に関する統計グラフ・図	………………	85
15	自然災害	………………………………………	90
16	環境問題	………………………………………	96
17	世界の農牧業	…………………………………	102
18	農作物の原産地，農法，食料問題	…………	106
19	農業統計	………………………………………	110
20	日本の農牧業	…………………………………	118
21	林業	……………………………………………	122
22	水産業	…………………………………………	125
23	資源，エネルギー	……………………………	129
24	工業立地	………………………………………	133
25	世界の工業	……………………………………	136
26	日本の工業	……………………………………	140
27	生活行動	………………………………………	145
28	交通・通信	……………………………………	149
29	国際化・投資	…………………………………	152

CONTENTS

30	貿易	…………………	156
31	国際協力	…………………	160
32	人口モデル	…………………	163
33	世界の人口・人口問題	…………………	166
34	日本の人口・人口問題	…………………	169
35	村落と都市	…………………	173
36	都市機能	…………………	177
37	都市問題	…………………	182
38	衣食住	…………………	185
39	民族・宗教	…………………	190
40	国家・国家群	…………………	194

【地誌分野】

41	東アジア	…………………	198
42	東南アジア	…………………	201
43	南アジア	…………………	205
44	西アジア	…………………	209
45	アフリカ	…………………	213
46	ヨーロッパ	…………………	217
47	ロシアとその周辺諸国	…………………	223
48	北アメリカ	…………………	227
49	中央・南アメリカ	…………………	232
50	オセアニア	…………………	238
51	比較地誌	…………………	243
52	日本	…………………	250

| 新 | 新テストの出題形式の特長 | ★★☆ | 10分・15点 |

解答・解説 ⇨ 2ページ

第2問 資源・エネルギーの開発と工業の発展に関する次の模式図を見て，図中の ⓐ〜ⓕに関する下の問い（**問1〜5**）に答えよ。（配点　20）

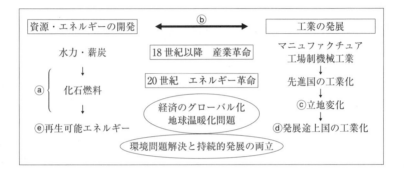

問1 ⓐに関して，次の表1は，世界のエネルギー資源の埋蔵量と，埋蔵量を年間生産量で除した可採年数を地域別に示したものであり，①〜④は，アフリカ，北アメリカ（メキシコを含む），中・南アメリカ（メキシコを除く），西アジアのいずれかである。アフリカに該当するものを，表1中の①〜④のうちから一つ選べ。

表　1

	石油		天然ガス		石炭	
	埋蔵量 （億バレル）	可採年数 （年）	埋蔵量 （兆 m³）	可採年数 （年）	埋蔵量 （億トン）	可採年数 （年）
①	8,077	70	79.1	120	12	752
②	3,301	126	8.2	46	140	141
③	2,261	31	10.8	11	2,587	335
欧州（ロシアを含む）・中央アジア	1,583	24	62.2	59	3,236	265
④	1,265	43	13.8	61	132	49
アジア（西アジアを除く）・太平洋	480	17	19.3	32	4,242	79

統計年次は2017年。
BP Statistical Review of World Energy の資料などにより作成。

問2　ⓑに関して，次の図1は，石油や鉄鉱石の利用を事例として，資源・エネルギーの産出から加工，さらには利用・消費について写真と文章で示したものである。図1中の文章中の下線部①〜④のうちから，**適当でないもの**を一つ選べ。

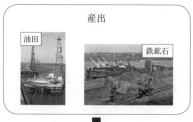

産出

油田　　鉄鉱石

世界の資源について産出国からの貿易でみると，**①鉄鉱石の輸出量ではオーストラリアとブラジルが上位を占める。** また，**②原油の輸入量を国別でみると，最大の国は日本である。**

加工

石油化学コンビナート　　製鉄所

石油化学コンビナートや製鉄所では，資源を加工して化学製品や鉄鋼などを生産している。第二次世界大戦後は，**③生産施設の大規模化やオートメーション化が進んだ。**

利用・消費

自動車・船舶　　建造物

利用・消費でみると，1人当たりのエネルギー消費量は発展途上国よりも先進国で多い。工業製品では，**④先進国に比べ，発展途上国で消費量の増加率が高くなっている。**

図　1

問 3 ⓒに関して，資源使用量の変化とともに製鉄所の立地は変化してきた。次の図 2 は，仮想の地域を示したものであり，下の枠は地図中の凡例および仮想の条件である。このとき，次ページの図 3 中のア〜ウは，1900 年前後，1960 年前後，2000 年前後のいずれかにおける鉄鋼生産国の製鉄所の立地場所を示したものである。輸送費の観点から年代順で立地の変化を考えたとき，年代とア〜ウとの正しい組合せを，次ページの①〜⑥のうちから一つ選べ。ただし，地図で示されていない自然環境や社会環境は条件として考慮しない。

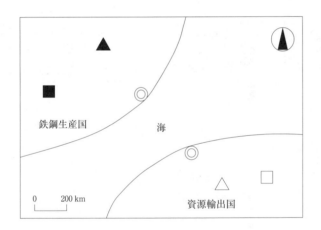

<＜凡例および仮想の条件＞

・■石炭，▲鉄鉱石・・・坑道掘り

・□石炭，△鉄鉱石・・・露天掘り

・図中の◎は貿易港をもつ都市を示している。

・1970 年代以降，坑道掘りは産出量が減少する一方，露天掘りは産出量が増加して，図中の南東側の国が資源輸出国となったとする。

・次ページの表 2 は，鉄鋼製品 1 トン当たりの石炭と鉄鉱石の使用量の推移を示している。

図 2

表　2　鉄鋼製品1トン当たりの石炭と鉄鉱石の使用量の推移

（単位：トン）

	1901年	1930年	1960年	1970年	2000年
石　炭	4.0	1.5	1.0	0.8	0.8
鉄鉱石	2.0	1.6	1.6	1.6	1.5

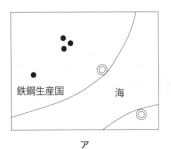

ア

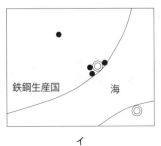

イ

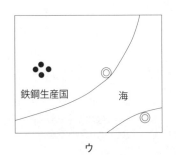

ウ

● 製鉄所

◎ 貿易港をもつ都市

図　3

	①	②	③	④	⑤	⑥
1900年前後	ア	ア	イ	イ	ウ	ウ
1960年前後	イ	ウ	ア	ウ	ア	イ
2000年前後	ウ	イ	ウ	ア	イ	ア

問 4 ⓓに関して，東アジア・東南アジアにおける発展途上国の工業化について述べた文として最も適当なものを，次の①〜④のうちから一つ選べ。

① 各国・地域の工業化は，輸出指向型から，外国資本の導入による輸入代替型の工業化政策に路線を転換することで進んだ。

② 工業化にともなって，先進国との貿易が増加して，東アジア・東南アジア域内の貿易額が減少した。

③ 中国の重化学工業化は，都市人口の増加を抑制し，国内の沿岸部と内陸部との地域間経済格差を緩和した。

④ 東南アジアの自動車工業は，原材料から最終製品までの生産において，国境を越えた工程間の分業によって発展した。

問 5 ⓔに関して，次の表3中の**カ～ク**は，水力，地熱，バイオマスのいずれかの発電量上位5か国を示したものである。**カ～ク**と再生可能エネルギー名との正しい組合せを，下の**①～⑥**のうちから一つ選べ。

表 3

	1位	2位	3位	4位	5位
カ	アメリカ合衆国	フィリピン	インドネシア	ニュージーランド	メキシコ
キ	アメリカ合衆国	中　国	ドイツ	ブラジル	日　本
ク	中　国	ブラジル	カナダ	アメリカ合衆国	ロシア

中国には，台湾，ホンコン，マカオを含まない。統計年次は，水力とバイオマスが2016年，地熱が2014年。『自然エネルギー世界白書2017』などにより作成。

	①	**②**	**③**	**④**	**⑤**	**⑥**
カ	水　力	水　力	地　熱	地　熱	バイオマス	バイオマス
キ	地　熱	バイオマス	水　力	バイオマス	水　力	地　熱
ク	バイオマス	地　熱	バイオマス	水　力	地　熱	水　力

系統分野／1 　地図・地形図

1 　地図 　　　　　　　　　　　　　　　　　　★★☆ ｜ 10分・15点

地図に関する次の問い（**問1～5**）に答えよ。

問1 　次の図1中の**A～C**は，時代が異なる3枚の世界図を示したものであり，次ページの**ア～ウ**の文は，**A～C**のいずれかについて説明したものである。**A～C**との正しい組合せを次ページの**①～⑥**のうちから一つ選べ。

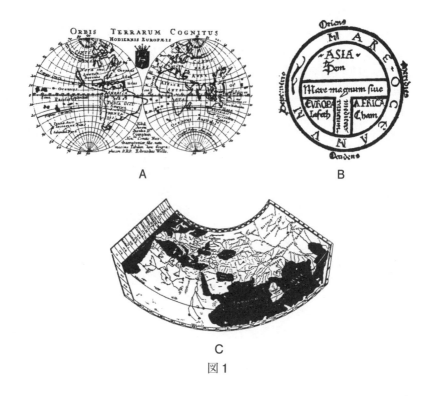

A 　　　　　　　　　　　　B

C

図1

ア　古代の地理的知識を表現した世界図であり，南北に比べて東西の距離が
　　過大に描かれている。

イ　中世の世界図であり，宗教に基づいた世界観が表現されている。

ウ　近世以降の世界図であり，大航海時代における地理的知識の拡大が反映
　　されている。

	①	②	③	④	⑤	⑥
A	ア	ア	イ	イ	ウ	ウ
B	イ	ウ	ア	ウ	ア	イ
C	ウ	イ	ウ	ア	イ	ア

問2　次の図2は，ブラジリアを中心として正距方位図法で描かれた世界地図で
　　ある。図2中に示したアンカレジ，ケアンズ，東京，ローマのうち，ブラジ
　　リアから航空機が大圏コースを飛んだ場合，飛行距離が最も短い都市を，下
　　の①～④のうちから一つ選べ。

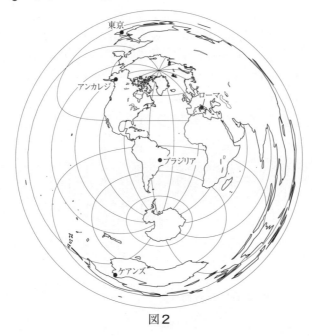

図2

①　アンカレジ　　②　ケアンズ　　③　東　京　　④　ローマ

問3 次の図3は，メルカトル図法によって描かれた世界地図である。図3中に示した赤道上で地球を一周すると，距離は約40,000kmとなる。図3中のAB間のおよその距離として最も適当なものを，下の①～④のうちから一つ選べ。

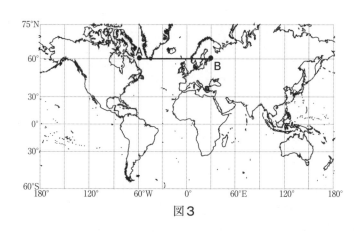

図3

① 2,500km　　② 3,300km　　③ 5,000km　　④ 10,000km

問4 図4の図法の特徴について述べた次ページの文章中の下線部①～④のうちから，**誤っている**ものを一つ選べ。

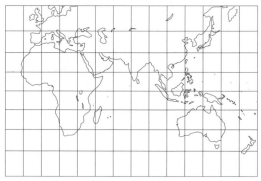

緯線・経線は15度間隔。

図4

　この地図に用いられているミラー図法の特徴はメルカトル図法の欠点を補っていることである。メルカトル図法に比べて，①高緯度地方の緯線の間隔が短くなるように調節されているため，極地方のゆがみが小さく，②世界全図など広域を示す地図により適している。また，③面積は正しく表現されず，④図中の任意の2点を結ぶ直線は，大圏航路を示す。

問5　図5のホモロサイン図法について述べた下の文章中の下線部aとbの正誤の組合せとして正しいものを，下の①〜④のうちから一つ選べ。

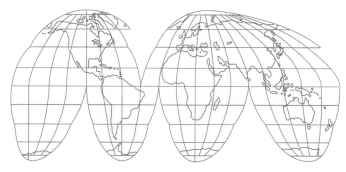

ホモロサイン図法（グード図法）による。
緯線・経線は20度間隔。

図5

　ホモロサイン図法は，_aサンソン図法とモルワイデ図法を接合したものであり，海洋を断裂させて陸地の形のひずみを小さくしている。このような特徴から，ホモロサイン図法は，_b地理的事象の分布を描くのに適している。

	①	②	③	④
a	正	正	誤	誤
b	正	誤	正	誤

2 地理情報　　　　　　　　　　　★★☆ | 10分・16点

解答・解説 ⇨ 6ページ

地図・地理情報に関する次の問い(**問1〜5**)に答えよ。

問1　次の図1は，1877年における綿花の生産額を地域別に示した主題図である。図1について説明した文として最も適当なものを，下の**①〜④**のうちから一つ選べ。

Baker ほか編，*Period and Place* による。一部改変。

図1

①　絶対値の分布を点の位置で表したドットマップである。

②　絶対値の分布を円の面積で表した図形表現図である。

③　相対値の分布を点の位置で表したドットマップである。

④　相対値の分布を円の面積で表した図形表現図である。

問2　地図について説明した次の文①～⑧のうちから，下線部が**適当でないも**のを二つ選べ。ただし，解答の順序は問わない。

①　区域間の数値の大小を濃淡で表す階級区分図（コロプレスマップ）は，<u>行政区画別に人口密度などを示す場合に用いられる</u>。

②　分布状況を点の密度によって表すドットマップは，<u>降水量や気温の地域差を図化するのに用いられる</u>。

③　地域を方眼に区切って表すメッシュマップは，<u>行政区画にとらわれず区域の事象の数値を表現できる</u>という利点がある。

④　等しい数値の地点を線で結んだ等値線図は，等高線図や等圧線図がなじみ深いが，<u>桜の開花日や地価の分布の表現などにも利用される</u>。

⑤　物質や人などの移動の量や方向を線によって表す流線図は，<u>鉄道の駅ごとの貨物取扱量や乗降客数を示す</u>のに用いられる。

⑥　国や都道府県などの形を変形させたカルトグラム（変形地図）は，<u>所得や人口など各地域の統計値を視覚的に理解する</u>のに有効である。

⑦　頭の中にイメージされている地図であるメンタルマップは，<u>興味があったり，行ったことのある場所については詳しく描かれる</u>傾向がある。

⑧　GIS（地理情報システム）を利用して作成した地図は，地図の重ね合せが可能で，<u>多種類の情報を同一の地図上で関連づけることができる</u>。

問3 次の図2は，ある地域で危惧されている災害の範囲を地形図上に示したものであり，図2中の**ア～ウ**は，河川が氾濫した際の水深1m以上の浸水，急傾斜地の崩壊，津波による水深1m以上の浸水のいずれかである。災害をもたらす現象名と**ア～ウ**との正しい組合せを，次ページの**①～⑥**のうちから一つ選べ。

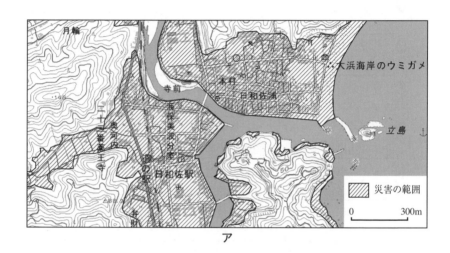

ア

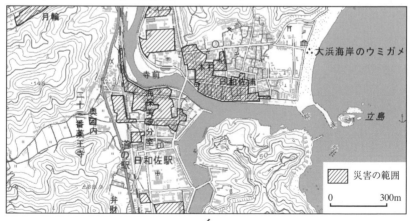

イ

第1章

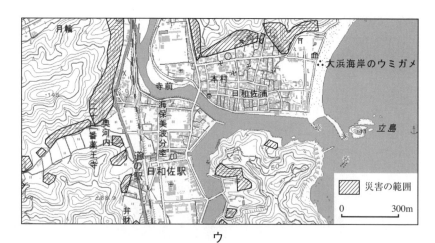

ウ

自治体の資料などにより作成。
地形図は地理院地図を用いた。

図2

	河川が氾濫した際の 水深1m以上の浸水	急傾斜地の 崩壊	津波による 水深1m以上の浸水
①	ア	イ	ウ
②	ア	ウ	イ
③	イ	ア	ウ
④	イ	ウ	ア
⑤	ウ	ア	イ
⑥	ウ	イ	ア

問4　次の図3は，世界の主な国の人口のカルトグラムに人口密度を示したもの
　　　である。図3から読み取れることがらを述べた文として最も適当なものを，
　　　下の① ～ ④のうちから一つ選べ。

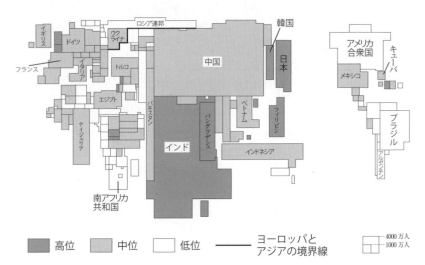

統計年次は，人口が 2012 年または 2014 年，人口密度が 2015 年。
『世界国勢図会』などにより作成。

図3

① 　ヨーロッパでは，国土面積が小さく，人口密度が高位の国が集中してい
　　る。
② 　アジアは人口が最も多く，特に東アジアや南アジアでは人口密度が高位
　　や中位の国が多い。
③ 　アフリカは人口増加率が高く，人口密度も高位の国が多い。
④ 　ラテンアメリカでは，人口密度が中位や低位の国が多く，特に中央アメ
　　リカでは低位の国が多い。

問5 大分市で多くの保育所待機児童*が報告されていることを知ったリョウさんは,「なぜ大分市で保育所不足が生じたのだろう」という問いをもち,いくつかの資料をみながらサツキさんと仮説を立てた。次の図4は,リョウさんとサツキさんが考えた仮説を示しており,図中の**資料A〜C**には,**仮説を考えるもととなった資料**として,次ページの図5中の**カ〜ク**がそれぞれ当てはまる。**A〜Cとカ〜ク**との組合せとして最も適当なものを,次ページの①〜⑥のうちから一つ選べ。

*保育所への入所を希望して入所できない児童のうち,一定の基準を満たす者。

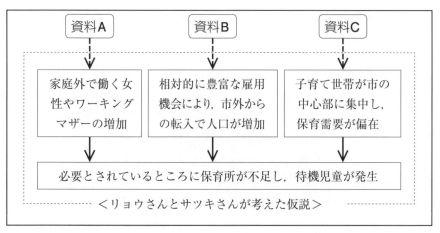

図4

大分県内の人口増減率
(1995 ～ 2015年)
行政界は2015年時点。
国勢調査により作成。
　カ

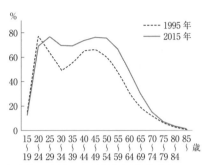

大分市の女性の年齢階級別労働力率
(1995年・2015年)
国勢調査により作成。
　キ

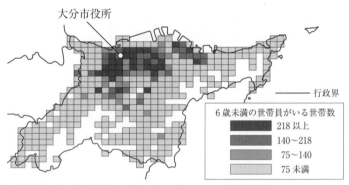

6歳未満の世帯員がいる世帯数の1kmメッシュマップ(2015年)
メッシュのない範囲はデータなし。
国土地理院の資料により作成。
　　　　　ク

図5

	①	②	③	④	⑤	⑥
A	カ	カ	キ	キ	ク	ク
B	キ	ク	カ	ク	カ	キ
C	ク	キ	ク	カ	キ	カ

| **3** 地形図の読図 | ★★☆ | 10分・15点 |

解答・解説 ⇨ 7ページ

地形図に関する次の問い（**問1〜5**）に答えよ。

問1　図1中の2地点**X・Y**を含む扇状地での洪水による堆積物の特徴について述べた下の文**①**〜**④**のうちから，最も適当なものを一つ選べ。

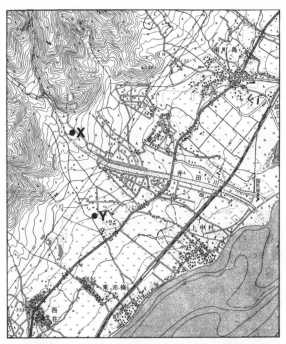

図1　　注：元図の65％縮小となっています。

①　**X**付近と**Y**付近は何日にもわたって水没し，扇状地のほぼ全域に厚い粘土層が堆積した。

②　**X**付近には一時的に湖沼ができ，厚い粘土層が堆積したが，**Y**付近には粘土層は堆積していない。

③　急激に大きな礫が移動してきて扇状地に堆積したが，一般に，礫の大きさは**X**付近の方が**Y**付近より大きい。

④　通常は流されないような大きな礫が移動してきたが，特に大きな礫は**Y**付近より下流側に多い。

問2　図2（2万5千分の1地形図より作成）にみられる旧河道とその洪水堆積物について述べた次の文章①～④のうちから，最も適当なものを一つ選べ。

①　勾配が緩やかなために，川は蛇行していた。洪水時には，B付近には砂質の，その背後のC付近には泥質の物質が堆積した。

②　勾配が緩やかなために，川は蛇行していた。洪水時には，B付近には泥質の，その背後のC付近には砂質の物質が堆積した。

③　勾配が急なために，川は直線的に流れていた。洪水時には，B付近には砂質の，その背後のC付近には泥質の物質が堆積した。

④　勾配が急なために，川は直線的に流れていた。洪水時には，B付近には泥質の，その背後のC付近には砂質の物質が堆積した。

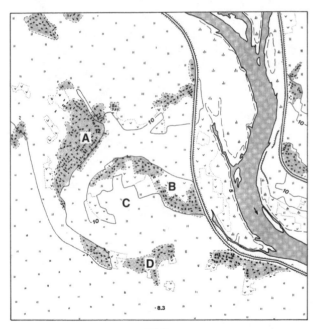

図2　　　　注：元図の65％縮小となっています。

問3　ケイジさんは金沢市の歴史的文化遺産である辰巳用水に関して次の図3を作成した。図3を説明した下の文章中の下線部① ～ ④のうちから，**適当でないもの**を一つ選べ。

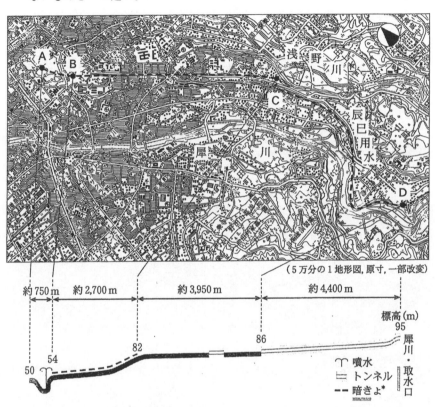

（5万分の1地形図，原寸，一部改変）

＊コンクリートなどで覆われた水路
金沢市の資料などにより作成

図3　　　注：元図の65％縮小となっています。

　辰巳用水は①犀川の右岸側を流れており，飲用水と防火用水の確保を目的として江戸時代に整備された。犀川からの取水口とA地点との②標高差は45mで，その間の距離は約11.8kmである。B～C区間では③工場密集地を流れているため大部分が暗きょ化されている。また，D地点より上流のトンネルは，当時の土木技術を知る上で重要な国の史跡となっている。C地点周辺では④傾斜が急に変わっており，高低差を利用した逆サイフォン技術による噴水がB地点の兼六園内にみられる。

問4 ユカさんは，2万5千分の1地形図を使って，佐賀県内のいくつかの地域の特徴を読み取った。次ページの図5は，図4中のA～Dの範囲を示した地形図(原寸，一部改変)である。図5から読み取れることがらとその背景について述べた文として下線部が**適当でないもの**を，次ページの①～④のうちから一つ選べ。

図4　　　　　注：元図の65%縮小となっています。

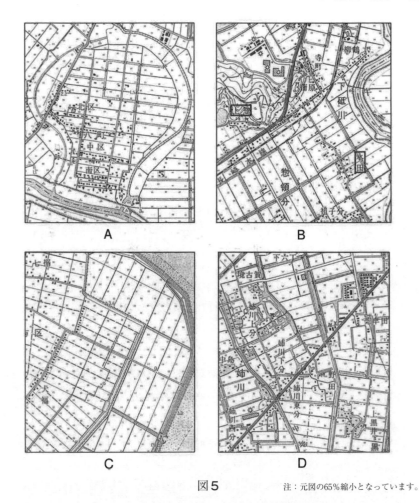

図5 　　　　注：元図の65％縮小となっています。

① A中の市町村の境界線となっている河川は，かつて蛇行しており，八町はその古い河道に囲まれている。

② B中にみられる集落の中には，神社が祀られているところがあり，上惣と永田の神社間の直線距離はおよそ2kmである。

③ C中の地域は，干拓によって造成された土地であり，標高が0m以下の低平地となっている部分がある。

④ D中の姉川上分や姉川下分，上黒井の集落の周りの水路は，農業用として使用されてきた。

問5 次の図6は，奈良盆地の南部に位置する橿原市の一部を示した2万5千分の1地形図（原寸，一部改変。2007年発行）である。図6から読み取れることがらを述べた文として**適当でないもの**を，下の①～④のうちから一つ選べ。

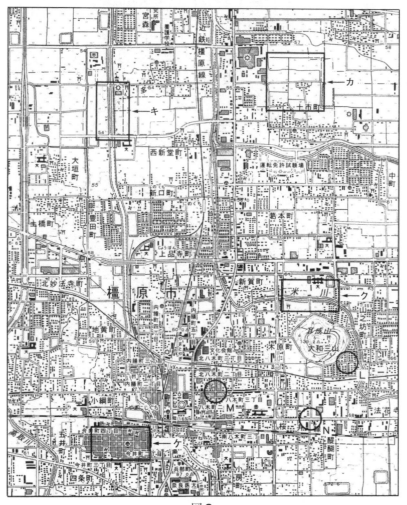

図6　　　　注：元図の65％縮小となっています。

① カの範囲にみられる耕地は，防風林で囲まれている。

② キの範囲にみられる河川には，堤防が築かれている。

③ クの範囲にみられる米川は東から西に向かって流れている。

④ ケの範囲にみられる市街地の長さは，東西方向に約500mである。

4　新旧の地形図

★★☆ | 10分・15点

解答・解説 ⇨ 8ページ

新旧の地形図に関する，次の問い（**問1～5**）に答えよ。

問1　次ページの図1は1990年から1995年にかけて噴火した雲仙普賢岳の東方地域の，1994年発行と1997年発行の2万5千分の1地形図（一部改変）である。図1より読み取れる災害復旧の様子や土地利用の変化について述べた文として適当なものを，次の①～⑤のうちから二つ選べ。ただし，解答の順序は問わない。

①　火砕流や土石流による土砂は道路や橋を一部切断しながら海岸まで達したが，その後主な道路は修復され，また海岸付近では埋立地が造成された。

②　水無川の左岸にある集落は河岸段丘面上にあるため，火砕流によって直接覆われることはなかった。

③　土石流を安全に海に流し去るための流路が新たに設定され，そのために移転した住宅や駅がある。

④　水無川の右岸地域は，火山灰によって厚く覆われたので農地利用ができなくなり，新しい道路を整備することによって住宅地へと転用された。

⑤　土石流により被害を受けた鉄道は，復旧に向けて工事がすすんでいるが，未だに運行休止中である。

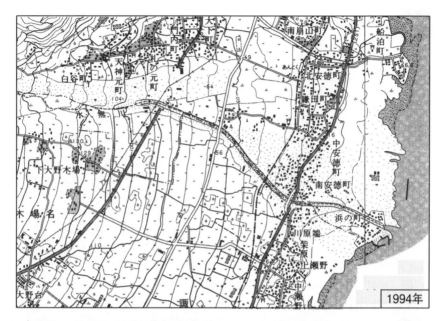

図1　　　　　　　注：元図の65％縮小となっています。

問2　高校生のサクラさんは，鹿児島県の自然と人間活動に関する地域調査を行った。

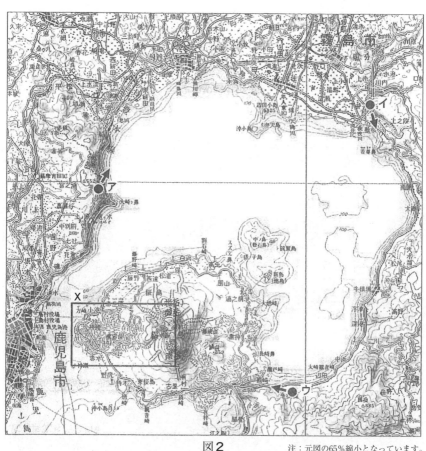

図2　　　　　注：元図の65％縮小となっています。

　サクラさんは，1914年の御岳（北岳）の噴火にともなう大正溶岩により鹿児島市 桜 島地区の景観が大きく変化したことを知って，新旧の地形図を比較した。次ページの図3は，図2中のXの範囲における，1902年と2005年の5万分の1地形図（原寸，一部改変）である。図3から読み取れることがらを述べた文として最も適当なものを，次ページの①〜④のうちから一つ選べ。

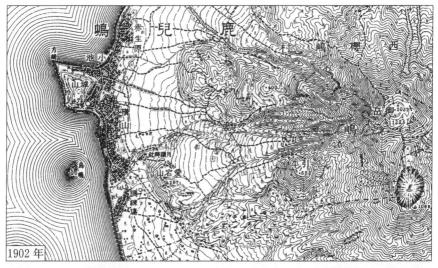

図3　　　　　　　注：元図の65%縮小となっています。

① 赤生原<ruby>赤生原<rt>あこうばる</rt></ruby>の中心集落だったところが，大正溶岩<ruby>大<rt>おお</rt></ruby>に覆われた。

② かつては大部分が果樹園となっていた斜面が，大正溶岩に覆われた。

③ 大正溶岩は沖にあった烏嶋<ruby>烏嶋<rt>からすじま</rt></ruby>(烏島)の西方まで達し，陸地を拡大させた。

④ 大正溶岩は御岳の西斜面を下り，大規模な三角州(デルタ)を形成した。

問3　徳島県鳴門市に住む高校生のタクミさんは，次の図4の20万分の1地勢図
　　　（原寸，一部改変）に示した鳴門市とその周辺地域の調査を行った。

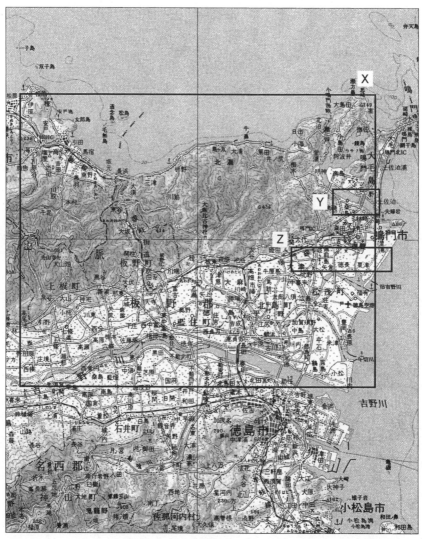

図4　　　　　　　　注：元図の65％縮小となっています。

　　小鳴門海峡付近の景観変化に関心をもったタクミさんは，新旧の地形図を
比較した。次の図5は，図4中のYの範囲における，1948年と2005年の
2万5千分の1地形図（原寸一部改変）である。図5から読み取れる変化を述
べた文として**適当でないもの**を，下の①〜④のうちから一つ選べ。

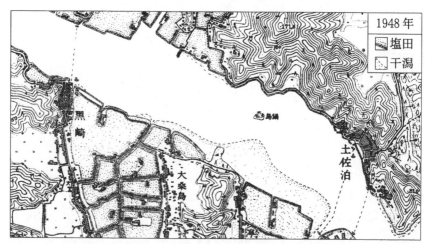

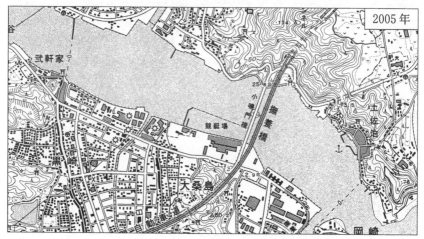

図5

注：元図の65％縮小となっています。

①　塩田跡地は市街地化が著しいが，水田の市街地化はすすんでいない。

②　海峡中に存在する島の上を通過するかたちで，橋が架けられた。

③　海峡南岸の干潟の一部は埋め立てられ，大規模な施設が立地した。

④　海峡を横断する渡し船は存続しているものの，航路の数が減少している。

問4 金沢市街に残る古い町並みを見たケイジさんは，城下町として栄えていた
ころの様子に興味をもった。次の図6は，金沢市中心部における17世紀前半
の城下町の様子を示したものであり，次ページの図7は，2006年の2万5千
分の1地形図（原寸，一部改変）である。図6と図7の比較から読み取れるこ
とがらを述べた文として最も適当なものを，次ページの① ～ ④のうちから
一つ選べ。

*堀や土塁などの防御用施設。
　金沢市の資料により作成。

図6

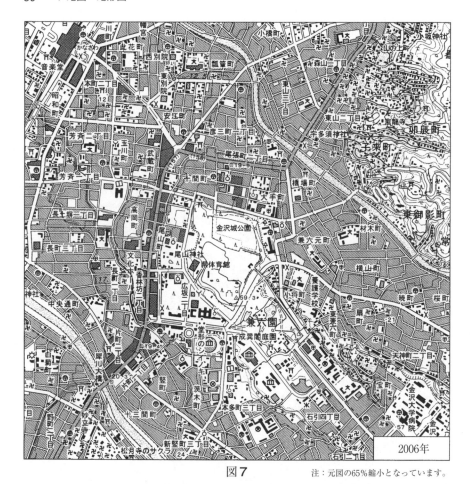

図7 　　　　　　　注：元図の65％縮小となっています。

① 　かつての惣構は，現在，幅の広い環状道路として整備されている。

② 　金沢城の南東にあった上級武家屋敷地区には，現在，兼六園や文教施設が立地している。

③ 　金沢城の西にあった町屋地区には，現在，市役所や官公署が立地している。

④ 　金沢城の南西にあった寺院群は，金沢城公園の北東に移転し，現在，跡地は住宅地となっている。

問5　大分市の駅前商店街の観察から景観変化に関心をもったリョウさんは，新旧の地図を比較することにした。次ページの図8は，大分市中心部における1930年に発行された2万5千分の1地形図（原寸，一部改変）と，これとほぼ同じ範囲の2018年の地理院地図である。図8から読み取れるこの地域の変化を述べた次の会話文中の下線部①～④のうちから，**適当でないもの**を一つ選べ。

サツキ　「昔の大分市中心部の地形図を，大学の地理の先生からもらってきたよ。インターネットから出力した現在の地図と比べてみよう。大分駅前から北へ延びる大通りには，かつては①駅前から市街地中心部や海岸線に伸びる路面電車があったんだね。今もあったら便利だろうね」

リョウ　「路面電車は近年見直されてきているよね。海からの玄関口である②フェリー発着所は，昔は『師範校』だったんだ」

サツキ　「西側の山麓には，『歩四七*』や『練兵場』などの表記から分かるように，軍用地があったんだね。③現在では一部は学校用地などになっているのかな。大分城の北東に広がる④区画整理された地区も，今では宅地化しているね」

リョウ　「地図を見比べて確認しながら，もっと大分の街を歩いてみたいね」

*歩四七は，歩兵第47連隊を省略して示したものである。

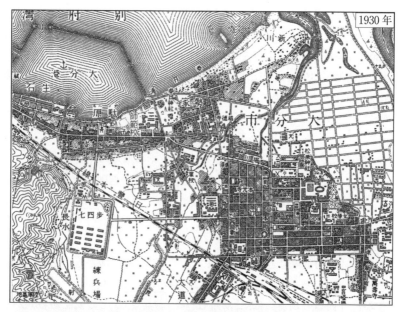

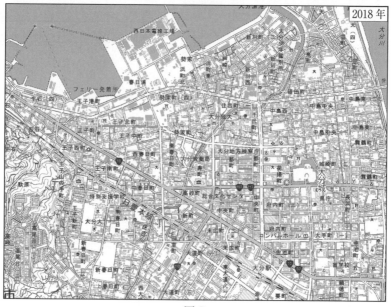

図8　　　　　　　　注：元図の80％縮小となっています。

5 地域調査

★★★ 12分・18点

解答・解説 ⇨ 9ページ

　関東地方の高校に通うサクラさんは，親戚が住んでいる静岡県中部(図1とその周辺)の地域調査を行った。この地域調査に関する下の問い(問1〜6)に答えよ。

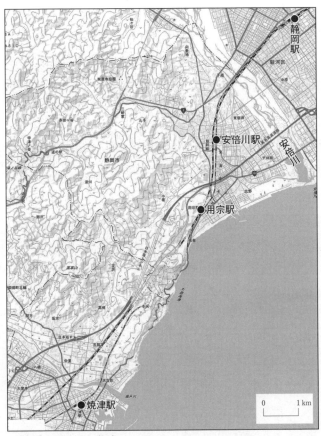

地理院地図により作成。　　　　　　　　　注：元図の75%縮小となっています。

図1

図2　　　　　　　　　注：元図の85％縮小となっています。

図3　　　　　　　　　注：元図の85％縮小となっています。

問1　サクラさんは，静岡駅で新幹線を降り，親戚の住む焼津市を訪れるために，図1中の静岡駅を午前10時に出発した列車に乗り，焼津駅までの車窓からの景観を観察した。図2は安倍川駅付近の拡大図であり，図3は用宗－焼津間の拡大図である。車窓からの景観を説明した文として最も適当なものを，次の①～④のうちから一つ選べ。

①　静岡駅を出て安倍川を渡る際に地形図と見比べたところ，地形図で示された位置と，実際に水の流れている位置が異なっていた。

②　図2の安倍川駅を出発すると，車窓の進行方向の右側に山地が見え，市街地より山側の斜面は全体が針葉樹林に覆われていた。

③　用宗駅付近を走行している際に，日差しは進行方向の右側から差し込んでいた。

④　用宗－焼津間のトンネルを出た所からビール工場までの間，進行方向の左側に海が見えた。

問2 サクラさんは，静岡県中部が避寒地として古くから知られ，特に静岡市には伊藤博文，井上馨，西園寺公望など，東京在住の明治の元勲や元老たちの別荘があったことを聞き，気候についての資料を整理した。次の図4は，日本のいくつかの地点の月平均気温を示したものであり，**ア～ウ**は軽井沢，静岡，八丈島のいずれかである。**ア～ウ**と地点名との正しい組合せを，下の①～⑥のうちから一つ選べ。

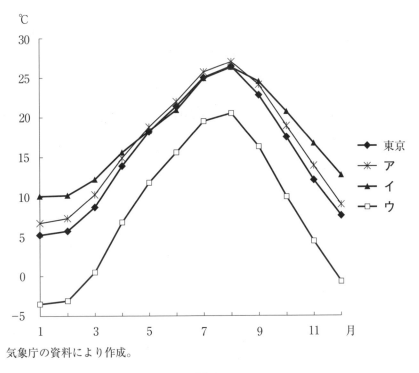

気象庁の資料により作成。

図4

	①	②	③	④	⑤	⑥
軽井沢	ア	ア	イ	イ	ウ	ウ
静 岡	イ	ウ	ア	ウ	ア	イ
八丈島	ウ	イ	ウ	ア	イ	ア

問3　静岡県中部の市町村のすがたに関心をもったサクラさんは，この地域の人口統計データを用いた主題図を作成した。下の図5は，静岡県中部における市区町村の位置略図と，縦横約1kmの単位地域からなるメッシュマップで表現した人口分布図である。次ページの図6は，いくつかの指標の分布を図5中の人口分布図と同様なメッシュマップで示したものであり，**カ～ク**は第3次産業就業者率，老年人口の増加率，老年人口率のいずれかである。**カ～ク**と指標名との正しい組合せを，次の**①～⑥**のうちから一つ選べ。

	①	②	③	④	⑤	⑥
第3次産業就業者率	カ	カ	キ	キ	ク	ク
老年人口の増加率	キ	ク	カ	ク	カ	キ
老年人口率	ク	キ	ク	カ	キ	カ

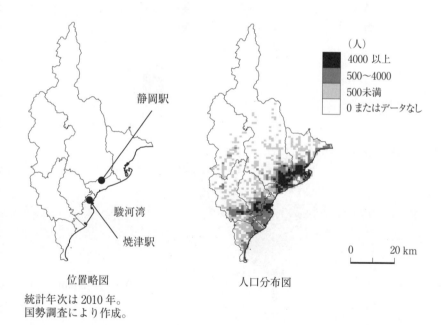

位置略図　　　　　人口分布図

（人）
4000 以上
500～4000
500未満
0 またはデータなし

0　　　20 km

静岡駅

駿河湾

焼津駅

統計年次は2010年。
国勢調査により作成。

図5

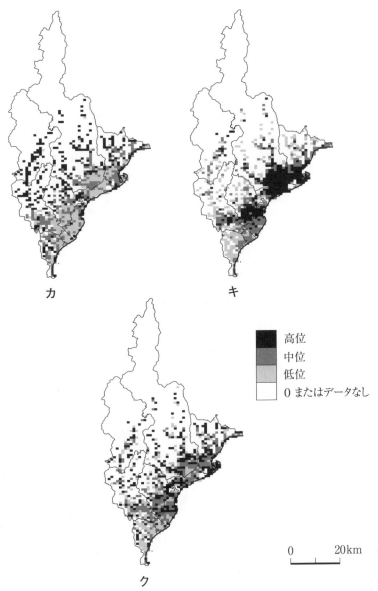

統計年次は第 3 次産業就業者率，老年人口率が 2010 年，老年人口の増加率
が 2000 年〜 2010 年。
国勢調査により作成。

図 6

問4　焼津市の市街地を訪れたサクラさんは，次の写真1のような防災施設を見かけた。同様な施設は下の図7中の各地点でも見られた。この施設の目的や役割の説明として正しいものを，下の①〜④のうちから<u>すべて選べ</u>。

写真1

図7　　　　　　　　　　注：元図の87％縮小となっています。

①　洪水による浸水を防ぐ施設　　②　地震による液状化を防ぐ施設
③　津波から避難する施設　　　　④　土石流から避難する施設

問5 焼津市の防災施設を見て防災について関心をもったサクラさんは，静岡県
中部で防災に関する地域調査を行い，地理の先生に報告した。次の図8は静
岡県中部のある地域の地形図(左)と，同範囲の地形分類図(右)である。下の
サクラさんと先生との会話文中の下線部**サ～ス**の正誤の組合せとして正しい
ものを，次ページの①～⑧のうちから一つ選べ。

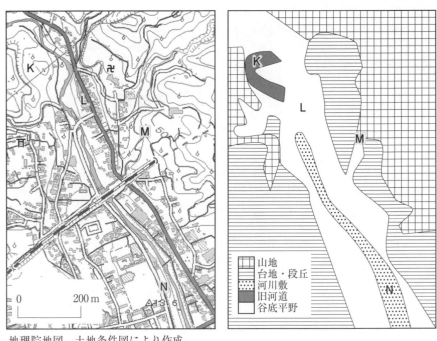

山地
台地・段丘
河川敷
旧河道
谷底平野

地理院地図，土地条件図により作成。
地形分類図は小面積のものを一部省略してある。

図8

先　生 「興味深い調査をしてきましたね。図8や，サクラさんが調べたこ
とをもとに，この地域の防災上の注意事項を考えてみましょう。たと
えば**K**地点は地形から見て，建物を建てるときには液状化の対策が必
要かもしれないですね。他の地点についてはどう思いますか？」

サクラ　「はい，まずこの地区のハザードマップを見たところ，この図の範囲内に洪水の危険性がある箇所は描かれていませんでした。M地点付近は谷で土石流の危険性があると描かれており，_サ主に土砂災害の危険性があるので砂防ダムなどの対策が必要だと思いました。ハザードマップでL地点付近は急傾斜地崩壊危険箇所となっていました。L地点付近に30年前から住んでいるという方から話を聞いたのですが，このあたりで洪水を経験したことはないそうです。しかし，地形分類図も参考にすると，L地点付近では，_シ土砂災害とともに洪水にも注意が必要だと思います。N地点付近では，下の写真2のように，川の水面からは少し高く，道路より低い所が駐車場やテニスコートになっていました。N地点付近では_ス洪水の危険性があり，大雨の際には近づかないほうがいいと思いました」

先　生　「みなさんはどう思いますか？」

写真2

	①	②	③	④	⑤	⑥	⑦	⑧
サ	正	正	正	正	誤	誤	誤	誤
シ	正	正	誤	誤	正	正	誤	誤
ス	正	誤	正	誤	正	誤	正	誤

問6　静岡県中部での地域調査を終えて，日本全体の自然災害や防災に関心を
もったサクラさんは，教科書や資料集に挙げられている本の自然災害や防災
対策の概要を整理し，プレゼンテーション用の資料を作成した。次の図9は
サクラさんがそのまとめとして作成したものである。日本の自然災害と防災
対策をまとめた文として**適当でないもの**を，図9中の**①** ～**④**のうちから一
つ選べ。

日本の自然災害と
防災対策のまとめ

①　日本列島はもともと地震や大雨などが多く，自然災害を受
けやすい場所に位置している。

②　機械を用いた高度な土木工事が困難だった時代には，霞堤
など，自然災害をもたらす現象をある程度受け入れる防災対
策も行われた。

③　現代では様々な防災対策が進んでいるが，地形からみて自
然災害の危険性がある場所へ住宅地が拡大しているところも
ある。

④　同規模の地震・大雨などの現象が発生すれば，時代や地域
にかかわらず被害の大きさは同程度である。

図9

6 地形図上の景観 ★★☆ 8分・12点

解答・解説 ⇨ 11ページ

地形図上からの景観に関する次の問い(**問1～4**)に答えよ。

問1 次の写真1は，図1中のA～D地点のいずれかから，矢印の方向で撮影したものである。どの地点から撮影したものか，下の①～④のうちから，正しい地点を一つ選べ。

写真1

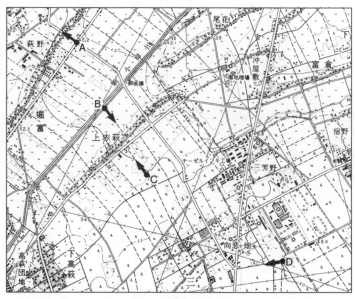

図1　　　　　　　　注：元図の65％縮小となっています。

① A地点　　　② B地点　　　③ C地点　　　④ D地点

問2　次の写真2は，次ページの図2中のA〜D地点のいずれかから矢印の方向
に向かって写したものである。B地点から写したものを，写真2中の①〜
④のうちから一つ選べ。

①

②

③

④

写真2

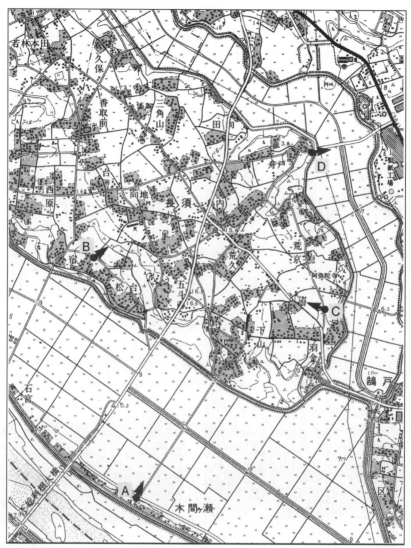

図1　　　注：元図の80%縮小となっています。

第1章

問3 タクミさんは，鳴門市がサツマイモとレンコンの県内有数の産地であることを聞き，現地観察を行った。次の図3は5万分の1地形図(2008年発行，原寸，一部改変)である。地形条件と栽培作物を説明した下の文**カ**と**キ**，栽培の様子を撮影した下の写真3中の**サ**と**シ**は，図3中の**A**か**B**のいずれかの地点に関するものである。地点**B**に該当する説明文と写真との正しい組合せを，下の①～④のうちから一つ選べ。

図3　　　　注：元図の87%縮小となっています。

カ 氾濫原（はんらんげん）の後背湿地（こうはいしっち）でレンコンが栽培されている。

キ 水はけの良い砂地でサツマイモが栽培されている。

サ　　　　　　　　　　　シ

写真3

	①	②	③	④
説明文	カ	カ	キ	キ
写　真	サ	シ	サ	シ

問4　コハルさんは，お父さんと自動車に乗り大井川に沿って河口から上流方向
　　　へ向かった。次ページの写真4中のA〜Cは，図4中の島田，地名〔じな〕，奥泉〔おくいずみ〕の
　　　いずれかの地点において，大井川の特徴的な景観を写真に収めたものである。
　　　A〜Cと地名との正しい組合せを，次ページの①〜⑥のうちから一つ選べ。

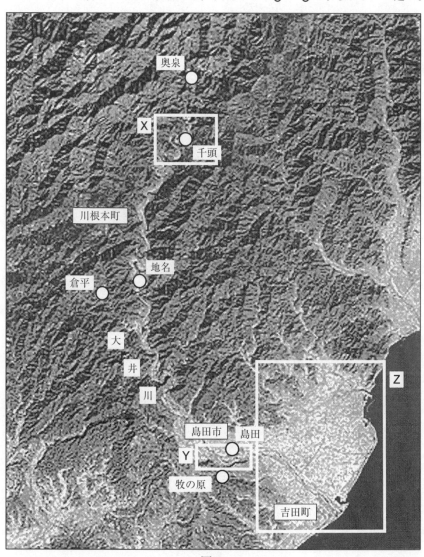

図4

A

B

C

写真4

	①	②	③	④	⑤	⑥
島　田	A	A	B	B	C	C
地　名	B	C	A	C	A	B
奥　泉	C	B	C	A	B	A

2　地形

7	大地形	★★☆	10分・15点

解答・解説 ⇨ 12ページ

大地形に関する次の問い(**問1～5**)に答えよ。

問1　次の図1中の太線は主なプレート境界の位置を表している。図1中の**A**～
　　　Dの地域・海域を説明した文として**適当でないもの**を，下の**①**～**④**のうち
　　　から一つ選べ。

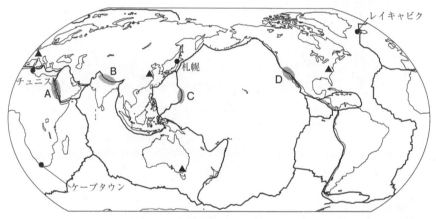

United States Geological Survey の資料などにより作成。

図1

①　**A**海域は，広がるプレート境界にあり，アフリカ東部の地溝帯の一部が
　　沈水したものである。

②　**B**地域は，せばまるプレート境界にあり，プレートどうしが衝突し，大
　　山脈が形成されている。

③　**C**海域は，広がるプレート境界にあり，地球内部からマグマが上昇して，
　　海嶺が形成されている。

④　**D**地域は，ずれるプレート境界にあり，両プレートが水平方向にずれる
　　断層が形成されている。

問2　下の図3中の①～④は，次の図2中のA～Dのいずれかの線に沿った地形断面を示したものである。Aに該当するものを，図3中の①～④のうちから一つ選べ。ただし，高さは強調して表現してある。

図2

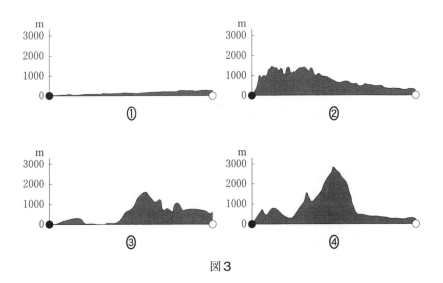

図3

問3　インド洋とその周辺の地域における地形の特徴を述べた文として**適当でな**いものを，次の①～④のうちから一つ選べ。

① ゴンドワナランドの一部であったアフリカ大陸とオーストラリア大陸の大部分は，ともに高原状または台地状の地形を特色とする。

② スリランカ西方にあるモルディブ諸島は，活火山からなる島である。

③ アルプス・ヒマラヤ造山帯と環太平洋造山帯が接するインドネシア東部の海域は，多島海になっている。

④ アラビア半島とアフリカ大陸を分ける紅海は，アフリカ大地溝帯の延長上にある。

問4　世界の大地形について説明した文として最も適当なものを，次の①～④のうちから一つ選べ。

① アフリカ大陸東部の大地溝帯は，海洋プレートが大陸プレートの下に沈み込むことによって形成されたものである。

② アンデス山脈は，古生代から現在まで活発な造山運動を受けているため，高く険しい山脈となっている。

③ カナダ楯状地（たてじょうち）は，長期間にわたる侵食を受けており，起伏の小さい地形となっている。

④ 東ヨーロッパ平原は，卓状地からなっており，地震や火山噴火が頻繁（ひんぱん）に生じている。

問5　地震の分布は，大陸や海洋プレートおよび火山の位置との関係が深い。次の図4中の**カ〜ク**は，下の図5中の**A〜C**のいずれかの範囲における規模の大きな地震発生数*を緯度10度ごとに示したものである。**カ〜ク**と**A〜C**との正しい組合せを，下の**①〜⑥**のうちから一つ選べ。

*1973 〜 2011 年に発生したマグニチュード7.0 以上の地震発生数。

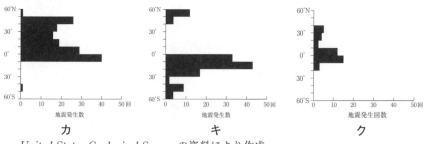

United States Geological Survey の資料により作成。

図4

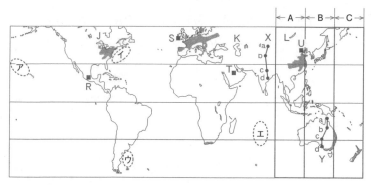

Atlas du 21ᵉ siècle などにより作成。
緯線は 30 度間隔。

図5

	①	②	③	④	⑤	⑥
カ	A	A	B	B	C	C
キ	B	C	A	C	A	B
ク	C	B	C	A	B	A

解答・解説 ⇨ 14ページ

8　小地形　★★☆　12分・18点

第1章

様々な小地形に関する次の問い(**問1〜6**)に答えよ。

問1　地形について述べた文として下線部が**適当でないもの**を，次の①〜④のうちから一つ選べ。

① 安定陸塊(安定大陸)では，侵食作用による<u>卓状地</u>がみられる。

② 河川の上流部では，侵食作用による<u>V字谷</u>がみられる。

③ 河川の中・下流部では堆積作用による<u>構造平野</u>がみられる。

④ 新期造山帯では，断層運動による<u>盆地</u>がみられる。

問2　人々の生活の場は，自然の特性を生かして形成されていることがある。次の図1は，日本の河川の上流から下流にかけての地形を模式的に示したものであり，次ページの**ア〜ウ**の文は，図1中の地点**A〜C**における典型的な地形と土地利用の特徴について述べたものである。**A〜C**と**ア〜ウ**との正しい組合せを，次ページの①〜⑥のうちから一つ選べ。

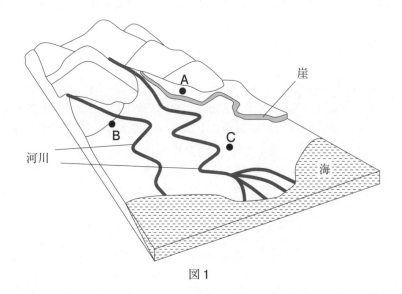

図1

ア　河川近くの砂などが堆積した微高地は古くからの集落や畑などに，河川から離れた砂や泥の堆積した水はけの悪い土地は水田などに利用されてきた。

イ　砂や礫(れき)が堆積して形成された土地で，地下にしみこんだ伏流水が湧き出しやすく，水が得やすいため集落が形成されてきた。

ウ　3地点の中では形成年代が古く，平坦な地形で，水が得にくいため開発が遅れる傾向があり，用水路の整備にともない水田や集落の開発が進んだ。

	①	②	③	④	⑤	⑥
A	ア	ア	イ	イ	ウ	ウ
B	イ	ウ	ア	ウ	ア	イ
C	ウ	イ	ウ	ア	イ	ア

問3　地形の特徴や成因について述べた文として**適当でないもの**を，次の①〜④のうちから一つ選べ。

①　自然堤防(こうはいしっち)は，後背湿地に比べて水はけがよく，集落の立地に適している。

②　扇状地では，粗い粒の砂や礫(あらい)(れき)が堆積(たいせき)しており，扇央部を流れる河川は伏(ふく)流(りゅう)して水無川になりやすい。

③　モレーンは，二酸化炭素を含んだ水が石灰岩を溶かすことでつくられる。

④　リアス海岸は，土地の沈降や海水面の上昇によって起伏のある土地が海面下に沈むことでつくられる。

問4　次ページの写真1中の**カ〜ク**は，氷河によって形成された地形を撮影したものである。下の文章はそれらの写真について説明したものであり，空欄**E〜G**には，**カ〜ク**のいずれかが当てはまる。**E〜G**と**カ〜ク**との正しい組合せを，次ページの①〜⑥のうちから一つ選べ。

カ

キ

ク

写真1

第1章

　山岳地域の谷頭部（こくとう）が氷河に削り取られることによって（　E　）のような地形が形成され，これが多方向から切り合うと（　F　）のような地形になる。（　G　）は谷底部（こくてい）が氷河によって削り取られた侵食地形で，これが沈水するとフィヨルドになる。

	①	②	③	④	⑤	⑥
E	カ	カ	キ	キ	ク	ク
F	キ	ク	カ	ク	カ	キ
G	ク	キ	ク	カ	キ	カ

問5 湖の形成には，気候の変化や地殻変動などがかかわっている。次の図2中の湖 **J〜L** と湖に関して説明した下の文章 **サ〜ス** との正しい組合せを，下の①〜⑥のうちから一つ選べ。

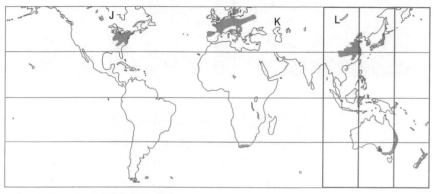

Atlas du 21ᵉ siècle などにより作成。
緯線は30度間隔。

図2

サ この湖は，かつての海が地殻変動によって内陸に閉ざされた塩湖である。湖面は海面より低い位置にあり，流出河川はない。

シ この湖は，断層運動によって形成された淡水湖である。湖面は海抜20m以上の位置にあり，水深が深い。

ス この湖は，大陸氷河の侵食作用によって形成された，世界最大の淡水湖である。湖面は海抜200m以下の位置にあり，流出河川の水量は豊富である。

	①	②	③	④	⑤	⑥
サ	J	J	K	K	L	L
シ	K	L	J	L	J	K
ス	L	K	L	J	K	J

問6 次ページの図3は，サンゴ礁の形態別分布を示したものであり，次ページの写真2中の **タ〜ツ** は，図3中の **P〜R** の代表的な地点を撮影したものである。**タ〜ツ** と **P〜R** との正しい組合せを，次ページの①〜⑥のうちから一つ選べ。

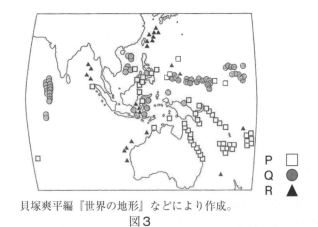

貝塚爽平編『世界の地形』などにより作成。

図3

タ　島の陸地に接する形態の裾礁

チ　島や陸地との間にラグーン(礁湖)のある堡礁

ツ　中央の島がなくラグーン(礁湖)を取り巻く環礁

	①	②	③	④	⑤	⑥
タ	P	P	Q	Q	R	R
チ	Q	R	P	R	P	Q
ツ	R	Q	R	P	Q	P

写真2

| **9** | 海洋・河川・地下水 | ★★☆ | 12分・18点 |

解答・解説 ⇨ 16ページ

海洋・河川と地下水に関する次の問い(**問1〜6**)に答えよ。

問1　下の図1中に示した海水温の分布とそれに関連した現象について述べた文として**適当でないもの**を，次の**①〜④**のうちから一つ選べ。

①　主に太平洋赤道海域の中部から東部において，海水温が平年より高い状態が続く現象のことを，エルニーニョ現象という。

②　大西洋北部の北アメリカ沿岸部には潮境(潮目)が存在し，海水温の急激な変化がみられる。

③　南回帰線付近の南アメリカ大陸周辺では，南極近海から流れ込む寒流の影響を受ける東側沖合の方が，西側沖合よりも海水温が低くなっている。

④　ヨーロッパの気候が緯度の割には温暖である理由の一つとして，大西洋北部における海水温の高さがあげられる。

(単位：℃)

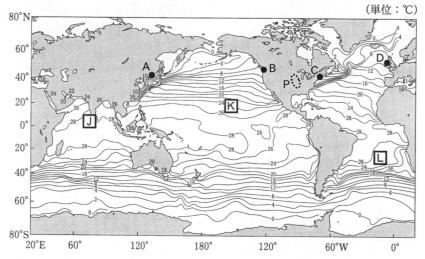

海洋部分の等値線は，2月の海水温(表面水温)。
気象庁の資料により作成。

図1

問2　アフリカ南部の東岸と西岸には,それぞれ異なる性質の海流が流れている。東岸と西岸を流れる海流に該当するものを，次ページの図2中の**①〜④**のうちから一つ選べ。

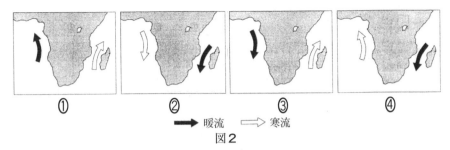

① 　　　　②　　　　③　　　　④

➡️ 暖流　⇨ 寒流

図2

第1章

問3　次の文章は，右の図3中に示した河川 **w ～ z** のいずれかについて述べたものである。この文章が説明する河川として最も適当なものを，下の①～④のうちから一つ選べ。

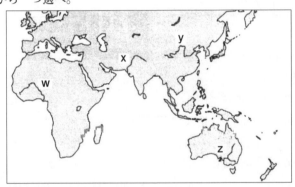

Alexander Weltatlas などにより作成。

図3

　源流から上流域にかけては，森林・疎林・草原がモザイク状に分布する湿潤地域である。中流域の大部分は乾燥帯であり，河岸では氾濫原を利用した雑穀や米の栽培が行われている。下流域は再び雨の多い地域となり，そこでは樹木作物の栽培などが古くから行われてきた。河口部の三角州（デルタ）は，現在は油田地帯となっている。

① w　　② x　　③ y　　④ z

問4　乾燥地域には，特徴的な河川がある。その例としてワジを説明した次の文①～④のうちから，**誤っているもの**を一つ選べ。

①　まれに降る豪雨時に，多量の土砂を運搬し，扇状地をつくることがある。

②　河床が平坦であるため，交通路として利用されることがある。

③　地下水によって涵養され，降水の有無にかかわらず地表に流水がある。

④　地下水面が浅いため，周辺に集落が立地することがある。

問5　次の図4は，日本と世界の主な河川の勾配^{こうばい}を示したものである。この図に
関連した下の文① ～ ④のうちから，**誤っているもの**を一つ選べ。

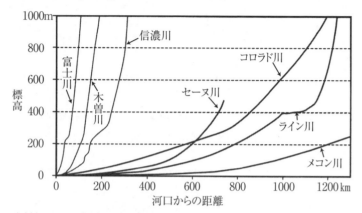

高橋裕ほかの資料により作成。

図4

①　日本列島は新しい造山帯に属し，起伏が大きく河川長が短いため，河川
　の勾配が大陸の河川に比べて急である。

②　コロラド川は河口から700 ～ 800kmのところで勾配が変わり，上流側は
　峡谷をなして，下流側よりも急勾配となる。

③　ライン川・信濃川・富士川は，中流部の盆地を横切る部分が緩勾配となる。

④　木曽川と信濃川は河口付近に扇状地が発達するため，富士川より下流部
　の勾配が急である。

問6　次の図5は地下断面を模式的に示したものである。被圧地下水があるとこ
ろを，図5中の① ～ ④のうちから一つ選べ。

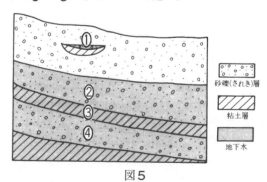

図5

10 地形図や図・写真から見る地形　★★☆ | 10分・15点

解答・解説 ⇨ 17ページ

地形図や図・写真を用いた地形に関する次の問い（**問1～5**）に答えよ。

問1　次の図1は，ある地域の2万5千分の1地形図（原寸）である。この地域の地形について述べた下の文章中の下線部① ～ ④のうちから，**適当でない**ものを一つ選べ。

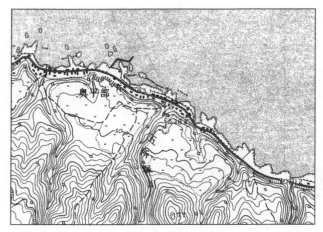

図1　　　注：元図の87％縮小となっています。

　この地域には，①岩石海岸が発達しており，②堆積_{たいせき}作用が活発であることを示している。海岸線より内陸側には，③海岸段丘が発達しており，④この地域が隆起してきたことを示している。

問2　次ページの図2中の地図**ア～ウ**（2万5千分の1地形図，縮小，一部改変）は，それぞれ海岸平野，河岸段丘，カルスト地形のいずれかを示している。**ア～ウ**の地図に示される地形と，これらの地形名称との正しい組合せを，次ページの① ～ ⑥のうちから一つ選べ。

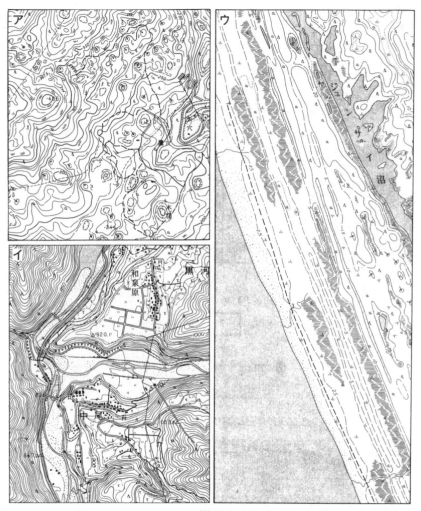

図2　　　　　　　　　注：元図の80％縮小となっています。

	ア	イ	ウ
①	海岸平野	河岸段丘	カルスト地形
②	海岸平野	カルスト地形	河岸段丘
③	河岸段丘	海岸平野	カルスト地形
④	河岸段丘	カルスト地形	海岸平野
⑤	カルスト地形	海岸平野	河岸段丘
⑥	カルスト地形	河岸段丘	海岸平野

問3　ヨーロッパに関する次の図3を見て，下の問い(1)・(2)に答えよ。

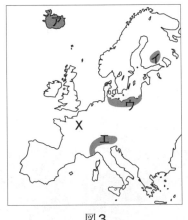

図3

(1)　図3中のX付近の地形を表す断面図として最も適当なものを，次の図4中の①〜④のうちから一つ選べ。

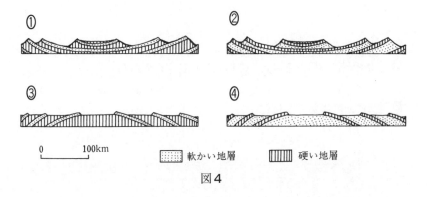

図4

(2)　図3中の地域ア〜エの地形について述べた次の文①〜④のうちから，下線部が誤っているものを一つ選べ。

①　アには，多数の火山が分布し，溶岩台地が広がっている。

②　イには，河川によって形成された，無数の湖沼が分布する。

③　ウには，氷河によって形成されたモレーンが分布する。

④　エには，新期造山運動で形成された，4,000m級の高山が連なる。

問4 　次の図5は，ヒマラヤなど高山地域に分布する氷河地形を，模式的に示した図である。細長い堤防状の丘であるYの地形について述べた文として最も適当なものを，下の①～④のうちから一つ選べ。

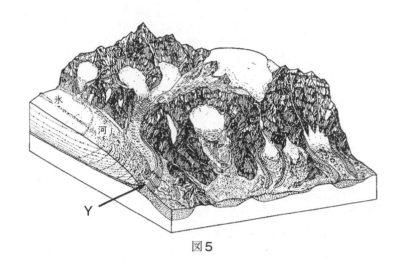

図5

① 　氷河が岩くずを堆積して形成したモレーンである。

② 　氷河が谷の側方を侵食して形成したU字谷である。

③ 　氷河が谷の上部を侵食して形成したカール(圏谷)である。

④ 　氷河が峰の側方を侵食して形成したホルンである。

第1章

問5　次の図6は，Ｖ山付近の2万5千分の1地形図（原寸，一部改変）であり，
　　下の写真1は，図6の範囲外にある別の山頂からＶ山山頂付近を撮影したも
　　のである。写真の撮影方向に該当するものを，図6中の①〜④のうちから
　　一つ選べ。

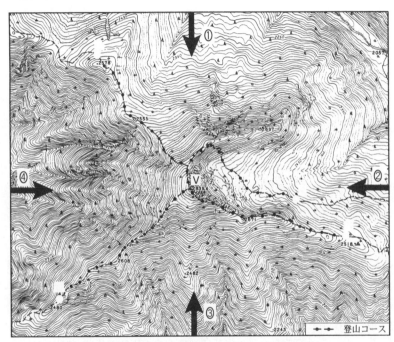

図6　　　　　　　　　　　　注：元図の70％縮小となっています。

写真1

3　気候

解答・解説 ⇨ 19ページ

気候に関する次の問い(**問1〜5**)に答えよ。

問1　次の図1は，赤道付近から北極付近における大気大循環の模式図である。図1にかかわる内容について述べた文として最も適当なものを，下の①〜④のうちから一つ選べ。

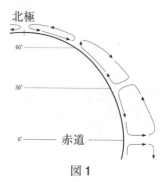

図1

①　北極付近と赤道付近は，いずれも高圧帯となっている。

②　高圧帯や低圧帯の南北移動は，降水量の季節変化の一因となっている。

③　北緯30度付近から高緯度側へ向かう大気の流れは，極東風と呼ばれる。

④　北緯30度付近では下降気流が卓越し，湿潤な気候をもたらしている。

問2　次の図2中の太線**A**の説明として正しいものを，次ページの①〜④のうちから一つ選べ。

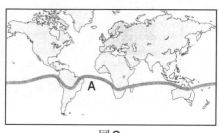

図2

① 熱帯収束帯（赤道低圧帯）の１月における位置。

② 熱帯収束帯（赤道低圧帯）の７月における位置。

③ 南半球の寒帯前線帯（亜寒帯低圧帯）の１月における位置。

④ 南半球の寒帯前線帯（亜寒帯低圧帯）の７月における位置。

第1章

問3　次の図3中の地点a～cの降水量の年変化は，主に高・低気圧や寒帯前線
の位置の季節変化に支配される。下の図4中のハイサーグラフ（ア～ウ）と地
点（a～c）との正しい組合せを，下の①～⑥のうちから一つ選べ。

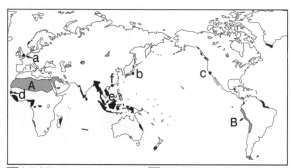

■ 年降水量100mm以下の少雨地域　■ 年降水量2,000mm以上の多雨地域
『ディルケ世界地図帳』ほかにより作成。

図3

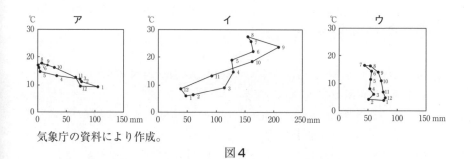

気象庁の資料により作成。

図4

	①	②	③	④	⑤	⑥
ア	a	a	b	b	c	c
イ	b	c	a	c	a	b
ウ	c	b	c	a	b	a

問4　図3中の地点 d ～ f の降水量の年変化は，主に熱帯低気圧・亜熱帯高気圧や熱帯収束帯の位置の季節変化に支配される。次の図5中の雨温図（**カ～ク**）と地点（**d～f**）との正しい組合せを，下の①～⑥のうちから一つ選べ。

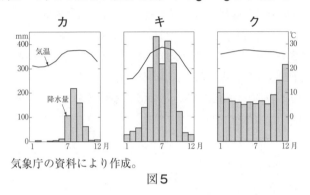

気象庁の資料により作成。

図5

	①	②	③	④	⑤	⑥
カ	d	d	e	e	f	f
キ	e	f	d	f	d	e
ク	f	e	f	d	e	d

問5　図3中の少雨地域A・Bについて述べた文として**誤っているもの**を，次の①～④のうちから一つ選べ。

①　A・B両地域の少雨は，降水の原因となる寒帯前線や熱帯収束帯が年間を通して位置しないためである。

②　A・B両地域の少雨は，亜熱帯高気圧の下降流によって大気が安定していることが一つの理由である。

③　A地域は，岩石砂漠が広く分布し，その中にオアシスが点在する。

④　B地域は，降水量は少ないが，海岸に近いため砂漠になっていない。

12 各地の気候

★★☆ | 10分・15点

解答・解説 ⇨ 20ページ

気候に関する次の問い(**問1～5**)に答えよ。

問1　東京および，それとほぼ同じ緯度に位置する30地点(次の図1中の地図に黒丸で示している)の気温の年較差を示したグラフとして，最も適当なものを，図1中の**①～④**のうちから一つ選べ。

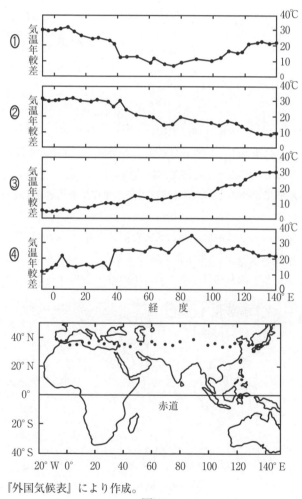

『外国気候表』により作成。

図1

問2 次の図2は，降水量と蒸発散量をもとに作られた世界の乾燥地域の分布図である。図2から読み取ることができる乾燥地域の分布の特徴を述べた文として最も適当なものを，下の①～④のうちから一つ選べ。

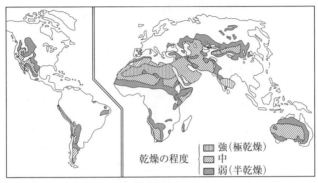

乾燥の程度　■ 強（極乾燥）
　　　　　　▨ 中
　　　　　　■ 弱（半乾燥）

『沙漠の自然と生活』その他により作成。

図2

① 緯度でみると，乾燥地域は赤道付近に広く分布する。

② 大陸ごとにみると，乾燥地域の占める割合はアフリカで最も大きい。

③ 南北半球で比べると，乾燥地域は南半球により多く分布する。

④ 沿岸地域で比べると，乾燥地域は大陸の東岸よりも西岸に多く分布する。

問3 熱帯低気圧の発生は海面水温と密接な関係をもつ。次の図3中に示した南半球の海域K～Nのうち，熱帯低気圧の発生が多くみられる海域は二つある。その組合せとして最も適当なものを，下の①～⑥のうちから一つ選べ。

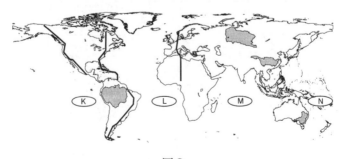

図3

① KとL　　　　② KとM　　　　③ KとN

④ LとM　　　　⑤ LとN　　　　⑥ MとN

問4 次の図4中のa～cは，下の図5中の地点ア～ウのいずれかの雨温図を示したものである。それぞれどの地点の雨温図か。それらの正しい組合せを，下の①～⑥のうちから一つ選べ。

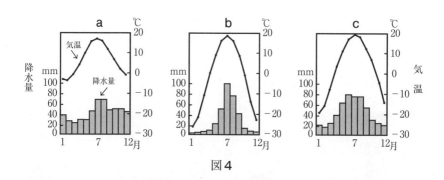

図4

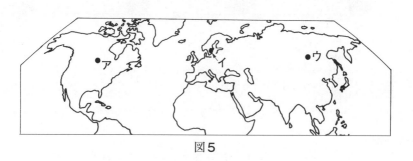

図5

	①	②	③	④	⑤	⑥
ア	a	a	b	b	c	c
イ	b	c	a	c	a	b
ウ	c	b	c	a	b	a

問5　世界各地の気候は様々な背景によって影響を受ける。次の図6中の**カ～ク**は，下の図7中の地点**E～G**のいずれかにおける1月および7月の降水量を示したものである。図6中の**カ～ク**について述べた次ページの文中の下線部について，正誤の組合せとして正しいものを，次ページの①～⑧のうちから一つ選べ。

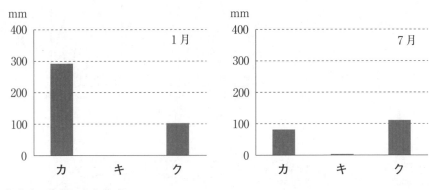

気象庁の資料により作成。

図6

図7

カ：1月に降水量が多く7月にも降水がみられることから，北東貿易風と南東貿易風の収束帯などの影響を受ける地点**E**だろう。

キ：両月ともに降水量がほぼ記録されていないことから，高い山脈の風下側に位置するなどの影響で，低地の気温も低く雲が発達しにくい地点**F**だろう。

ク：両月ともに降水がみられるが，大きく変化しないことから，寒気と暖気の境界に生じる前線などの影響を受ける地点**G**だろう。

	①	②	③	④	⑤	⑥	⑦	⑧
カ	正	正	正	正	誤	誤	誤	誤
キ	正	正	誤	誤	正	正	誤	誤
ク	正	誤	正	誤	正	誤	正	誤

13 植生・土壌

★★☆ 12分・18点

解答・解説 ⇨ 22ページ

植生と土壌に関する次の問い(**問1～6**)に答えよ。

問1 次の図1は，下の図2中の**ア～エ**のいずれかの線に沿って，低緯度から高緯度にかけての主な植生帯と土壌帯の出現順序を示した模式図*である。図1に該当する線として最も適当なものを，下の**①**～**④**のうちから一つ選べ。
*海域は除いて示した。また，人為的な影響は考慮していない。

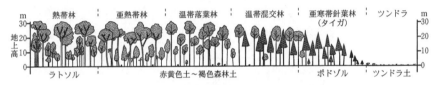

R. H. ホイッタカー『ホイッタカー 生態学概説』などにより作成。

図1

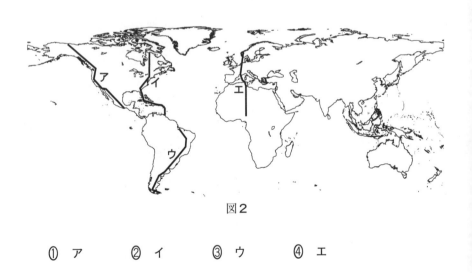

図2

① ア **②** イ **③** ウ **④** エ

問2　ヒマラヤ山脈を南側の 麓 から登った時，高度が高まるにつれてみられる主な植生の変化として最も適当なものを，次の①〜⑥のうちから一つ選べ。

①　常緑広葉樹林　→　落葉広葉樹林　→　針葉樹林

②　常緑広葉樹林　→　針葉樹林　　　→　落葉広葉樹林

③　針葉樹林　　　→　常緑広葉樹林　→　落葉広葉樹林

④　針葉樹林　　　→　落葉広葉樹林　→　常緑広葉樹林

⑤　落葉広葉樹林　→　常緑広葉樹林　→　針葉樹林

⑥　落葉広葉樹林　→　針葉樹林　　　→　常緑広葉樹林

問3　次の図3は，いくつかの自然要素を組み合わせて自然地域区分を行ったものである。図3中で，ユーラシア大陸の3a・3bの各地域に分布する特徴的な植生の組合せとして最も適当なものを，下の表1中の①〜⑥のうちから一つ選べ。ただし，表1において，A：オリーブなどの硬葉樹林，B：カシなどの照葉樹林，C：長草草原，である。

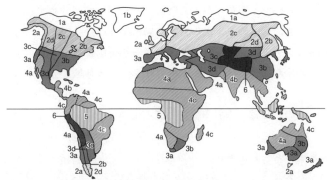

ハーバートソンの図を簡略化。

図3

表1

	①	②	③	④	⑤	⑥
3a	A	A	B	B	C	C
3b	B	C	A	C	A	B

問4 次の図4を見て，赤道から北緯20度までの範囲にみられる土壌や植生の特徴を述べた文として**誤っているもの**を，下の①～④のうちから一つ選べ。

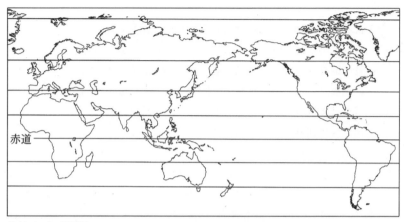

緯線は20度間隔。

図4

① アフリカには，栗色土がみられるステップ地域が分布する。

② 南アジアには，砂漠土がみられる無植生地域が分布する。

③ 東南アジアには，ラトソルがみられる熱帯雨林地域が分布する。

④ 南アメリカには，ラトソルがみられるサバナ地域が分布する。

問5 次ページの図5は，世界の耕作可能な土地のうち，肥沃(ひよく)な土壌と不良な土壌(砂漠土，ポドゾル，ラトソル，その他)の割合を地域別に示したものである。図5中のA～D地域は，アフリカ，北アメリカ，南アメリカ，ヨーロッパのいずれかである。D地域に該当するものを，下の①～④のうちから一つ選べ。ただし，各地域の中には旧ソ連は含まない。

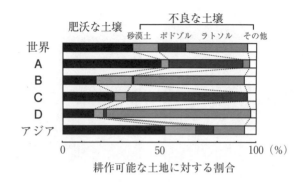

耕作可能な土地とは，現在の農業技術で作物を栽培できる土地を指す。
『世界の食料問題』などにより作成。

図5

① アフリカ　② 北アメリカ　③ 南アメリカ　④ ヨーロッパ

問6 次ページの写真1中の**カ～ク**は，図6中の**X～Z**のいずれかの地点の景観を撮影したものである。**カ～ク**と**X～Z**との正しい組合せを，次ページの①～⑥のうちから一つ選べ。

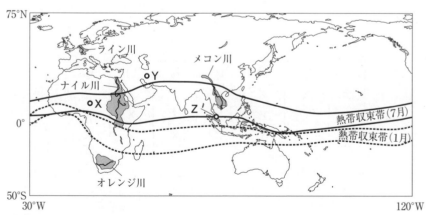

河川周辺に示された範囲は，当該河川の流域を示す。
吉良(1983)などにより作成。

図6

カ

キ

ク
写真1

	①	②	③	④	⑤	⑥
カ	X	X	Y	Y	Z	Z
キ	Y	Z	X	Z	X	Y
ク	Z	Y	Z	X	Y	X

14 気候に関する統計グラフ・図

★★★ 10分・15点

解答・解説 ⇨ 23ページ

気候統計に関する次の問い(**問1～5**)に答えよ。

問1 次の図1は,有効積算気温*を等値線で,乾燥気候の分布を陰影で示した
ものである。図1中の300℃日の等値線は,ケッペンの気候区のどの境界線
に最も近いか。下の①～④のうちから,該当するものを一つ選べ。

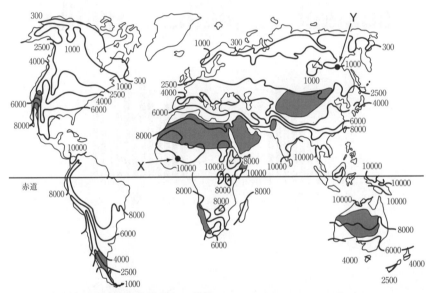

ゴルツベルグ(1972)の図を簡略化して作成。
*農作物栽培の気温条件を考える場合,日平均気温10℃以上となる期間を生育期間と
し,その期間の日平均気温の総和を有効積算気温(単位:℃日)としている。

図1

① サバナ気候区(Aw)とステップ気候区(BS)の境界線
② ステップ気候区(BS)と地中海性気候区(Cs)の境界線
③ 温暖冬季少雨気候区(Cw)と亜寒帯冬季少雨気候区(Dw)の境界線
④ 亜寒帯湿潤気候区(Df)とツンドラ気候区(ET)の境界線

問2 図1中の地点**X**および**Y**に該当する雨温図を，次の図2中の①〜⑤のうちからそれぞれ一つずつ選べ。

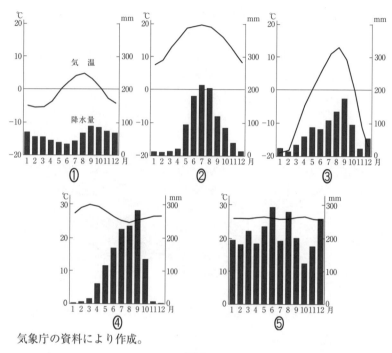

気象庁の資料により作成。

図2

問3　河川流量の年変化は，流域の気候環境などを反映する。次の図3中のW〜
　　　Zは河川であり，次ページの図4中の①〜④は，W〜Zのいずれかの河川
　　　の黒丸地点における流量の年変化を示したものである。図3中のY川に該当
　　　するものを，図4中の①〜④のうちから一つ選べ。

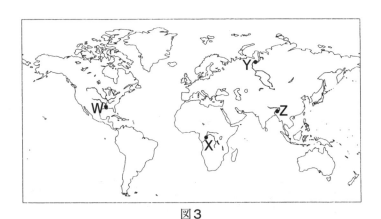

図3

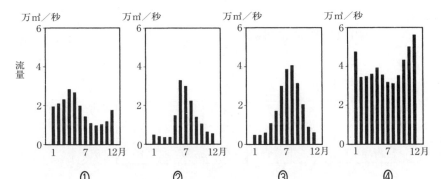

International Hydrological Programme などにより作成。

図4

問4　タクミさんは天日乾燥による製塩が鳴門市で盛んであったことを知り，気候の特徴を調べた。次の図5中の**ア～ウ**は，徳島県東部地域で観測点のある徳島市，鳴門市の友好・親善都市である福島県会津若松市，沖縄県宮古島市のいずれかの都市の月別日照時間を示したものである。**ア～ウ**と都市名との正しい組合せを，下の**①～⑥**のうちから一つ選べ。

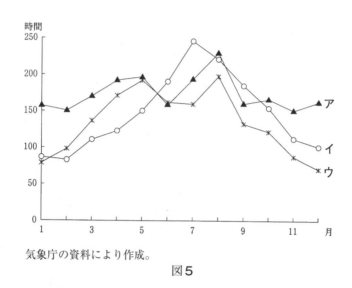

気象庁の資料により作成。

図5

	①	②	③	④	⑤	⑥
会津若松市	ア	ア	イ	イ	ウ	ウ
徳島市	イ	ウ	ア	ウ	ア	イ
宮古島市	ウ	イ	ウ	ア	イ	ア

問5　次の写真1中のP〜Rは，日本列島とその周辺部を撮影した気象衛星画像
　　　であり，下の**カ**〜**ク**のいずれかの自然災害が発生することが懸念される。P〜
　　　Rと**カ**〜**ク**との正しい組合せを，下の①〜⑥のうちから一つ選べ。

P

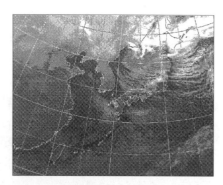

Q

R

写真1

　カ　寒波による大雪の被害。

　キ　高気圧による高温や干ばつの被害。

　ク　前線による集中豪雨の被害。

	①	②	③	④	⑤	⑥
P	カ	カ	キ	キ	ク	ク
Q	キ	ク	カ	ク	カ	キ
R	ク	キ	ク	カ	キ	カ

4 自然災害

15 自然災害　　★★★ | 12分・18点

解答・解説 ⇨ 25ページ

自然災害に関する次の問い（**問1～6**）に答えよ。

問1 人々の生活に影響を及ぼす自然の力は，世界の中に偏在している。次の図1中の**A～C**は，火山噴火や地震などが多い地域を示している。また，次ページの図2中の**ア～ウ**は，図1中の**A～C**のいずれかの範囲を示しており，**j**と**k**は火山または地震の震央*のいずれかである。図1中の**A**の範囲に当てはまる図と，図2中の**j**が表すものとの正しい組合せを，次ページの①～⑥のうちから一つ選べ。

*2000～2016年に観測されたマグニチュード6.0以上の地震の震央。

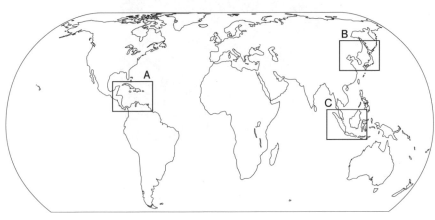

図1

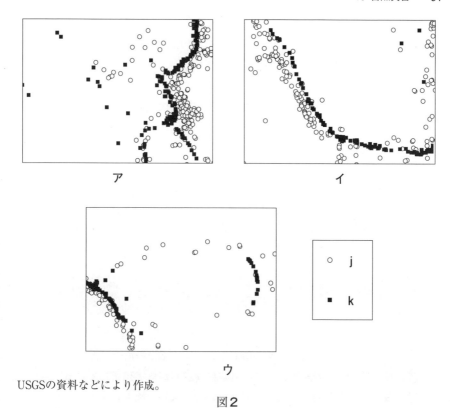

USGSの資料などにより作成。

図2

	①	②	③	④	⑤	⑥
A	ア	ア	イ	イ	ウ	ウ
j	火　山	地震の震央	火　山	地震の震央	火　山	地震の震央

問2 次の図3中に示した**E〜J**の地域・海域にみられる環境の変化やその要因および自然災害について述べた文として適当なものを，下の**①〜⑥**のうちから二つ選べ。ただし，解答の順序は問わない。

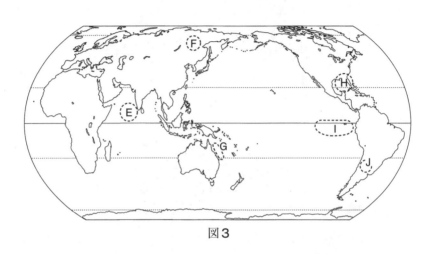

図3

① **E**では，標高の低い島々が海面上昇による水没の危機に瀕している。

② **F**では，氷河の融解により，大規模な洪水が毎年頻発している。

③ **G**では，火山の噴火によってサンゴ礁が大幅に減少している。

④ **H**では，ハリケーンが襲来し，津波や洪水を引き起こしている。

⑤ **I**では，数年に一度，海面水温が大きく上昇する現象がみられる。

⑥ **J**では，針葉樹林（タイガ）が消滅し，森林破壊が顕著である。

問3　自然災害にともなう被害の規模は，地域の自然条件とともに社会条件ともかかわりがある。次の図**4**中の**カ～ク**は，1986年から2015年の間に世界で発生した自然災害*の，発生件数，被害額，被災者数のいずれかについて地域別の割合を示したものである。**カ～ク**と指標名との正しい組合せを，下の**①**～**⑥**のうちから一つ選べ。

　*自然現象に起因する災害で，10名以上の死者，100名以上の被災者，非常事態宣言の発令，国際援助の要請のいずれかに該当するもの。

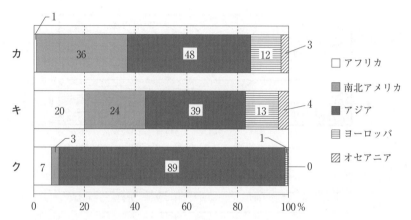

Natural Disaster Data Book 2015 により作成。

図**4**

	カ	キ	ク
①	発生件数	被害額	被災者数
②	発生件数	被災者数	被害額
③	被害額	発生件数	被災者数
④	被害額	被災者数	発生件数
⑤	被災者数	発生件数	被害額
⑥	被災者数	被害額	発生件数

問4 エルニーニョ現象は，北アメリカにおけるトウモロコシや大豆などの生産
にも影響することがある。次の図5中のPとQは太平洋の赤道付近における
海水面温度(℃)の分布図であり，RとSは同領域の海面付近における風向風
速の分布図(矢印の方向と長さで風向と風速を表す)である。それぞれエル
ニーニョ現象が発生している場合と平年に近い場合の事例である。エルニー
ニョ現象の発生時に対応する海水面温度の分布図と風向風速の分布図の組合
せとして正しいものを，下の①～④のうちから一つ選べ。

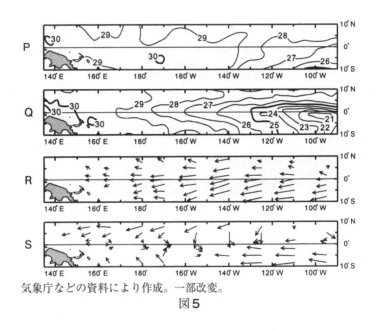

気象庁などの資料により作成。一部改変。

図5

	①	②	③	④
海水面温度の分布図	P	P	Q	Q
風向風速の分布図	R	S	R	S

問5　火山について説明した次の文章中の下線部 c ～ e について，正誤の組合せ
　　として正しいものを，下の①～⑧のうちから一つ選べ。

　　　日本には100以上の活火山が存在し，その火山活動により様々な災害が引
　　き起こされてきた。例えば，_c高温のガスと固体粒子が一体となって高速度
　　で流下する火砕流（かさいりゅう）は，山麓（さんろく）に大きな被害をもたらす。また，火山灰は風下側
　　に堆積し農作物などへ甚大な被害を与えるだけでなく，_d大気中に長期間と
　　どまって，地球規模の気温上昇を引き起こすことがある。その一方で，私た
　　ちは火山からの恩恵も受けており，その美しい景観を観光資源として活用し
　　たり，_e地下の豊富な熱エネルギーを利用して地熱発電を行ったりしている。

	①	②	③	④	⑤	⑥	⑦	⑧
c	正	正	正	正	誤	誤	誤	誤
d	正	正	誤	誤	正	正	誤	誤
e	正	誤	正	誤	正	誤	正	誤

問6　近年，日本では大河川の堤防の決壊による大洪水は少なくなった。しかし，
　　都市域においては逆に小規模な洪水が多発するようになり，被害が生じてい
　　る。この理由として最も適当なものを，次の文①～④のうちから一つ選べ。

①　都市域の低地部だけに局地的な豪雨が多くなったため。
②　建物・舗装道路などが増えて，雨水が地下に浸透しにくくなったため。
③　工業用地下水のくみ上げを規制した結果，都市域の地下水面が上昇した
　　ため。
④　都市化の結果，農業用水の取水量が減ったため。

5 環境問題

16 環境問題	★★☆	12分・18点

解答・解説 ⇨ 27ページ

主な環境問題に関する次の問い(**問1〜6**)に答えよ。

問1 次の図1は,二酸化炭素排出量の世界上位8か国について,1人当たり二酸化炭素排出量と,1990年を100とした指数で2011年の二酸化炭素排出量を示したものであり,円の大きさはそれぞれの国の二酸化炭素排出量を示している。図1から考えられることがらとその背景について述べた文として**適当でないもの**を,次ページの**①**〜**④**のうちから一つ選べ。

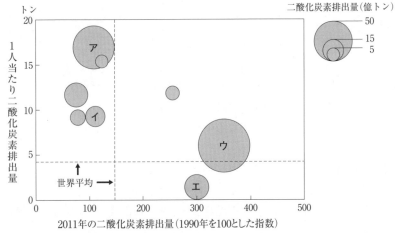

統計年次は,各国の二酸化炭素排出量と1人当たり二酸化炭素排出量が2011年。『世界国勢図会』などにより作成。

図1

① アは，環境問題への対策が遅れており，1人当たり二酸化炭素排出量が8か国の中で最大となっている。

② ウは，急速な工業化によって，1人当たり二酸化炭素排出量が増加している。

③ アとイは，再生可能エネルギーや電気自動車が普及すると，それぞれの円の位置が右上方向に移行する。

④ ウとエは，今後も経済発展が進むと，世界全体の二酸化炭素排出量が大きく増加することが懸念されている。

問2　次の図2中のA〜Dの地域では，様々な地球環境問題が発生している。それらの地球環境問題について述べた文として**適当でないもの**を，下の①〜④のうちから一つ選べ。

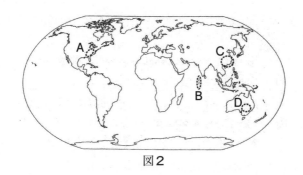

図2

① A地域では，大気中の汚染物質による酸性雨の被害が広がっている。

② B地域では，海面上昇にともなう国土の水没が懸念されている。

③ C地域では，大量の化石燃料利用による大気汚染が深刻化している。

④ D地域では，原子力発電所の事故により放射能汚染が広がっている。

問3 次の図3中のP地域周辺で砂漠化の進行が著しい国々について述べた下の
文①〜④のうちから，下線部が**誤っているもの**を一つ選べ。

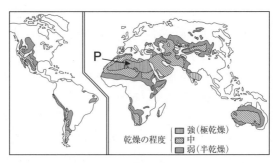

『砂漠の自然と生活』などにより作成。
図3

① チャドの国境付近では，砂漠化の進行にともない1970年代以降，<u>内陸湖
の面積が大幅に減少した</u>。

② スーダンでは，繰り返し見舞われる干ばつに加えて，<u>政治的混乱と内戦</u>
が頻発して土地の荒廃を助長している。

③ アルジェリアでは，砂漠が北に向かって拡大を続ける結果，<u>地中海性低
木帯に続くステップ</u>で放牧地や農地が減少している。

④ セネガルでは，<u>主要な自給作物である落花生</u>の増産を図るため，雑穀と
の輪作から単一耕作に移行した結果，砂漠が拡大した。

問4 次の**カ**～**ク**の文は，中国，ブラジル，ロシアのいずれかの国における森林の状況について述べたものである。**カ**～**ク**と国名との正しい組合せを，下の① ～ ⑥のうちから一つ選べ。

カ 建築用材として需要の高い針葉樹林の伐採がすすんでおり，森林面積は減少している。

キ 大規模な農地や鉱山の開発のために森林の伐採がすすみ，森林面積は大きく減少している。

ク 落葉樹林や常緑樹林などの伐採がすすんだが，環境保全のための植林もなされ，近年森林面積が増加している。

	カ	キ	ク
①	中国	ブラジル	ロシア
②	中国	ロシア	ブラジル
③	ブラジル	中国	ロシア
④	ブラジル	ロシア	中国
⑤	ロシア	中国	ブラジル
⑥	ロシア	ブラジル	中国

問5 次ページの図4は，人工衛星によって計測された，南極を中心とするオゾン全量*の分布とオゾンホールを示したものである。図4から読み取れることがらとその背景について述べた次ページの文章中の下線部① ～ ④のうちから，**適当でないもの**を一つ選べ。

*ある地点の上空に存在するオゾンの総量。

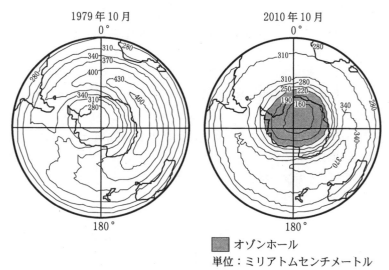

1979 年 10 月

2010 年 10 月

　　■ オゾンホール
　　単位：ミリアトムセンチメートル

気象庁の資料により作成。

図4

　成層圏のオゾン層は，①太陽から放射される紫外線を吸収している。オゾ
ン層の破壊は，第二次世界大戦後，生活水準の上昇にともなって普及した
②冷蔵庫やエアコンなどにフロンガスが多用されたことが原因とされる。
1979年には，③最もオゾン全量が多い地域が西半球にあるものの，オゾンホー
ルは観測されていない。2010年には南極大陸の上空にオゾンホールが出現し
ており，1979年と比較すると，④ニュージーランドではオゾン全量が減少し
ている。オゾン層の破壊がすすむと健康への影響が懸念される。

問6　中央アジアの湖であるアラル海では，湖水域が縮小し，周辺地域の人間生活に様々な影響が及んでいる。次の図5は，1957年と2000年におけるアラル海の水域を示したものである。図5から読み取れることがらとその背景や影響について述べた下の文章中の下線部①〜④のうちから，**適当でないもの**を一つ選べ。

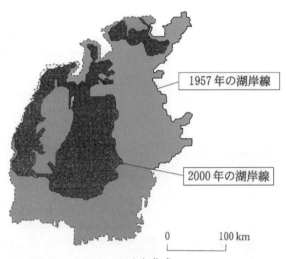

1957年の湖岸線

2000年の湖岸線

0　　　100 km

Vital Water Graphics により作成。

図5

　1957年当時，アラル海へ流入していた河川から①工業用水を大量に取水したため，②2000年にはアラル海の面積が1957年当時の半分以下へと減少し，湖水域が分割された。それと同時に，③湖水の塩分の値が上昇したため，漁業が壊滅的な打撃を受けた。さらに，④干上がった湖底から風によって巻きあげられる砂塵が，周辺住民の健康に影響を及ぼしている。

6 農業

17 世界の農牧業 ★★☆ 15分・21点

解答・解説 ⇨ 29ページ

世界の農牧業に関する次の問い(**問1～7**)に答えよ。

問1 下の図2中のア～ウは，図1中の遊牧地域の3地点(**B～D**)付近における特徴的な家畜をスケッチしたものである。それぞれの地点と家畜の正しい組合せを，次ページの①～⑥のうちから一つ選べ。

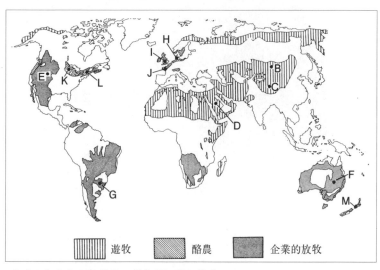

ホイットルセー，グリッグなどにより作成。

図1

縮小率は，家畜によって異なる。
『原色動物大図鑑』などにより作成。

図2

	①	②	③	④	⑤	⑥
B	ア	ア	イ	イ	ウ	ウ
C	イ	ウ	ア	ウ	ア	イ
D	ウ	イ	ウ	ア	イ	ア

問2　図1中の企業的放牧地域の3地点（E～G）付近について説明した次のカ～クの文章において，下線部①～⑥のうちから，**誤っているもの**を二つ選べ。ただし，解答の順序は問わない。

　カ　E付近の企業的放牧は，①肉牛の放牧が中心である。②家畜の肥育は綿花地帯で行われているが，近年，この地域では集中肥育場（フィードロット）が増加している。

　キ　F付近の企業的放牧は，③メリノ種の羊の放牧が主体である。この地域の牧羊業経営は，④粗放的で大規模であり，年降水量250～500mmの地域を中心に広がっている。

　ク　G付近の企業的放牧は，パンパと呼ばれる温帯草原で行われている。湿潤パンパのエスタンシアでは⑤羊の放牧が盛んであり，栄養価が高く，乾燥に強い⑥アルファルファが栽培されている。

問3　次の文章サとシは，図1中の酪農地域中の6地点（H～M）付近のいずれかについて，酪農の発達要因を説明したものである。サとシに該当するものを，下の①～⑥のうちからそれぞれ一つずつ選べ。

　サ　この地域の酪農は，19世紀後半に冷凍船（冷蔵船）が就航して以来，イギリスを市場にして発達してきた。この地域が他の酪農地域と競争できるのは，冬の温暖な気候によって，牧草が年中成育しており，自給飼料を主体とする放牧により経営が成り立つためである。

　シ　この地域には，氷河の影響を受けて，土地条件の良くない荒地も含まれているが，農業技術の進歩や，農業教育と農業協同組合の普及などにより，酪農が発達してきた。農家の経営規模は比較的小さく，耕地で穀物・根菜・牧草を輪作し，乳牛を集約的に飼育している。

① H　　② I　　③ J　　④ K　　⑤ L　　⑥ M

問4 コンゴ川やアマゾン川流域，インドネシアの島嶼部などにみられる自給的農業の説明として**適当でないもの**を，次の文①～④のうちから一つ選べ。

① 森林や草原を焼いて耕地とし，数年を経て地力が衰えると耕地を放棄して他へ移動する焼畑農業が行われている。

② 作物としては，キャッサバ・タロいも・ヤムいもなどが主に食料自給用に栽培されることが多い。

③ 広大なやせた土地を耕すために，家畜に犂をひかせる農法が各地にみられる。

④ 植物の旺盛な生長力によって，長い木の棒で地面に穴をあけて種をまく耕作が行われている。

問5 次の図3は，世界の主なプランテーション農業地域と企業的穀物農業地域を示したものであり，a～eは，カカオ，コーヒー，サトウキビ，天然ゴム，綿花の主な栽培地域を示している。また，次ページの文章X・Yは，いずれかの作物について述べたものである。X・Yに該当する作物の栽培地域として適当なものを，次ページの①～⑤のうちからそれぞれ一つずつ選べ。

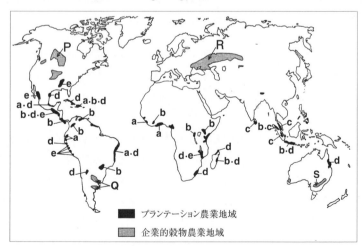

図中のプランテーション農業地域では，油ヤシ，カカオ，コーヒー，サイザル麻，サトウキビ，茶，天然ゴム，バナナ，綿花などが栽培されている。
ホイットルセー，グリッグ，山本などにより作成。

図3

X　繊維の原料となる作物。生育期に高温多雨，収穫期に乾燥する気候で，水はけのよい肥沃(ひよく)な土壌が栽培に適する。

Y　エチオピアが原産地とされる嗜好(しこう)作物。生育期に高温多雨，結実期に乾燥する気候で，昼夜の気温差の大きい高原などが栽培に適する。

① a　　② b　　③ c　　④ d　　⑤ e

問6　図3中に示した企業的穀物農業地域について述べた次の文①～④のうちから，**誤っているもの**を一つ選べ。

① P地域では，肥沃なプレーリー土が分布し，春小麦の栽培が大規模に行われている。

② Q地域では，大土地所有制度にもとづく農場経営が展開して，小麦の栽培が行われている。

③ R地域では，肥沃な黒土(チェルノーゼム)が分布し，小麦をはじめ，ヒマワリ，ジャガイモの栽培が盛んである。

④ S地域では，灌漑(かんがい)用に多数の掘り抜き井戸を利用することによって，小麦の栽培が大規模に行われている。

問7　次の文章アとイは西ヨーロッパと北アメリカの混合農業を説明したものである。文章中の下線部①～⑤のうちから**誤っているもの**を二つ選べ。

ア　西ヨーロッパの混合農業では，パン用穀物の小麦・①エン麦，家畜飼料用の②カブ・クローバーなどの輪作，および③豚や肉牛の飼育が密接に結びついた経営が行われている。

イ　北アメリカの混合農業は，ヨーロッパからの開拓移民によりもたらされた。④春小麦の栽培と⑤豚や肉牛の肥育を結合させたものが主体になっている。この混合農業の地域は，北アメリカの農牧業の中心になっている。

18 農作物の原産地，農法，食料問題　　★★☆ | 8分・12点

解答・解説 ⇨ 31ページ

世界の農業に関する次の問い（**問1～4**）に答えよ。

問1　次の図1は，アメリカ合衆国，インド，オーストラリア，ニュージーラン
ド，フランスにおける小麦の栽培カレンダーを示したものである。世界の主
要な企業的穀物農業地域であるオーストラリアに該当するものを，図2中の
①～④のうちから一つ選べ。

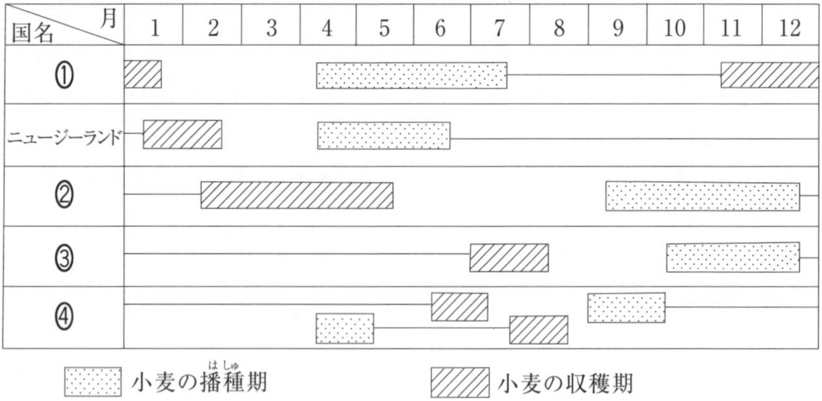

月\国名	1	2	3	4	5	6	7	8	9	10	11	12
①												
ニュージーランド												
②												
③												
④												

▓ 小麦の播種期　　　▨ 小麦の収穫期

『FAO作物カレンダー』により作成。

図1

問2　農業は，自然環境の影響を受けるが，その一方で，人間は水不足などの不利な条件を克服し，作物の栽培地域を広げてきた。ただし，こうした農業活動は，環境に負荷も与えている。世界の灌漑農業について述べた文として下線部が**適当でないもの**を，次の①～④のうちから一つ選べ。

①　アメリカ合衆国のグレートプレーンズでは，<u>センターピボット灌漑によるトウモロコシや小麦の栽培が行われてきた</u>が，これによって地下水位が低下している。

②　イランの乾燥地域では，<u>カナートと呼ばれる地下水路を利用して麦類やナツメヤシの栽培が行われてきた</u>が，近年では，動力揚水機が普及し，土壌の塩性化(塩類化)が生じている。

③　オーストラリアのマリー(マーレー)・ダーリング川流域では，<u>灌漑によって小麦の栽培が盛んになった</u>が，一方で，土壌の塩性化(塩類化)が問題となっている。

④　中央アジアのアムダリア川とシルダリア川流域では，<u>灌漑によってサトウキビの栽培が盛んになった</u>が，一方で，アラル海に流入する水量が極端に減少している。

問3　次の写真1は，北アメリカ大陸で現在みられる農場景観である。写真1の説明として最も適当なものを，下の文①〜④のうちから一つ選べ。

写真1

① 　グレートベースンでは，降雨量が豊富なため，トラクターを操作しやすい写真1のような円形の大規模な水田が数多くみられる。

② 　ロッキー山脈の谷間では，写真1のような円形の牧場に肉牛を飼育し，牛を集中的に管理する方法がとられている。

③ 　グレートプレーンズでは，写真1のような円形に散水する施設が多数みられ，乾燥気候下でも小麦，とうもろこし，牧草などが栽培されている。

④ 　ニューヨークの近郊では，写真1のような酪農を営む円形の農場がみられ，その中心に農家や搾乳舎があり，農作業の軽減が図られている。

問4　各班で調べた内容についてさらにクラスで学習を深め，世界の食料問題と
その取組みについてポスターにまとめた。文章中の下線部①〜④のうちから，
適当でないものを一つ選べ。

世界の食料問題とその取組み

〇年〇組

　世界の食料問題は発展途上国と先進国で違いがみられる。発展途上国で
は，所得水準が低く食料の十分に得られない地域がある。食料の増産を目
的とした対策の一つとして，20世紀半ば以降に推進された「緑の革命」で
は，①高収量品種の導入や灌漑施設の整備などによっていくつかの国で
は穀物自給率が上昇した。ただし，農村部では十分にその恩恵を受けるこ
とができていない地域もみられる。近年では②世界各地で異常気象によ
る農作物の不作が報告されており，貧しい農村部でその影響が大きい。
一方，多くの先進国では，③国内消費を上回る量の食料品を輸入し，
大量の食料が廃棄されるフードロスの問題が生じている。世界の一部では
飢餓が生じているなか，先進国の飽食は発展途上国の犠牲のうえに成り
立っているとも考えられる。国際貿易においては，④農産加工品などの
輸入において先進国がフェアトレードを推進しており，発展途上国の農家
の生活水準が悪化している。食料問題を解決するには，先進国と発展途上
国との格差を是正していくことが必要であり，私たちも食料問題に真剣に
向き合わなければならない。

19 農業統計

★★☆ 10分・15点

解答・解説 ⇨ 33ページ

農業統計に関する次の問い（**問1～5**）に答えよ。

問1 次の表1は，アイルランド，ギリシャ，スイス，スウェーデンの4か国について，国土面積に対する牧場・牧草地率，耕地・樹園地率，森林率を示したものである。スイスに該当するものを，表1中の①～④のうちから一つ選べ。

表1

(単位：%)

国　名	牧場・牧草地率	耕地・樹園地率	森林率
①	49.5	15.0	10.9
②	34.5	25.3	31.5
③	27.5	10.7	31.7
④	1.1	6.4	68.9

統計年次は2015年。
『データブック オブ・ザ・ワールド』により作成。

問2　世界で主食となっている主な作物について，各班に分かれて調べた。
次の図1中のカードA〜Dは，各班が調べることにした課題である。

　カードAを調べた班は，主な作物の生産国を調べ，グラフにまとめた。次ページの図2は，小麦，米，トウモロコシ，大豆について，上位5か国とそれらが世界に占める割合を示したものであり，図2中のP〜Rは，アメリカ合衆国，中国*，ブラジルのいずれかである。P〜Rと国名との正しい組合せを，次ページの①〜⑥のうちから一つ選べ。
*台湾，ホンコン，マカオを含まない。

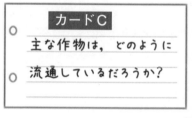

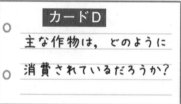

図1

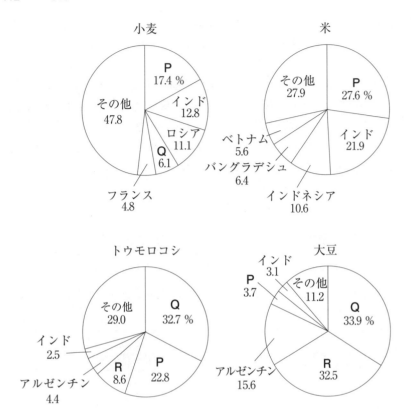

小麦

米

トウモロコシ

大豆

統計年次は 2017 年。
FAOSTAT により作成。

図2

	P	Q	R
①	アメリカ合衆国	中　　国	ブラジル
②	アメリカ合衆国	ブラジル	中　　国
③	中　　国	アメリカ合衆国	ブラジル
④	中　　国	ブラジル	アメリカ合衆国
⑤	ブラジル	アメリカ合衆国	中　　国
⑥	ブラジル	中　　国	アメリカ合衆国

問3　問2の図1中のカードCを調べた班は，小麦，米，トウモロコシ，大豆の
　　世界全体の生産量と輸出量を調べた結果を，表2にまとめて話し合った。そ
　　のとき用いられた次ページの図3は，大豆の輸入上位5か国の輸入量とその
　　世界全体に占める割合を示している。下の会話文中の空欄アとイに当てはま
　　る語句の正しい組合せを，次ページの①～④のうちから一つ選べ。

表2

（単位：千t）

作物名	生産量	輸出量
小　麦	771,719	183,648
米	769,658	40,266
トウモロコシ	1,134,747	147,362
大　豆	352,644	134,888

統計年次は，生産量が2017年，輸出量が2016年。
『世界国勢図会』により作成。

太　郎　「生産量で一番多いのは，トウモロコシだね」

桜　子　「逆に，大豆の生産量が一番少ないね」

次　郎　「輸出量を見ると，小麦が一番多いことがわかるね」

桃　子　「米は輸出量が少ないだけでなく，生産量に占める輸出量の割合も
　　　　　小さいから，（　ア　）に生産している国や地域が多そう」

三　郎　「逆に，大豆は生産量が少ないにもかかわらず，生産量に占める輸
　　　　　出量の割合が大きくなっているよ。図3にみられるように，それは
　　　　　世界の大豆輸入における中国の輸入量が拡大したことが，生産量に
　　　　　占める輸出量の割合を押し上げたみたいだね」

太　郎　「なぜ，中国の輸入量が急激に増加したのだろう？」

桜　子　「それは，中国では経済発展にともなって食生活が変化して，
　　　　　（　イ　）の大豆の需要が急激に高まったからでしょうね」

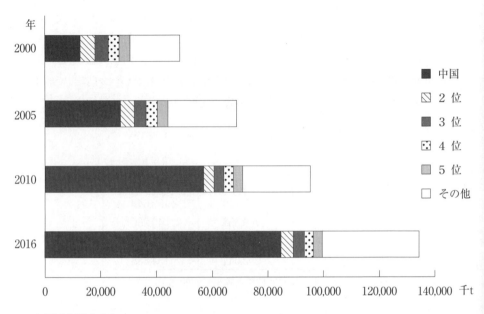

中国は台湾を含む。
『世界国勢図会』により作成。

図3

	ア	イ
①	自給的	食料用
②	自給的	飼料用
③	商業的	食料用
④	商業的	飼料用

問4　問2の図1中のカードBを調べた班は、世界の地域別に統計資料を用いて、グラフを作成し分析した。次の図4は、国土面積に占める農地*の割合と耕地1ha当たりの肥料の消費量**を示したものであり、①～④は、アジア、アフリカ、オセアニア、ヨーロッパのいずれかである。アジアに該当するものを、図4中の①～④のうちから一つ選べ。

　*農地には、耕地のほか牧草地などを含む。
**ふん尿などの自給肥料の消費は含まない。

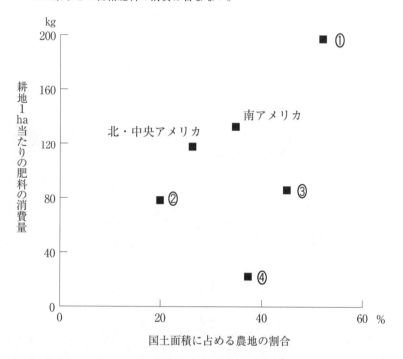

北・中央アメリカは、パナマ以北でカリブ海諸国を含む。
統計年次は2016年。
『世界国勢図会』により作成。

図4

問5　農牧業は，自然条件のみではなく，文化的・経済的条件からも影響を受け
る。次ページの図5中の①〜④は，牛肉生産量，牛肉輸入量，豚肉生産量，
豚肉輸入量のいずれかについて，上位8か国・地域とそれらが世界に占める
割合を示したものである。豚肉生産量の割合に該当するものを，図5中の①〜
④のうちから一つ選べ。

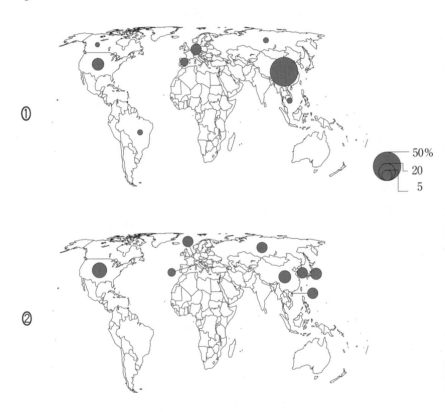

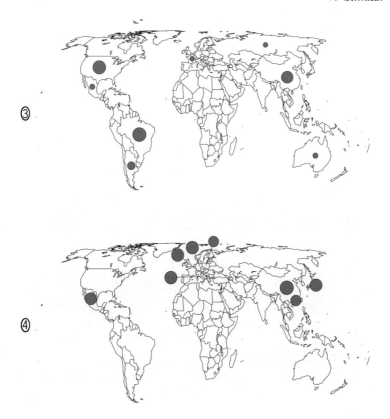

統計年次は，生産量が2017年，輸入量が2017年。
『世界国勢図会』により作成。

図5

20 日本の農牧業

★★☆ 10分・15点

解答・解説 ⇨ 35ページ

日本の農牧業に関する次の問い(**問1〜5**)に答えよ。

問1 次の図1は,日本における牛肉,牛乳・乳製品,米,大豆,野菜の自給率の推移を示したものである。野菜に該当するものを,図1中の①〜④のうちから一つ選べ。

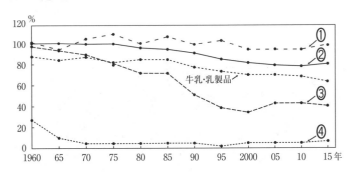

『数字でみる日本の100年』他により作成。
図1

問2 日本の小麦生産について説明した次の文①〜④のうちから,下線部が正しいものを一つ選べ。

① 1960年代半ばころまで,二毛作地帯において,小麦は稲の裏作作物として栽培されていた。

② 小麦は,日本の国土全域で栽培可能であるが,その生産地域は西南日本に集中している。

③ 米の生産調整にともない,1970年代半ばころから転作作物として小麦生産が奨励された。しかし,その後,収穫量・作付面積とも一貫して減少傾向にある。

④ 世界の主要な小麦生産国に比べて,日本の小麦生産農家の労働生産性は極めて高いが,土地生産性は低い。

問3　次の図2中のA～Cは，日本が輸入する魚介類，肉類，野菜のいずれかについて，各品目の輸入総額に占める輸入額の割合が5％以上の国を示したものである。A～Cと食料品名との正しい組合せを，次ページの①～⑥のうちから一つ選べ。

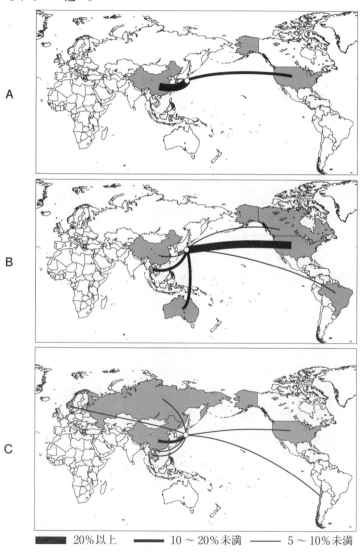

A

B

C

■■■ 20％以上　　━━━ 10～20％未満　　──── 5～10％未満

中国には，台湾とホンコンを含まない。
統計年次は2018年。『日本国勢図会』により作成。

図2

	①	②	③	④	⑤	⑥
A	魚介類	魚介類	肉　類	肉　類	野　菜	野　菜
B	肉　類	野　菜	魚介類	野　菜	魚介類	肉　類
C	野　菜	肉　類	野　菜	魚介類	肉　類	魚介類

問4　次の表1は，果実，小麦，トウモロコシの3種類の農産物について，日本の主要輸入相手国のうち，2018年における上位3か国を示している（金額ベース）。表1中の**ア～ウ**に該当する農産物の正しい組合せを，下の①～⑥のうちから一つ選べ。

表1

農産物	輸　入　相　手　国		
	1位	2位	3位
ア	アメリカ合衆国	フィリピン	中　国
イ	アメリカ合衆国	ブラジル	南アフリカ共和国
ウ	アメリカ合衆国	カナダ	オーストラリア

『日本国勢図会』により作成。

	ア	イ	ウ
①	果　実	小　麦	トウモロコシ
②	果　実	トウモロコシ	小　麦
③	小　麦	果　実	トウモロコシ
④	小　麦	トウモロコシ	果　実
⑤	トウモロコシ	果　実	小　麦
⑥	トウモロコシ	小　麦	果　実

問5　次の図3は，野菜，果実，乳用牛，豚の主産地をみるために，各都道府県
　　ごとに農業粗生産額の特化係数*を示したものである。豚に該当するものを，
　　図3中の①〜④のうちから一つ選べ。

*特化係数 ＝ $\dfrac{\text{各都道府県の総農業粗生産額に占める特定農産物の割合}}{\text{全国の総農業粗生産額に占める特定農産物の割合}}$

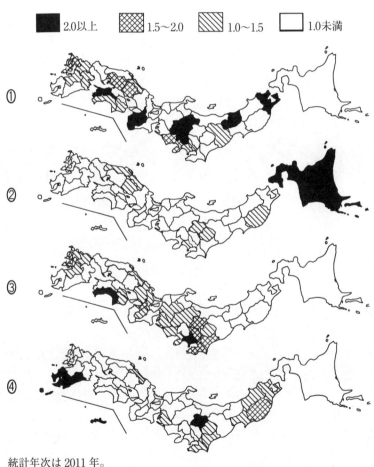

統計年次は2011年。
『データでみる県勢』により作成。
図3

7 林業

21 林業

★★☆ | 10分・15点

解答・解説 ⇨ 36ページ

森林や林業に関する次の問い(**問1～5**)に答えよ。

問1 次の図1は，2000年から2010年の期間における森林面積の増減率を示したものである。図1から読み取れることがらとその背景について述べた文として下線部が**適当でないもの**を，下の①～⑥のうちから二つ選べ。ただし，解答の順序は問わない。

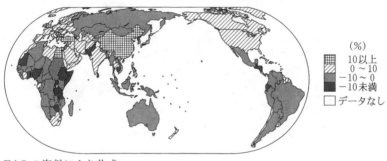

FAOの資料により作成。

図1

① インドネシアでは森林面積が減少しているが，これは<u>用材採取などの目的で熱帯林が伐採されている</u>ためである。

② オーストラリアでは森林面積が減少しているが，これは<u>主に景観の保全に必要な火入れが行われている</u>ためである。

③ 中国では森林面積が大きく増加しているが，これは<u>主に政府の政策により植林面積が拡大した</u>ためである。

④ ブラジルでは森林面積が減少しているが，これは<u>農地開発などの目的で熱帯林が伐採されている</u>ためである。

⑤ フランスでは森林面積が増加しているが，これは<u>主にバイオマス発電に用いられる人工林の育成がすすんだ</u>ためである。

⑥ 西アフリカのブルキナファソでは森林面積が減少しているが，これは<u>干ばつなどにより砂漠化がすすんだ</u>ためである。

問2　次の図2は，陸地面積に占める森林面積の比率，人口1人当たりの森林面積，森林面積の増減率を，アジア，アフリカ，ヨーロッパ，北アメリカ*，南アメリカ，オセアニアの6大地域別に示したものである。南アメリカに該当するものを，図2中の①〜⑤のうちから一つ選べ。

*北アメリカは，アメリカ合衆国・カナダ・メキシコを指す。

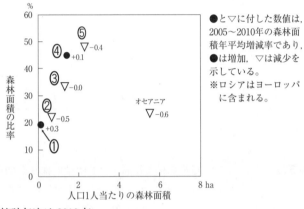

統計年次は2010年。
『世界の統計』により作成。

図2

問3　次の表1は，アメリカ合衆国，インドネシア，カナダ，マレーシア，ロシアの木材生産の状況を示したものである。表1中のAとDに該当する国名を，下の①〜⑤のうちから一つずつ選べ。

表1

国名	木材伐採高（千m³）	用材	薪炭材	木材伐採量に占める針葉樹の割合（%）
A	419,578	355,208	64,370	67.4
B	212,399	197,611	14,788	79.1
C	155,121	153,071	2,050	81.9
D	118,252	74,041	44,211	0.2
E	16,323	13,829	2,494	0.1

統計年次は2017年。
『世界国勢図会』により作成。

①　アメリカ合衆国　　②　インドネシア　　③　カナダ
④　マレーシア　　⑤　ロシア

問4　次の表2は，いくつかの国について，国土面積に占める森林面積の割合，木材伐採高に占める針葉樹の割合および薪炭材の割合を示したものであり，①〜④は，カナダ，ブラジル，マレーシア，ロシアのいずれかである。ロシアに該当するものを，表2中の①〜④のうちから一つ選べ。

表2

	国土面積に占める 森林面積の割合（％）	木材伐採高に占める 針葉樹の割合（％）	木材伐採高に占める 薪炭材の割合（％）
①	67.2	0.1	15.3
②	57.8	17.9	43.5
③	47.7	79.2	7.0
④	34.8	81.9	1.3

統計年次は 2017 年。
『世界国勢図会』により作成。

問5　次の図3は，木材について薪炭材と用材*の生産量の推移を国別に示したものであり，①〜④はインド，カナダ，ナイジェリア，日本のいずれかである。カナダに該当するものを，図3中の①〜④のうちから一つ選べ。

*製材・ベニヤ材やパルプ材などの産業用の木材。

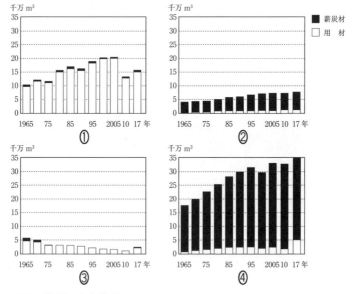

FAO の資料により作成。

図3

8 水産業

| **22** | 水産業 | ★★☆ | 10分・15点 |

解答・解説 ⇨ 38ページ

水産業に関する次の問い(**問1〜5**)に答えよ。

問1 次の図1は,漁業活動が行われている海域の区分を示したものであり,下の**X〜Z**の文は,図1中の**ア〜ウ**のいずれかの海域でみられる水産資源や漁業活動にかかわることがらについて述べたものである。**ア〜ウ**と**X〜Z**との正しい組合せを,下の**①〜⑥**のうちから一つ選べ。

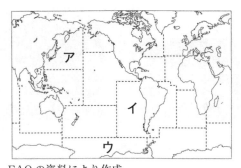

FAOの資料により作成。

図1

X 飼料や肥料の原料としてアンチョビーが大量に漁獲されてきたが,乱獲や気候変動などの影響を受けて漁獲量が不安定である。

Y 世界最大の漁獲規模を誇る好漁場であるが,沿岸諸国の漁業活動の拡大や海洋汚染などにともなう漁獲量の減少が懸念されている。

Z 特定国による大陸沿岸の海域の領有は認められておらず,この海域での漁業活動はほとんど行われていない。

	①	②	③	④	⑤	⑥
ア	X	X	Y	Y	Z	Z
イ	Y	Z	X	Z	X	Y
ウ	Z	Y	Z	X	Y	X

問2　次の写真1中の**カ**と**キ**はベトナムの日本向けエビ養殖・加工の様子を，**ク**と**ケ**は日本で販売されているエビ製品をそれぞれ撮影したものである。写真1に関連したことがらについて述べた下の文章中の下線部①〜④のうちから，**適当でないもの**を一つ選べ。

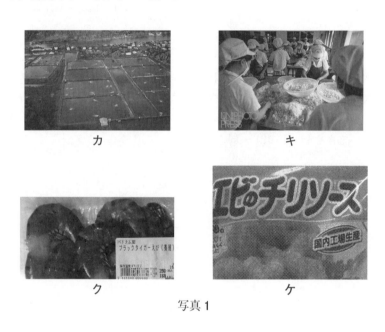

写真1

　　ベトナムでは，写真**カ**のような①集約的なエビ養殖の拡大が1950年代からみられ，日本などにエビが輸出されている。写真**キ**のように現地で多くの人を雇用し，生産されたエビに下処理・加工を行う理由は，②製造にかかわる技能・知識をもった安価な労働力が多く存在するためである。

　　一方，日本では，**ク**のように海外からエビを調達できるようになった。その背景として，③商品の保管や輸送の技術革新がすすんだことがある。また，食品の安全に関する消費者の関心が近年高まり，**ク**や**ケ**のように，④食品の生産国や製造国の違いに関する情報が表示されるようになった。

問3　次ページの表1は，日本の海面漁業と海面養殖業における就業者数と生産量，魚介類輸入量の変遷を示したものである。表1を説明した文として下線部が**適当でないもの**を，次ページの①〜④のうちから一つ選べ。

表1

年次	就業者数 (万人)	生産量(万トン)				魚介類輸入量 (万トン)
		遠洋漁業	沖合漁業	沿岸漁業	海面養殖業	
1970年	55	343	323	189	55	74
1980年	46	217	570	204	99	169
1990年	37	150	608	199	127	382
2000年	24	86	259	158	123	588
2010年	20	48	236	129	111	484
2017年	15	31	205	89	99	409

1970年の値は沖縄県を含まない。
『数字でみる日本の100年』,『日本国勢図会』により作成。

① 漁業就業者数が減少した背景には，漁業就業者の高齢化の進行と後継者不足などがある。

② 1980年に沖合漁業の生産量が遠洋漁業のそれを上回った背景には，世界の主要国が12カイリの排他的経済水域を設定したことなどがある。

③ 海面養殖業の生産量が増加した背景には，沿岸漁業の不振と養殖魚に対する需要が増大したことなどがある。

④ 魚介類輸入量が増加した背景には，日本における食生活の多様化と高級化にともない，高価な水産物が大量に輸入されたことなどがある。

問4 次の図2は，アメリカ合衆国，中国，ペルー，ロシアの水産物生産量の推移を示したものである。図2を説明した文として最も適当なものを，次ページの①～④のうちから一つ選べ。

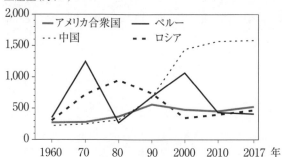

生産量(万トン)

ロシアの1980年までは旧ソ連の数値。
『数字でみる日本の100年』,『日本国勢図会』により作成。

図2

① 1980年代以降中国の生産量は急増するが，これは人民公社が設立されて，海面養殖業が国家的事業として推進されたからである。

② 1970年代から1980年頃にかけてペルーの生産量が低迷したが，これは主たる魚種であるアンチョビーの漁獲量が減少したためである。

③ 1990年頃からアメリカ合衆国の生産量は停滞しているが，これは，アメリカ合衆国が日本からの水産物輸入に依存するようになったためである。

④ 1990年頃からロシアの生産量が急減するが，これは，ソ連の解体によりロシアが北太平洋沿岸の主要漁場を失ったためである。

問5　次の表2中のP～Rは，長崎，根室，焼津のいずれかの港における出荷量上位2魚種とその割合を示したものである。P～Rに該当する港の組合せとして正しいものを，下の①～⑥のうちから一つ選べ。

表2

（単位：％）

順位	P		Q		R	
1位	カツオ類	65.9	サンマ類	73.9	サバ類	39.0
2位	マグロ類	27.4	タラ類	4.2	アジ類	27.5

統計年次は2018年。
『産地水産物流通統計』により作成。

	①	②	③	④	⑤	⑥
P	長崎	長崎	根室	根室	焼津	焼津
Q	根室	焼津	長崎	焼津	長崎	根室
R	焼津	根室	焼津	長崎	根室	長崎

9 資源・エネルギー

23 資源・エネルギー

★★☆ | 9分・15点

解答・解説 ⇨ 39ページ

資源・エネルギーに関する次の問い(**問1〜5**)に答えよ。

問1 次の図1中の**ア〜ウ**は，金鉱，銀鉱，鉄鉱石の産出量のいずれかについて，世界上位10か国・地域とそれらが世界に占める割合を示したものである。**ア〜ウ**と項目名との正しい組合せを，次ページの**①〜⑥**のうちから一つ選べ。

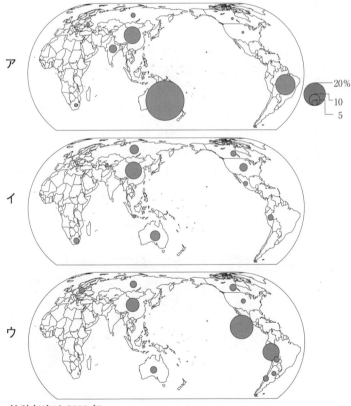

統計年次は2015年。
United States Geological Survey の資料により作成。

図1

	①	②	③	④	⑤	⑥
金　鉱	ア	ア	イ	イ	ウ	ウ
銀　鉱	イ	ウ	ア	ウ	ア	イ
鉄鉱石	ウ	イ	ウ	ア	イ	ア

問2　レアメタル（希少金属）について述べた文として**適当でないもの**を，次の
①〜④のうちから一つ選べ。

① 　レアメタルには地球上に存在が少ない金属のほか，技術的理由や費用の
面で純粋なものを抽出するのが難しい金属も含まれる。

② 　レアメタルの埋蔵には地域的なかたよりがあり，その産出や輸出に国の
経済が大きく影響される産出国がみられる。

③ 　レアメタルの大半は，技術の進歩によりリサイクルが容易になったため，
近年は地下資源の採掘が減少傾向にある。

④ 　レアメタルは，半導体やエレクトロニクスなどの先端技術産業に欠かせ
ないため，先進国では備蓄もすすめられている。

問3　次の図2中の**カ〜ク**は，原油の産出量，輸出量，輸入量のいずれかの項目
について，世界の上位10か国とその全体に占める割合を示したものである。
カ〜クと項目名との正しい組合せを，次ページの①〜⑥のうちから一つ選べ。

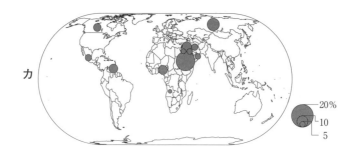

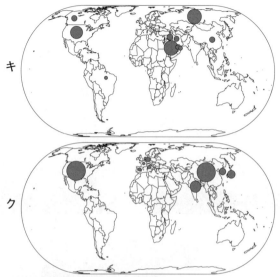

中国には台湾，マカオを含まない。
統計年次は2016年。
Energy Statistics of OECD ∕ non-OECD Countries などにより作成。

図2

	①	②	③	④	⑤	⑥
カ	産出量	産出量	輸出量	輸出量	輸入量	輸入量
キ	輸出量	輸入量	産出量	輸入量	産出量	輸出量
ク	輸入量	輸出量	輸入量	産出量	輸出量	産出量

問4 生物を起源とするバイオマスエネルギーについて説明した次の文章中の下線部①～④のうちから，**適当でないもの**を一つ選べ。

バイオマスエネルギーは①二酸化炭素の排出量増加への寄与が低いとみなされており，再生可能エネルギーの一つとして期待されている。古くから世界各地で木質バイオマスが利用され，1960年代ごろまで②日本では里山から燃料用の薪炭を得ていた地域もみられた。近年では農地で大規模にエネルギー作物を生産する国が増えており，③ブラジルではバイオエタノールの主要な原料としてトウモロコシの作付面積が拡大している。エネルギー作物の生産と，通常の食用農作物の生産との競合が，世界全体の④食料安定供給に影響を及ぼす危険性も指摘されている。

問5　次の写真1中の**A～C**は，日本の自然エネルギーを活用した発電の様子を示したものであり，下の**サ～ス**の文は，その様子を説明したものである。**サ～ス**と**A～C**との正しい組合せを，下の**①～⑥**のうちから一つ選べ。

A

B

C

写真1

サ　小規模で設置できるなど制約が少ないため日本では急速に普及がすすんでいるが，電力供給は不安定である。

シ　地球内部のエネルギーを利用するため潜在エネルギー量は豊富であるが，国立公園内での開発が規制されている。

ス　二酸化炭素の発生が少なく発電コストも低いが，大規模な施設では騒音などが指摘されている。

	①	②	③	④	⑤	⑥
A	サ	サ	シ	シ	ス	ス
B	シ	ス	サ	ス	サ	シ
C	ス	シ	ス	サ	シ	サ

10 工業

24 工業立地	★★☆	7分・15点

解答・解説 ⇨ 41ページ

工業の立地に関する次の問い(**問1～5**)に答えよ。

問1 工業は,業種によって立地の仕方が異なる。図1は,東京大都市圏とその周辺地域の地帯構成を模式化したものである。工業の立地について述べた下の①～⑤のうちから,正しいものを二つ選べ。

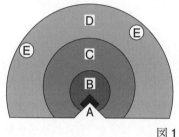

A 臨港地区
B 大都市
C 大都市圏
D 大都市圏外接部（農村地域）
E 地方都市

注)図の範囲は,ほぼ関東地方に相当する。

図1

① 大豆やトウモロコシを主原料とする食用油工業では,大工場はA地区に立地する傾向が強い。

② 製粉工業は,主にA地区に立地していたが,近年,大規模工場はDゾーンやEに移る傾向が強い。

③ セメント工業(生コンクリート工業やセメント製品工業を除く)は,大都市での需要に対応するため,Bゾーンに立地する傾向が強い。

④ 絹織物工業は,農村工業として発展したため,DゾーンやEに立地していたが,近年,Cゾーンへ集中する傾向が強い。

⑤ 自動車工業は,親工場がC・Dゾーンに立地し,下請工場の多くはB・Cゾーンに立地する傾向が強い。

問2　工業の立地について述べた次の①～④のうちから，下線部が**誤っている**ものを一つ選べ。

① 生産費の中で労働費の割合が高い工業は，<u>賃金の高い地域に立地する傾向がある</u>。

② 製品が軽量で，価格に比べて輸送費の割合が小さい工業は，<u>空港近くに立地することがある</u>。

③ 製品の重さが原料の重さとあまり変わらず，製品が輸送しにくい工業は，<u>消費地に立地する傾向がある</u>。

④ 製品よりも原料の重量の方がはるかに重い工業は，<u>原料産地に立地する傾向がある</u>。

問3　次の文章は，工業の立地について述べたものである。文章中の空欄**カ**と**キ**に当てはまる語の正しい組合せを，下の①～④のうちから一つ選べ。

　工業の立地において重視されるものは，工業の種類によって異なる。たとえば，セメント工業は輸送費を考慮して（　**カ**　）への近接性を重視して立地する傾向が強い。一方，労働集約型工業である（　**キ**　）は，安価な労働費を重視して立地する傾向が強い。

① カ ― 原料産地　　キ ― 衣服製造業
② カ ― 原料産地　　キ ― 石油化学工業
③ カ ― 消費市場　　キ ― 衣服製造業
④ カ ― 消費市場　　キ ― 石油化学工業

問4　多国籍企業の進出がみられる輸出加工区について述べた文として最も適当なものを，次の①〜④のうちから一つ選べ。

①　輸出加工区では，原材料の輸出を条件として，免税などの優遇措置が講じられている。

②　輸出加工区には，自国産の農水産物を原料とする食品加工業の工場が多く設けられている。

③　輸出加工区は，外貨の獲得，雇用の拡大などを目的に設けられ，労働集約的な工業が立地している。

④　輸出加工区は，内陸部の農村部に多く立地したため，その周辺地域に人口の急増をもたらした。

問5　1990年代後半以降の日本企業の立地の変化について述べた文として最も適当なものを，次の①〜④のうちから一つ選べ。

①　新たな市場開拓と生産コスト削減のため，自動車メーカーは中国やタイなどのアジア諸国に生産拠点を設けるようになった。

②　研究施設と生産施設の連携を高めるため，集積回路の工場は研究開発が行いやすい大都市中心部に立地するようになった。

③　原油価格の高騰を受け，太平洋ベルトでは石油化学コンビナートの閉鎖がすすんだ。

④　情報通信技術の発達により，東京に集中していた出版業が地方に分散するようになった。

25 世界の工業 ★★☆ 9分・15点

解答・解説 ⇨ 42ページ

世界の工業に関する次の問い(**問1～5**)に答えよ。

問1 インド・サウジアラビア・旧ソ連・中国における工業化について述べた次の①～④のうちから，下線部が**誤っているもの**を一つ選べ。

① インドでは，植民地支配を受けていたにもかかわらず，20世紀に入ると工場制の綿工業が発展した。第二次世界大戦後には独立して，国内資源を活用して製鉄所などがつくられた。

② サウジアラビアでは，豊かな石油資源が外国資本によって開発された。第1次石油危機ごろから国有化をすすめるとともに，石油収入をもとに石油化学工業をおこした。

③ 旧ソ連は，計画経済によるコンビナート方式で重化学工業化をすすめた。これは工業を西部の消費地に集中させて，輸送費の節約や労働力の有効な活用をめざしたものであった。

④ 中国では，1980年前後から沿岸部で「経済特区」や「経済技術開発区」などを指定して，外国企業のために優遇措置を行うことにより，近代化政策をすすめている。

問2 次の図1中の**A～D**は，それぞれ共通の特徴をもつEU諸国の工業地域(または都市)を示している。**C**の説明として適当なものを，次ページの①～④のうちから一つ選べ。

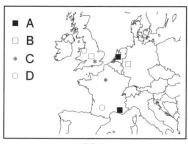

■ A
□ B
＊ C
○ D

図1

① 　EU諸国による旅客機の共同生産にかかわる組立工場が立地している。

② 　石油などの輸入に便利なため，エネルギー革命後，重化学工業が発達した。

③ 　炭田などを基礎として発達したが，最近，素材型重工業が停滞している。

④ 　都市型の消費財工業に加えて，近年は先端技術産業の集積がみられる。

問3　次の図2中の**ア～ウ**は工作機械生産額，パルプ生産量，綿織物生産量のいずれかについて，上位8位までの国・地域とそれらが世界全体に占める割合を示したものである。**ア～ウ**と指標名との正しい組合せを，次ページの①～⑥のうちから一つ選べ。

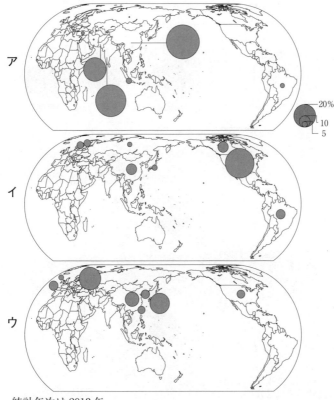

統計年次は 2013 年。
日本化学繊維協会『繊維ハンドブック』などにより作成。

図2

	①	②	③	④	⑤	⑥
工作機械生産額	ア	ア	イ	イ	ウ	ウ
パルプ生産量	イ	ウ	ア	ウ	ア	イ
綿織物生産量	ウ	イ	ウ	ア	イ	ア

問4　次の図3中の**カ～ク**は，自動車(四輪車)生産台数，自動二輪車生産台数，粗鋼生産量のいずれかの指標について上位10か国・地域とそれらが世界に占める割合を示したものである。図3中の**カ～ク**と指標名との正しい組合せを，次ページの①～⑥のうちから一つ選べ。

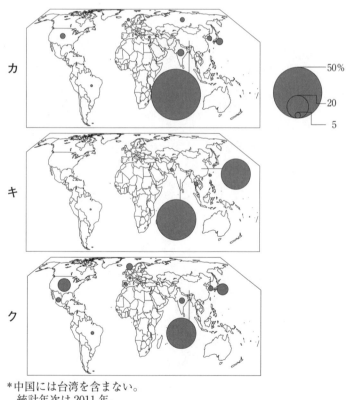

＊中国には台湾を含まない。
　統計年次は2011年。
　『世界自動車統計年報』などにより作成。

図3

	カ	キ	ク
①	自動車	自動二輪車	粗　鋼
②	自動車	粗　鋼	自動二輪車
③	自動二輪車	自動車	粗　鋼
④	自動二輪車	粗　鋼	自動車
⑤	粗　鋼	自動車	自動二輪車
⑥	粗　鋼	自動二輪車	自動車

問5　ブラジル，ロシア，インド，中国の4か国はBRICsと呼ばれる。次の表1は，製造業雇用者数について各国の業種別構成比を示したものであり，**サ〜ス**は機械，食料・飲料，繊維*のいずれかである。**サ〜ス**と業種名との正しい組合せを，下の①〜⑥のうちから一つ選べ。

*衣類は含まない。

表1

	ブラジル	ロシア	インド	中国**
サ	21.8	15.6	15.8	7.1
シ	17.9	20.0	14.1	26.2
金　属	9.6	12.5	11.5	12.6
化学製品	5.3	5.5	9.4	7.9
ス	4.7	2.1	15.1	9.1
その他	40.7	44.3	34.1	37.1

**台湾，ホンコンを含まない。
統計年次は2008年。
International Yearbook of Industrial Statistics により作成。

	①	②	③	④	⑤	⑥
サ	機　械	機　械	食料・飲料	食料・飲料	繊　維	繊　維
シ	食料・飲料	繊　維	機　械	繊　維	機　械	食料・飲料
ス	繊　維	食料・飲料	繊　維	機　械	食料・飲料	機　械

26 日本の工業

★★☆ | 8分・15点

解答・解説 ⇨ 44ページ

日本の工業に関する次の問い(**問1〜5**)に答えよ。

問1　次の図1は，いくつかの製造業における1960年と2000年の事業所数の全国に占める割合を都道府県別に示したものであり*，**ア〜ウ**は，出版・印刷業，食料品製造業**，電気機械器具製造業のいずれかである。**ア〜ウ**と業種名との正しい組合せを，次ページの**①〜⑥**のうちから一つ選べ。

　　*2％未満は省略した。

　**2000年は食料品製造業と飲料・たばこ・飼料製造業の合計。

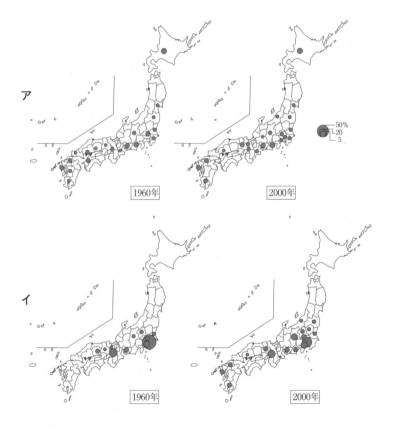

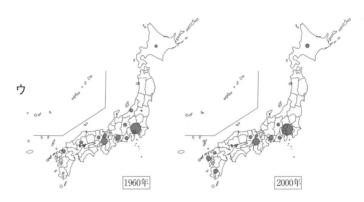

1960年については沖縄県を除いて算出した。
工業統計表により作成。

図1

	①	②	③	④	⑤	⑥
出版・印刷業	ア	ア	イ	イ	ウ	ウ
食料品製造業	イ	ウ	ア	ウ	ア	イ
電気機械器具製造業	ウ	イ	ウ	ア	イ	ア

問2 エレクトロニクス製品の重要な部品を供給するIC（集積回路）産業について述べた次の①～④のうちから，下線部が正しいものを一つ選べ。

① IC産業は研究開発的な産業で，若年労働力をほとんど必要としない。
② IC工場が地方にも多く立地するのは，原料立地指向だからである。
③ IC製品は輸送費負担が小さいので，航空機による輸送も行われている。
④ 国内で生産されるIC製品は，ほとんどが輸出されている。

問3 次の図2は，日本におけるいくつかの製造業について，主な工場の分布*
を示したものであり，①～④は，小麦粉，砂糖，配合飼料**，ビールのい
ずれかである。配合飼料に該当するものを，図2中の①～④のうちから一
つ選べ。

　*工場が集中立地する場合立地点をずらして表示した。

　**トウモロコシなどの穀物を主原料とし複数の原材料を配合・加工した飼料。

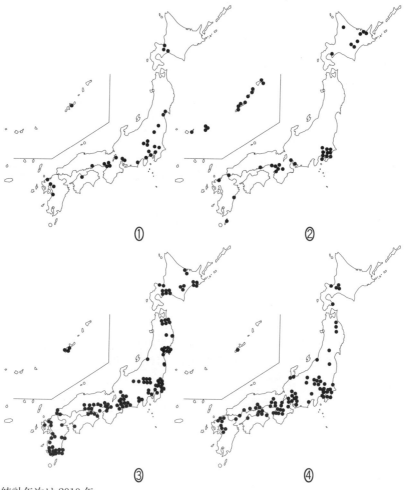

統計年次は2010年。
日本食糧新聞社編『食品業界ビジネスガイド2011年度版』などにより作成。
図2

問4　1980年代後半以降における，日本の工業について述べた文として**適当でないもの**を，次の①〜④のうちから一つ選べ。

① セメント製造業は，原料産地との結びつきが強いため，立地にほとんど変化はみられない。

② ボーキサイトを原料とするアルミニウム製錬業は，国際競争力が低下し，国内からほとんど姿を消した。

③ 製鉄業は，外国への輸出が増加したことにより，工場数が増えている。

④ 衣服製造業は，安価な労働力を求めて，海外にも展開している。

問5　臨海部の工業地帯を地図でみたリョウさんは，大分市の産業変化に関する論文や統計データをインターネットで調べ，市の発展が「新産業都市*」指定の影響を受けたことを知った。次の図3は大分市の産業別就業者数の推移を，次ページの図4は大分市の工業種別従業者数の割合の推移を，それぞれ示したものである。図3と図4から読み取れることがらをリョウさんがまとめた次ページの文章中の下線部①〜④のうちから，**適当でないもの**を一つ選べ。

*重化学工業などを育成し地域開発の拠点とした地域。

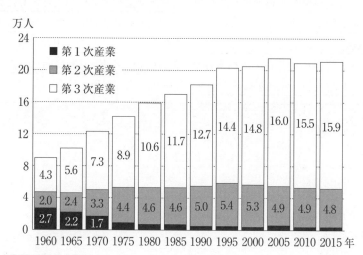

「分類不能」を除く。
国勢調査などにより作成。

図3

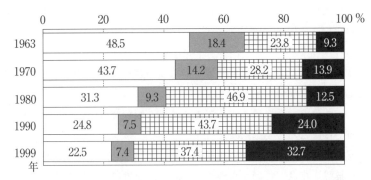

□ 軽工業　■ 地場資源型素材工業　田 臨海型素材工業　■ 機械工業

「地場資源型素材工業」はパルプ・紙，土石等を，「臨海型素材工業」は鉄
鋼や金属，化学工業を示す。
宮町(2004)により作成。

図4

【リョウさんがまとめた文章】

1963年には当時の地方工業として典型的であった①軽工業と地場資源型素材工業が全業種の約3分の2を占めていたが，1964年に新産業都市に指定され臨海部の大規模な埋め立てが進むと，②臨海型素材工業の拡大とともに第二次産業人口は増加した。その後，1980年から90年代末にかけて，③機械工業の大幅な伸びに支えられ，第二次産業人口割合も拡大した。工業都市としての成長を背景に大分市の人口も伸び，④1960年に全体の5割に満たなかった第三次産業人口は2015年には7割を超えるようになった。

11 生活行動

27 生活行動 ★★★ | 9分・15点

解答・解説 ⇨ 46ページ

生活行動の変化に関する次の文章を読んで，下の問い(**問1～5**)に答えよ。

問1 労働時間は，経済水準や生活文化，社会制度の違いを反映して国ごとに異なる。次の図1はOECD加盟国の1人当たりGDP（国内総生産）と雇用者1人当たり年間労働時間を国ごとに示したものである。図1から読み取れることがらとその背景を説明した文として**適当でないもの**を，次ページの①～④のうちから一つ選べ。

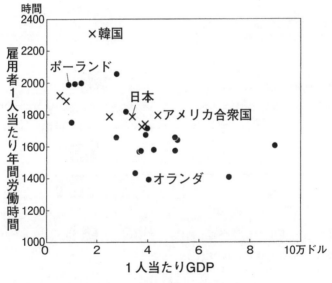

統計年次は2006年。
『世界国勢図会』により作成。

図1

① 　オランダは，ワークシェアリングの取組みが広く行われていることなどにより，ヨーロッパの中でも労働時間が短い国の一つとなっている。

② 　韓国は，1980年代の経済発展にともなって労働時間が増加したことにより，OECD加盟国の中で労働時間が最も長い国となった。

③ 　日本では，週休2日制の導入など労働時間の短縮をめざした取組みがなされたことにより，アメリカ合衆国と同程度にまで労働時間が減少した。

④ 　ポーランドは，西ヨーロッパ諸国と比べて労働生産性が低いことなどにより，ヨーロッパの中でも労働時間が長い国の一つとなっている。

問2 　次の図2は，いくつかの国における項目別の家計消費支出割合を示したものであり，① ～ ④は，医療・保健，娯楽・文化，住居*，食料**のいずれかである。医療・保健に該当するものを，図2中の① ～ ④のうちから一つ選べ。

　*水道・光熱を含む。
　**飲料・たばこを含む。

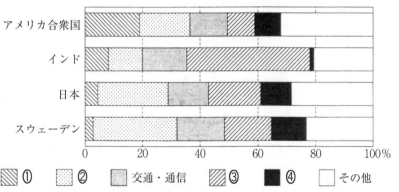

統計年次は 2003 ～ 05 年のいずれか。
UN,Statistical Yearbook により作成。

図2

問3　余暇活動の一つである観光の地域的特徴について述べた文として**適当でな**いものを，次の①〜④のうちから一つ選べ。

① 中央アメリカには，専門的知識をもったガイドが森林などを案内するエコツーリズムの盛んな地域がみられる。

② 東南アジアでは，標高が高く涼しい地域に，植民地時代に開発された保養都市がみられる。

③ 西ヨーロッパでは，費用をあまりかけずに農山村に滞在して文化や自然に親しむ，グリーンツーリズムと呼ばれる余暇活動がみられる。

④ 日本では，1980年代から海外旅行者が急速に増加し，2010年では韓国への旅行者数はアメリカ合衆国への旅行者数を上回っている。

問4　別府市の観光案内所に立ち寄ったリョウさんは，別府温泉が長い歴史をもつ観光地であることを知った。次の図3は，リョウさんが得た資料から作成したレポートの一部であり，図3中の空欄P〜Rには観光客数の増減に関する背景として，次ページの**サ〜ス**のいずれかの文が当てはまる。P〜Rと**サ〜ス**との組合せとして最も適当なものを，次ページの①〜⑥のうちから一つ選べ。

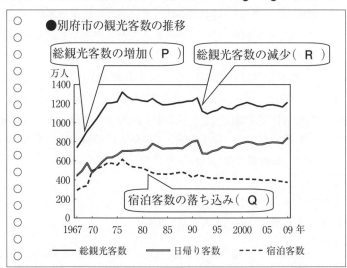

調査方法が変更されたため2010年以降の値は示していない。
別府市『観光動態要覧』により作成。

図3

サ　国民所得の向上と全国的なレジャーブーム

シ　石油危機による低成長への転換や，交通網の整備

ス　日本経済における急激な景気の悪化

	①	②	③	④	⑤	⑥
P	サ	サ	シ	シ	ス	ス
Q	シ	ス	サ	ス	サ	シ
R	ス	シ	ス	サ	シ	サ

問5　リョウさんとサツキさんは，観光やまちづくりを目指して，様々な取組みが行われていることを話し合った。次の会話文中の空欄**タ**に入る国名と，**チ**に入る具体的な取組みを述べた下の**X**または**Y**の文との組合せとして最も適当なものを，下の①〜④のうちから一つ選べ。

リョウ　「街中で外国からの観光客の姿を多く見かけたね」

サツキ　「大分県には温泉観光資源が多く，2015年には海外から大分県に年間約56万人の宿泊観光客が訪れているよ。近年は歴史的，地理的なつながりの深い（　**タ**　）から来る人たちが56％と最も多いよ。大分県をはじめ九州では，外国人観光客の割合が高いことが特徴だね」

リョウ　「これからの観光に向けて，どんな取組みが行われているのかな」

サツキ　「大分にとどまらず，日本各地で様々な取組みが進められているよ。例えば日本では，　**チ**　にも取り組んでいるね。こうした取組みなどを進めながら，観光を通して定住人口の減少を交流人口の増加で補い，持続可能な地域の活性化を目指しているよ」

X　行政やサービスなど観光に関わる専門的な人材の育成

Y　観光客1人当たりの観光消費額の抑制

	①	②	③	④
タ	アメリカ合衆国	アメリカ合衆国	韓　国	韓　国
チ	X	Y	X	Y

12 交通・通信

| **28** 交通・通信 | ★★☆ | 8分・15点 |

解答・解説 ⇨ 48ページ

交通と通信に関する次の問い(**問1～6**)に答えよ。

問1 19世紀に比べて,現在の交通機関の発達はめざましく,世界を移動する人の数も飛躍的に増えた。現在の交通に関して述べた次の**①～④**のうちから,正しいものを一つ選べ。

① 航空機の便数および旅客数は,アジアと北アメリカの間よりも,北アメリカとヨーロッパの間の方が多い。

② ユーロトンネルの開通により,ロンドンとパリの間では,航空機の便数はトンネル開通前の半分以下となった。

③ 日本と中国の間は,航空機を利用する旅客の数より船を利用する旅客の数の方が多い。

④ アメリカ合衆国では,大西洋岸の諸都市から太平洋岸の諸都市へと移動するほとんどの旅客は,飛行機よりもバスを利用する。

問2 ヒナタさんは,祖父母が「新婚旅行で訪れた1969年当時は東海道新幹線しかなくて,大阪から宮崎までは鉄道で長い時間がかかったよ」と言っていたことを思い出し,交通の発達による都市のつながりの変化を調べてみた。次ページの表1は,大阪市と大阪市からの直線距離がおおむね等しいいくつかの都市との間における,1969年と2016年の鉄道所要時間*を示したものであり,**ア～ウ**は,水戸市,佐賀市,宮崎市のいずれかである。都市名と**ア～ウ**との正しい組合せを,次ページの**①～⑥**のうちから一つ選べ。

*大阪駅から水戸駅,佐賀駅,宮崎駅の各駅までの乗換時間を含まない最短乗車時間。

表1

	鉄道所要時間	
	1969年4月	2016年4月
ア	4時間58分	3時間36分
イ	9時間22分	2時間55分
ウ	13時間28分	5時間49分

臨時列車を除く。
『日本交通公社時刻表』などにより作成。

	①	②	③	④	⑤	⑥
水戸市	ア	ア	イ	イ	ウ	ウ
佐賀市	イ	ウ	ア	ウ	ア	イ
宮崎市	ウ	イ	ウ	ア	イ	ア

問3 情報通信技術の発達により，私たちは多様なコミュニケーション手段を利用できるようになった。次の表2は，アメリカ合衆国，韓国，シンガポール，タイ，日本の5か国における情報通信手段の普及度を三つの指標で示したものである。シンガポールに該当するものを，表2中の①～④のうちから一つ選べ。

表2

	日本	①	②	③	④
固定電話回線数(千人当たり)	358	110	483	419	572
移動電話契約数(千人当たり)	840	804	902	1,267	835
インターネット利用者数(万人)	9,400	1,342	3,482	270	22,000

統計年次は2007年。
*ITU*の資料により作成。

問4　インターネットの普及状況は国家間で異なっており，情報格差（デジタルデバイド）が生じている。次の表3は，東南アジアのいくつかの国におけるインターネット普及率*，都市人口率，1人当たりGNI（国民総所得）を示したものであり，①～④はインドネシア，タイ，フィリピン，マレーシアのいずれかである。タイに該当するものを，表3中の①～④のうちから一つ選べ。

*人口に占めるインターネット利用者の割合。

表3

	インターネット普及率（%）	都市人口率（%）	1人当たりGNI（ドル）
①	80.1	76.0	9,684
②	60.1	46.9	3,594
③	52.9	49.9	6,289
④	32.3	55.3	3,725

統計年次は，インターネット普及率が2017年，都市人口率が2018年，1人当たりGNIが2017年。
『世界国勢図会』により作成。

問5　情報通信技術の発達とその地域的な影響について述べた文として**適当でない**ものを，次の①～④のうちから一つ選べ。

① インターネットの普及により，コンピュータ，ネットワークを通じた犯罪が国境を越えて起こりやすくなってきた。

② 顧客への対応を国外のコールセンターでも行うことが可能となり，サービス業の分野でも国外の安価な労働力を利用しやすくなった。

③ 情報通信技術の利用がすすまない地域もあり，利用がすすんでいる地域との間で経済的な格差が拡大する懸念がある。

④ 光ファイバー網の国際的整備の進展により発展途上国間の通信量は増加したが，先進国間では通信料金が高くなったため通信量は減少した。

13　産業の国際化と国際協力

29 国際化・投資　　　　　　　　　　　★★★ | 10分・15点

解答・解説 ⇨ 50ページ

情報や経済などの国際化，グローバル化に関する次の問い（**問1～5**）に答えよ。

問1　金融や証券に関する情報は，情報通信技術の発達により，日夜，世界中を駆けめぐっている。次の図1は，東京，ニューヨーク，ホンコン，ロンドンの四つの証券取引所における通常の取引時間（2018年現在）を，世界標準時（GMT）で示したものである。東京証券取引所に該当するものを，図1中の①～④のうちから一つ選べ。ただし，サマータイムは考慮しないものとする。

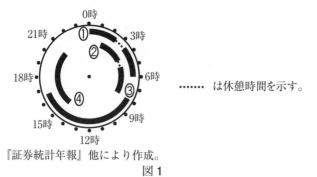

『証券統計年報』他により作成。
図1

問2　情報通信技術の発達や様々な国際情勢により，経済活動の国際化を推進する企業が目立つようになった。このような状況に関して述べた文として**適当でないもの**を，次の①～④のうちから一つ選べ。

　① ヨーロッパではジェット旅客機を複数の国の企業が共同開発し，国際分業体制をとって製造している。

　② アメリカ合衆国に本拠を置く穀物メジャーは，複数の国・地域に拠点を設けて活動しており，穀物の国際市場の動向に大きな影響力をもっている。

　③ 日本の自動車メーカーは，貿易摩擦や円高に対応するため，アメリカ合衆国に進出して現地生産を行ってきた。

　④ 日本の企業による海外直接投資の総額は，東南アジア向けよりアフリカ向けの方が多くなっている。

問3　次の図2は，いくつかの国における海外直接投資の純流入額の推移を示したものであり，**ア〜ウ**は，シンガポール，タイ，ベトナムのいずれかである。**ア〜ウ**と国名との正しい組合せを，下の**①〜⑥**のうちから一つ選べ。

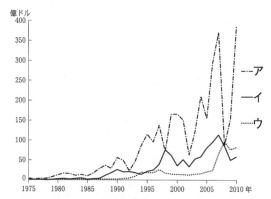

図2

	ア	イ	ウ
①	シンガポール	タ　イ	ベトナム
②	シンガポール	ベトナム	タ　イ
③	タ　イ	シンガポール	ベトナム
④	タ　イ	ベトナム	シンガポール
⑤	ベトナム	シンガポール	タ　イ
⑥	ベトナム	タ　イ	シンガポール

問4　次の表1は，いくつかの業種について日本企業の海外現地法人の世界全体数および地域別構成比を示したものであり，**A〜C**は繊維製造業，農林漁業，輸送機械製造業のいずれかである。**A〜C**と業種名との正しい組合せを，次ページの**①〜⑥**のうちから一つ選べ。

表1

	世界全体（社）	アジア（%）	オセアニア（%）	北アメリカ（%）	ヨーロッパ（%）
A	2,354	68.0	0.3	14.3	8.7
B	451	90.7	0.0	2.4	4.0
C	96	36.5	14.6	10.4	11.5

統計年次は2018年。
『海外事業活動基本調査』により作成。

	①	②	③	④	⑤	⑥
繊維製造業	A	A	B	B	C	C
農林漁業	B	C	A	C	A	B
輸送機械製造業	C	B	C	A	B	A

問5　次の図3中の**カ～ク**は国・地域外からの観光収入，特許権・ライセンス使用料収入，留学生受入数のいずれかの指標について，世界に占める割合を国・地域別に示したものである。**カ～ク**と指標名との正しい組合せを，次ページの**①～⑥**のうちから一つ選べ。

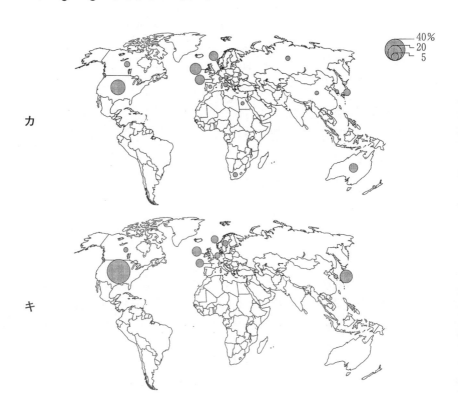

ク

割合が1％未満およびデータなしの国・地域については表示を省略した。
統計年次は，留学生受入数が2007年，観光収入と特許権・ライセンス使用料収入
が2008年。
World Development Indicators などにより作成。

図3

	カ	キ	ク
①	観光収入	特許権・ライセンス使用料収入	留学生受入数
②	観光収入	留学生受入数	特許権・ライセンス使用料収入
③	特許権・ライセンス使用料収入	観光収入	留学生受入数
④	特許権・ライセンス使用料収入	留学生受入数	観光収入
⑤	留学生受入数	観光収入	特許権・ライセンス使用料収入
⑥	留学生受入数	特許権・ライセンス使用料収入	観光収入

30 貿易

★★☆ 10分・15点

解答・解説 ⇨ 51ページ

世界貿易に関する次の問い（**問1～5**）に答えよ。

問1 第二次世界大戦後の国際貿易と世界経済に関して述べた次の①～④のうちから，下線部が**適当でないもの**を一つ選べ。

① 第二次世界大戦後の世界貿易は，GATT（関税と貿易に関する一般協定）とIMF（国際通貨基金）の取決めによって，<u>保護貿易の維持・拡大が原則とされてきた</u>。

② 先進資本主義国と発展途上国との間の経済的格差は，一部の発展途上国を除いて拡大する傾向にあり，<u>いわゆる南北問題は依然として解決されていない</u>。

③ 一部の発展途上国は，先進資本主義国から，機械などの生産財を輸入して工業化を積極的にすすめ，<u>繊維・衣類，家庭電化製品など労働集約的な製品を先進資本主義国に輸出している</u>。

④ 航空機・自動車・コンピュータをはじめとする各種の工業製品を各国間で取引し，<u>相互の経済を補い合い，競い合う国際貿易のあり方を水平貿易という</u>。

問2 次ページの図1は，アフリカ，中央・南アメリカ，ヨーロッパ*における石油**の輸入総量に占める上位3位までの輸入先地域***とその割合を示したものであり，A～Dは，アジア，アフリカ，旧ソ連，中央・南アメリカのいずれかである。アジアに該当するものを，次ページの①～④のうちから一つ選べ。***

*旧ソ連を含まない。
**原油および石油製品。
***輸入先地域には自らの地域も含む。

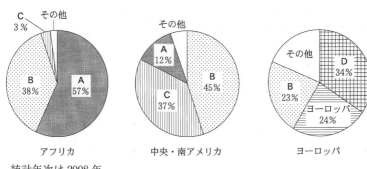

統計年次は 2008 年。
国際連合の資料により作成。

図 1

① A　　　② B　　　③ C　　　④ D

問3　次の表1は，コーヒーを輸出しているいくつかの国の輸出品目について，輸出金額の上位4品目を示したものであり，①～④は，インド，エチオピア，コートジボワール，ベトナムのいずれかである。ベトナムに該当するものを，表1中の①～④のうちから一つ選べ。

表 1

	①	②	③	④
1位	カカオ豆・同関連品	コーヒー豆	電子機器・機械	宝石・貴金属
2位	石　油	植物油用種子類	衣料品	石油製品
3位	天然ゴム	金　鉱	はきもの	衣料品
4位	金　鉱	豆　類	産業用機械	輸送機械

統計年次は2016年。
UN Comiradeにより作成。

問4　次の図2は，日本の貿易相手国のうち，1990年時点での貿易総額の上位5か国について，その後の推移を示したものであり，P〜Rは，アメリカ合衆国，オーストラリア，中国*のいずれかである。P〜Rと国名との正しい組合せを，下の①〜⑥のうちから一つ選べ。

*台湾，ホンコン，マカオを含まない。

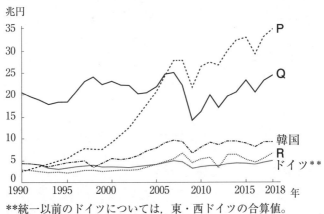

**統一以前のドイツについては，東・西ドイツの合算値。
　財務省の資料により作成。

図2

	①	②	③	④	⑤	⑥
アメリカ合衆国	P	P	Q	Q	R	R
オーストラリア	Q	R	P	R	P	Q
中　国	R	Q	R	P	Q	P

問5　スペインとドイツはともにEU（欧州連合）諸国と密接な経済関係がある。次の図3は，いくつかの国におけるそれぞれの国に対する輸出額を示したものであり，**サ～セ**はスペイン，ドイツ，フランス，ボルトガルのいずれかである。スペインに該当するものを，下の①～④のうちから一つ選べ。

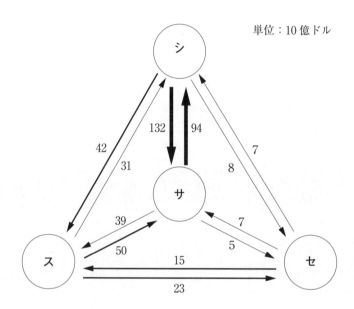

単位：10億ドル

統計年次は 2013 年。
UN Comirade により作成。

図3

①　サ　　　②　シ　　　③　ス　　　④　セ

31 国際協力

★★★ 10分・15点

解答・解説 ⇨ 53ページ

国際協力に関する次の問い(問1～5)に答えよ。

問1 地球的課題の解決には,先進国の国際協力における貢献が期待されている。次の表1は,1995年と2018年に行ったODA(政府開発援助)の実績と,GNI(国民総所得)に対するODAの割合を示したものであり,①～④は,アメリカ合衆国,イギリス,日本,フランスのいずれかである。日本に該当するものを,表1中の①～④のうちから一つ選べ。

表1

	1995年		2018年	
	ODAの実績 (百万ドル)	GNIに対する ODAの割合(%)	ODAの実績 (百万ドル)	GNIに対する ODAの割合(%)
①	14,489	0.28	14,167	0.28
②	8,443	0.58	12,155	0.43
③	7,367	0.10	34,261	0.17
④	3,157	0.28	19,403	0.70

『世界国勢図会』により作成。

問2 ODA(政府開発援助)は,拠出国の経済規模や国際戦略,被援助国との歴史的関係などによって地域的な特徴がみられる。次ページの図1は,アフリカ各国へのODA供与額について,それぞれの国における首位の拠出国*を示したものであり,a～cはアメリカ合衆国,日本,フランスのいずれかである。 a～cと国名との正しい組合せを,次ページの①～⑥のうちから一つ選べ。

*首位の拠出国は,2005～09年のODA供与額が最も高い国。

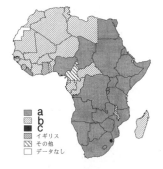

	①	②	③	④	⑤	⑥
アメリカ合衆国	a	a	b	b	c	c
日　本	b	c	a	c	a	b
フランス	c	b	c	a	b	a

『政府開発援助(ODA)国別データブック』により作成。

図1

問3　次の図2は，難民*の主な発生国・地域を示したものである。図2から読み取れることがらとその背景について述べた下の文章中の下線部① ～ ④のうちから，**適当でないもの**を一つ選べ。

*帰還民，国内避難民を含まない。

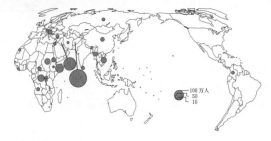

統計年次は2010年。
難民数が5万人未満の国・地域のデータは省略している。
UNHCR *Statistical Yearbook 2010* により作成。

図2

　難民とは，政治や宗教をめぐる迫害，自然災害などによって移動を余儀なくされた人々であり，①難民の多くは発展途上国で発生している。中でも，難民の数が多いアフガニスタンやイラクでは，②100万人を超える人々が国外へ流出している。アフリカ諸国で発生している難民の多くは，③砂漠化の進行にともなう水や食料の不足によるものである。これらの難民に対しては，国連の機関が保護や救済の活動を行っているほか，④世界各国のNGO（非政府組織）も食料や医療などの支援を行っている。

問4 地球的課題を解決するための民間活動としてNGO（非政府組織）がある。日本のNGOが主な役割を果たしている活動について述べた文として下線部が**適当でない**ものを，次の①～⑥のうちから二つ選べ。ただし，解答の順序は問わない。

① 過去に内戦があった東ティモールで，治安維持と民主化支援のため警察を組織し活動を行っている。

② 地震災害が多く発生するネパールで，倒壊した小学校の再建支援のための活動を行っている。

③ 深刻な原子力事故が発生したウクライナで，健康被害を受けた人に対する医療支援を行っている。

④ 津波による浸水被害が懸念されるモルディブで，高度な技術を用いた防波堤の建設を行っている。

⑤ 乳児死亡率の高い南スーダンで，母子の栄養状態の測定や栄養食の配布などの栄養改善活動を行っている。

⑥ 非識字人口の多いアフガニスタンで，女性や子どもを対象とした教育支援活動を行っている。

問5 日本の国際貢献について述べた文として最も適当なものを，次の①～④のうちから一つ選べ。

① JICA（国際協力機構）は，日本人の技術・技能の向上を目的として，北アメリカ，ヨーロッパの先進国に人材を派遣する事業を主に行っている。

② 日本のNGO（非政府組織）の中には，減少を続ける東南アジアの熱帯林を再生・保全するため，植林などの活動に取り組んでいる組織もある。

③ 日本は，国際連合に加盟しているが，国際連合によるPKO（平和維持活動）には参加していない。

④ 日本は，戦争・内戦によって生じた難民を国外から受け入れており，その難民に対し，ODA（政府開発援助）を通じた職業訓練を行っている。

14 人口

32 人口モデル

★☆☆ | 6分・10点

解答・解説 ⇨ 55ページ

人口に関する次の問い(**問1～3**)に答えよ。

問1 様々な国の人口動態をみると, その推移は, 次の図1のように, 出生率と死亡率の組合せによって大まかにⅠ～Ⅳの4期に分けることができる。Ⅲ期の説明として最も適当なものを, 下の文①～④のうちから一つ選べ。

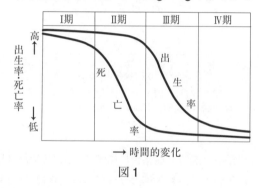

図1

① 人口増加率は急速に低下していく。高年齢層の割合は徐々に増加する。

② 低年齢層の割合が相対的に高い。この時期に該当する国は, 現在きわめて少数である。

③ 特に発展途上国における人口爆発の時期に当たる。食料不足や資源不足が生じやすい。

④ 人口は微増ないし停滞する。この時期に該当する国は, 年々増えつつある。

問2 次の図2は，アメリカ合衆国・韓国・日本・フィリピンの4か国の産業別人口構成の変化を示したものである。また，下の文章**ア・イ**は，これら4か国のうちの2か国について述べたものである。下の文章**ア・イ**に該当する国を，図2中の①〜④のうちから一つずつ選べ。

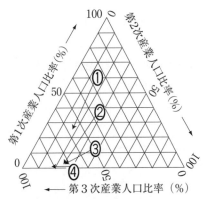

矢印の起点は1976年，終点は2017年を指す。
『国際統計要覧』ほかにより作成。

図2

ア 国土の大部分は，温帯・亜寒帯に属する。鉱産資源は豊富だが，石油は国内消費量が多いので，輸入国となっている。首都は，18世紀末から19世紀初めにかけて建設された計画都市である。

イ 農村部には，大土地所有制度が現在も存在し，貧富の格差が大きい。また，失業率が高く，出稼ぎ収入への依存が大きい。国民の大半はキリスト教徒である。

問3　次の図3中の① 〜 ④は，フランス，インド，中国，ブラジルのいずれか
の国の人口ピラミッドを示したものである。ブラジルに該当するものを，図
3中の① 〜 ④のうちから一つ選べ。

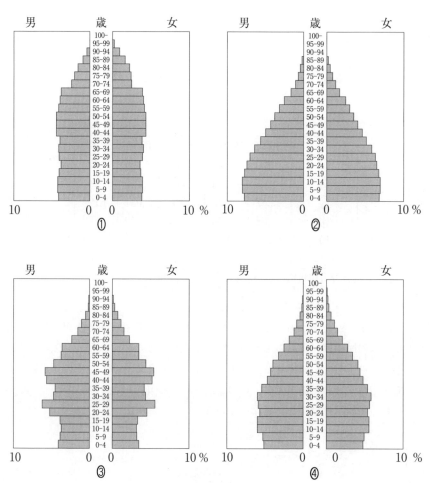

統計年次は 2015 年。
『国連人口統計』により作成。

図3

33 世界の人口・人口問題　　　★☆☆ | 8分・10点

解答・解説 ⇨ 56ページ

世界の人口および人口移動に関する次の問い(**問1～4**)に答えよ。

問1　次の表1は，地域別人口の推移を，アジア，アフリカ，オセアニア，北・中アメリカ，南アメリカ，ヨーロッパに分けて示したものである。南アメリカに該当するものを，表1中の**①**～**⑤**のうちから一つ選べ。

表1

(100万人)

	1960年	1980年	2000年	2010年	2015年
①	1,703	2,642	3,730	4,165	4,420
②	605	693	727	740	741
③	282	476	818	1,031	1,194
④	268	370	489	549	572
⑤	147	240	349	394	416
オセアニア	16	23	31	37	40

『世界人口年鑑』ほかにより作成。

問2　出生率・死亡率は国・地域ごとに異なり，その背景にある要因も多様である。次の図1は，世界の国・地域別の出生率，死亡率，人口の自然増加率をそれぞれ示したものである。図1から読み取れることがらやその背景について述べた文として**適当でないもの**を，次ページの**①**～**④**のうちから一つ選べ。なお，階級は指標ごとに異なっている。

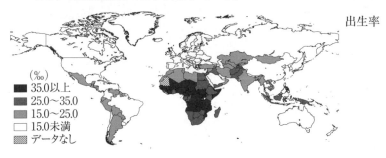

出生率

(‰)
■ 35.0以上
■ 25.0～35.0
■ 15.0～25.0
□ 15.0未満
▨ データなし

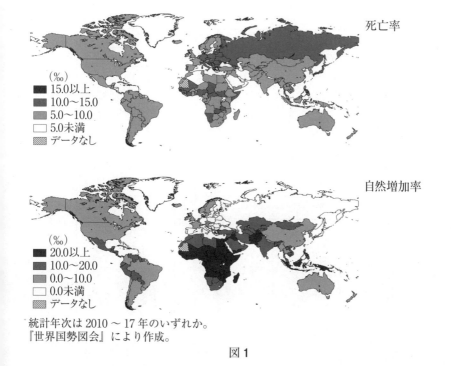

死亡率

(‰)
■ 15.0以上
■ 10.0〜15.0
■ 5.0〜10.0
□ 5.0未満
▨ データなし

自然増加率

(‰)
■ 20.0以上
■ 10.0〜20.0
■ 0.0〜10.0
□ 0.0未満
▨ データなし

統計年次は 2010 〜 17 年のいずれか。
『世界国勢図会』により作成。

図1

① 北アメリカと中央・南アメリカとの間には，出生率の違いがみられるものの，出生率が死亡率を上回っている点では共通している。

② 旧ソ連諸国や東ヨーロッパでは，社会主義体制下での一人っ子政策などの影響により少子高齢化がすすみ，人口が自然減少している国が多い。

③ サハラ以南アフリカでは，出生率は近年低下傾向にあるものの依然として高い国が多く，保健衛生などの問題により死亡率も高い。

④ 日本や西ヨーロッパの一部の国では，少子高齢化にともなって死亡率が出生率を上回っている。

問3　次の表2は，発展途上国の中でもBRICSに続く経済発展をみせているいくつかの国と日本の合計特殊出生率と1人当たりのGDPを示したものであり，ア〜ウはインドネシア，ナイジェリア，メキシコのいずれかである。ア〜ウと国名との正しい組合せを，次ページの①〜⑥のうちから一つ選べ。

表2

	合計特殊出生率		1人当たりのGDP（ドル）	
	1990年	2015年	1990年	2015年
ア	6.49	5.59	686	2,763
イ	3.48	2.21	3,423	9,512
ウ	3.12	2.44	771	3,371
日　本	1.57	1.46	25,443	34,513

世界銀行の資料などにより作成。

	ア	イ	ウ
①	インドネシア	ナイジェリア	メキシコ
②	インドネシア	メキシコ	ナイジェリア
③	ナイジェリア	インドネシア	メキシコ
④	ナイジェリア	メキシコ	インドネシア
⑤	メキシコ	インドネシア	ナイジェリア
⑥	メキシコ	ナイジェリア	インドネシア

問4　2国間での人口移動には，送出国と受入国のそれぞれの国内における状況
　　　も影響する。次の図2は，オーストラリア・ニュージーランドと太平洋島嶼
　　　国との間の人口移動を引き起こす要因について，送出国と受入国とでまとめ
　　　たものである。送出国と受入国とにおける人口移動の要因として**適当でない**
　　　ものを，図2中の①〜⑧のうちから二つ選べ。ただし，解答の順序は問わ
　　　ない。

送出国
① 居住環境の悪化
② 雇用機会の不足
③ 少子高齢化
④ 人口増加

受入国
⑤ 相対的に高い賃金
⑥ 多文化主義
⑦ デジタルデバイド
⑧ 労働力不足

図2

34 日本の人口・人口問題　　★★☆　9分・15点

解答・解説 ⇨ 57ページ

日本の人口に関する次の問い(**問1〜5**)に答えよ。

問1　年齢別人口構成の変化は，その国の社会に大きな影響を与える。日本の高齢化とその影響について述べた文として最も適当なものを，次の**①**〜**④**のうちから一つ選べ。

①　老年人口率は大都市部で高く農山村部で低いため，高齢化対策は都市政策の一つとして取り上げられている。

②　高齢者福祉に必要な財源を確保するため，日本政府は国際的合意に基づいて農産物の関税を段階的に引き上げている。

③　家族内で高齢者を介護する人が増えたことにより，減少を続けていた平均世帯人員数は1980年代半ば以降，増加に転じた。

④　経済的な理由だけではなく，健康の維持や社会貢献を目的として働く高齢者が増加している。

問2　次の文は，京阪神大都市圏に位置する**A〜C**市の都市景観について述べたものであり，次ページの表1中の**ア〜ウ**は，それぞれの都市の昼夜間人口比率*と老年人口割合**を示したものである。**A〜C** と**ア〜ウ**との正しい組合せを，次ページの**①**〜**⑥**のうちから一つ選べ。

*昼間人口÷夜間人口× 100

**総人口に占める 65 歳以上人口の割合。

A市　大都市圏の中心に位置し，都心部には高層ビルが建ち並ぶ中心業務地区がある一方，周辺には住宅や工場が密集して混在する地区もみられる。

B市　都心部への通勤・通学圏に位置し，丘陵地に開発されたニュータウンでは，都心部と結ばれた鉄道沿線に大規模な住宅団地が形成されている。

C市　大都市圏の外縁部に位置し，中心地として古くからの市街地が発達している一方，農地が広がる郊外には集落が点在している。

表1

	昼夜間人口比率	老年人口割合(%)
ア	132.8	22.5
イ	103.2	29.6
ウ	98.6	19.6

統計年次は 2010 年。
国勢調査により作成。

	①	②	③	④	⑤	⑥
A	ア	ア	イ	イ	ウ	ウ
B	イ	ウ	ア	ウ	ア	イ
C	ウ	イ	ウ	ア	イ	ア

問3　次の表2は，日本における外国人登録者数の上位10か国について，その数と増減率を示したものである。表2中の①〜④はアメリカ合衆国，インド，韓国・朝鮮，ブラジルのいずれかである。ブラジルに該当するものを，表2中の①〜④のうちから一つ選べ。

表2

国名	外国人登録者数 （千人）	1990 〜 2011年の 増減率（%）
中　国	675	349
①	545	− 21
②	210	272
フィリピン	209	326
ペルー	53	414
③	50	30
ベトナム	45	617
タ　イ	43	536
インドネシア	25	581
④	22	592

統計年次は 2011 年。
『出入国管理統計年鑑』により作成。

問4 現在の出生率や人口構造は，村落や都市の将来の人口に影響する。次の図
1は，都道府県別の合計特殊出生率*と自然増加率を示したものである。図
1に関連することがらを述べた下の文章中の下線部①〜④のうちから，**適
当でないものを一つ選べ。**

*女性1人が生涯に産む子どもの数の推計値。

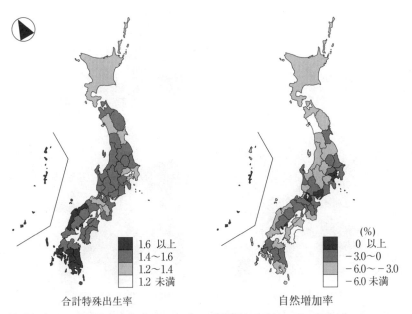

1.6 以上	
1.4〜1.6	
1.2〜1.4	
1.2 未満	

合計特殊出生率

(%)
0 以上	
−3.0〜0	
−6.0〜−3.0	
−6.0 未満	

自然増加率

統計年次は，合計特殊出生率が 2014 年，自然増加率が 2013 〜 2014 年。
人口動態統計などにより作成。

図1

　　図1を見ると，①合計特殊出生率は東京都や大阪府とその周辺府県のほか，
宮城県などで低く，②自然増加率は大都市圏で相対的に高い傾向が読み取れ
る。この背景として，非大都市圏の多くの地域では，③合計特殊出生率は人
口を維持できる水準を上回っていること，また④大都市圏へ若年層が流出し，
高齢者の割合が全国平均よりも高くなっていることがあげられる。

問5　次の図2は，東京圏*の各市区町村に占める，世代A（1946～50年生まれ）
の，1970年，1990年，2010年それぞれの人口の割合を示したものである。図
2から読み取れることがらとその背景について述べた下の文章中の下線部
①～④のうちから，**適当でないもの**を一つ選べ。

*東京都（島嶼部を除く），神奈川県，埼玉県，千葉県。

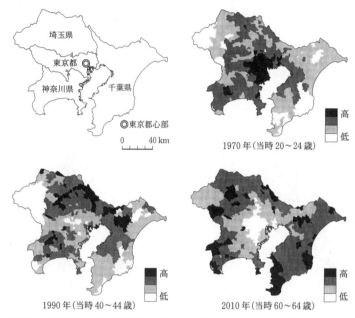

倉沢進・浅川達人編『新編東京圏の社会地図』などにより作成。

図2

　世代Aは，いわゆる第1次ベビーブーム世代と呼ばれる，①出生数が急増
した時期に生まれた世代を中心としている。高度経済成長期の1970年に，青
年期であった世代Aは，②就職や進学のために東京都心部とその周辺に集中
していた。バブル経済末期の1990年に，結婚や子育てを経験した世代Aの中
には，③郊外に造成された住宅団地に居住した人も多かった。経済が停滞し
た2010年に，東京都心部とその周辺における世代Aの割合が低くなっている
が，この背景には，④世代Aが東京圏外へ転出したため，この地域において
人口減少が生じたことがある。

15 村落・都市

<table>
<tr><td>**35**</td><td>村落と都市</td><td>★★☆</td><td>9分・15点</td></tr>
</table>

解答・解説 ⇨ 59ページ

村落と都市に関する次の問い(**問1～5**)に答えよ。

問1 村落の立地について説明した次の文章中の空欄**ア**と**イ**に当てはまる語の正しい組合せを,下の**①**～**④**のうちから一つ選べ。

村落の立地には,自然環境や社会条件が影響している。日本の沖積平野では,自然堤防などの微高地に集落が多く,濃尾平野では洪水被害を避けるため,集落と耕地の周囲に堤防をめぐらせた(　**ア**　)もみられる。フランスのプロバンス地方では,外敵の侵入や病気・暑さを避けるために(　**イ**　)が発達した。

	①	②	③	④
ア	環濠集落	環濠集落	輪中集落	輪中集落
イ	丘上集落	林地村	丘上集落	林地村

問2 いくつかの先進国では,都市と農村の新しい関係が模索されている。日本における都市と農村との間の交流に関して述べた文として**適当でないもの**を,次の**①**～**④**のうちから一つ選べ。

① 都市住民が休暇を利用して農家民宿に滞在し,地域の自然や文化に親しむ,グリーンツーリズムが行われている。

② 都市住民が農村の環境や文化に配慮した活動などを行うことを目的に,パークアンドライドが全国で導入されている。

③ 都市住民と農村住民が協働し,生態系の保全や木材などの新たな用途開発などをすすめる,里山の保全・活用運動が始まっている。

④ 都市住民のオーナーやボランティアを募ることで,農業活動を維持する試みが行われている。

問3 次の図1は，城下町としての歴史をもつ日本のある都市の概略を示したものであり，下の①〜④の文は，図1中のＡ〜Ｄのいずれかの地点の状況について述べたものである。地点Ｃに該当するものを，下の①〜④のうちから一つ選べ。

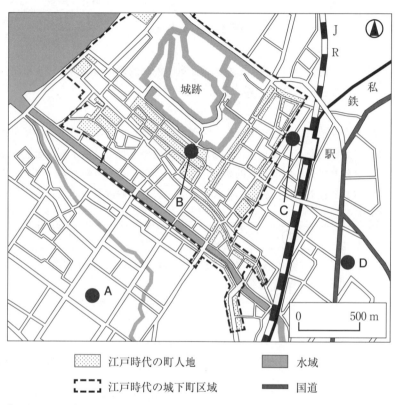

『日本図誌大系』などにより作成。

図1

① 1970年代以降に開発された地区であり，住宅が建ち並んでいる。

② 江戸時代から続く商業中心地が衰退したことにより再開発がなされ，城下町の雰囲気を醸し出す景観整備が行われている。

③ 近代以降に発展した地区であり，商業施設や銀行などが建ち並ぶ一方，閉店している店舗もある。

④ 自動車交通が便利なため，ロードサイド型の店舗が建ち並んでいる。

問4　次の図2は，東京の郊外地域に位置する埼玉県新座市野火止地区における
　　1935年，1976年，2010年の土地利用を示したものである。図2から読み取れ
　　ることがらとその背景について述べた文として最も適当なものを，下の①～
　　④のうちから一つ選べ。

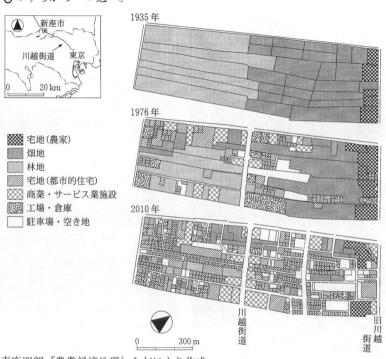

青鹿四郎『農業経済地理』などにより作成。

図2

①　1935年の地図では，農家が不規則に密集しており，この集落の形態が自
　　然発生的に成立した塊村であることが読み取れる。

②　1976年の地図では，林地や畑地が無秩序に都市的住宅や工場・倉庫，商
　　業・サービス業施設に変化しており，インナーシティ問題の顕在化が読み
　　取れる。

③　1935年と1976年の間で林地が縮小したのは，電気・ガスや化学肥料の普及
　　による薪と落ち葉の利用価値の低下に加え，都市化が進展したためである。

④　1976年と2010年の間で工場・倉庫の多くが商業・サービス業施設へ変わっ
　　たのは，工場・倉庫の立地が郊外から都心部へ回帰したためである。

問5　次の**写真1**中の**サ〜セ**は,様々な商業地の景観を撮影したものである。**サ〜セ**を説明した文として**適当でないもの**を,下の①〜④のうちから一つ選べ。

サ

シ

ス

セ

写真1

① 　サは,デパートや専門店などが集中しており,主に大都市の鉄道ターミナル周辺にみられる。

② 　シは,売り上げの減少が著しい商店街であり,主に地方中小都市にみられる。

③ 　スは,古くからある地元資本の店舗が大半を占めており,主に都市郊外の幹線道路沿いにみられる。

④ 　セは,歴史ある古い街並みをいかした商店街であり,主に城下町や宿場町であった都市にみられる。

36 都市機能

★★☆　10分・15点

解答・解説 ⇨ 60ページ

都市と都市機能に関する次の問い(**問1～5**)に答えよ。

問1　商品やサービスを供給する機能をもつ集落を中心地という。次の図1は平野における中心地の理論的な分布パターンを示している。点の大きさはそこに集まる施設数などで表される中心地の規模を示している。図1について説明した文として**適当でないもの**を，下の①～④のうちから一つ選べ。

図1

① 　規模の小さな中心地ほど，数が多い。

② 　規模の小さな中心地ほど，商品やサービスを供給する面積が広い。

③ 　規模の大きな中心地ほど，中心地間の距離が長い。

④ 　規模の大きな中心地ほど，専門的な商品やサービスを扱う店舗の種類が多い。

問2 次の図2中の**ア〜ウ**は，シカゴ，パリ，モスクワのいずれかの都市の中心部から郊外にかけての都市景観を模式的に示したものである。**ア〜ウ**と都市名との正しい組合せを，下の**①〜⑥**のうちから一つ選べ。

ア 中心部には城壁で固まれた政府機関を核として中・低層の建造物が広がる。郊外に向かって高層化していく住宅団地が特徴である。

イ 中心部には中心業務地区をなす高層ビルの集積がみられる。郊外には一戸建ての住宅地域が広がる。

ウ 中心部には土地利用や景観の観点から中・低層の歴史的建造物が保全されている。周辺部には高層ビルからなる副都心が形成されている。

Claval, Logique des Villes などにより作成。

図2

	ア	イ	ウ
①	シカゴ	パ リ	モスクワ
②	シカゴ	モスクワ	パ リ
③	パ リ	シカゴ	モスクワ
④	パ リ	モスクワ	シカゴ
⑤	モスクワ	シカゴ	パ リ
⑥	モスクワ	パ リ	シカゴ

問3　次の写真１の**カ〜ク**は，開発のすすむいくつかの都市の景観を撮影したものであり，下の文章は，各都市についての説明である。文章中の下線部**a〜c**について，正誤の組合せとして正しいものを，次ページの①〜⑧のうちから一つ選べ。

カ

キ

ク

写真１

　　カはリオデジャネイロであり，<u>a 近代的な開発が進んだ沿岸部に対して，土地条件の悪い傾斜地にはファベーラと呼ばれる不良住宅地区がみられる。</u>**キ**はシャンハイ(上海)であり，<u>b 沿岸部の広大な用地に高層ビル群が建設され，商業・金融の世界的な中心地として発展している。</u>**ク**はドバイであり，<u>c 巨額のオイルマネーを背景に，世界最高層のビルや都市インフラの建設が</u>すすんでいる。

	①	②	③	④	⑤	⑥	⑦	⑧
a	正	正	正	正	誤	誤	誤	誤
b	正	正	誤	誤	正	正	誤	誤
c	正	誤	正	誤	正	誤	正	誤

問4　首都が有する政治・経済的機能やその集積の度合いには，都市によって異なる特徴がみられる。次の表1は，いくつかの首都における，巨大企業*の本社数，国の総人口に占める人口割合，国際会議**の年間開催件数を示したものであり，①〜④は，キャンベラ，クアラルンプール，ソウル，ペキンのいずれかである。クアラルンプールに該当するものを，表1中の①〜④のうちから一つ選べ。

*総利益が世界上位500位以内の企業。

**国際機関が主催した会議のうち，一定規模以上で定期的に開催されたもの。

表1

	巨大企業の本社数（社）	国の総人口に占める人口割合(%)	国際会議の年間開催件数(件)
①	51	1.5	113
②	13	19.5	137
③	1	5.5	68
④	0	1.8	8

統計年次は，巨大企業の本社数が2014年，国の総人口に占める人口割合が2010年または2015年，国際会議の年間開催件数が2016年。
中国の数値には台湾，ホンコン，マカオを含まない。
UN, Demographic Yearbook などにより作成。

問5　次の図3は，日本における大都市の内部構造を模式的に示したものであり，下のサ〜スの文は，図3中のE〜Gの各地区について述べたものである。サ〜スとE〜Fとの正しい組合せを，下の①〜⑥のうちから一つ選べ。

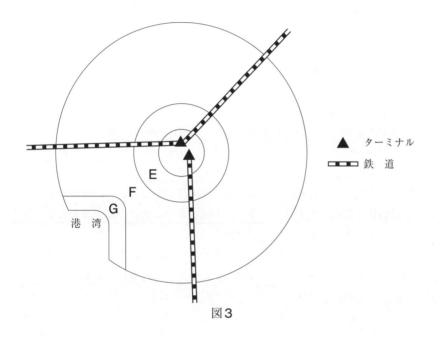

図3

サ　大規模な工場や倉庫群などが立地している。

シ　中小の工場や商店などと住宅が混在している。

ス　鉄道に沿って住宅地が形成されている。

	①	②	③	④	⑤	⑥
E	サ	サ	シ	シ	ス	ス
F	シ	ス	サ	ス	サ	シ
G	ス	シ	ス	サ	シ	サ

37　都市問題

★★☆　| 7分・13点

解答・解説 ⇨ 62ページ

都市問題に関する次の問い(**問1〜4**)に答えよ。

問1　先進国における大都市圏の成長・衰退・再生について述べた文章として下線部が**適当でないもの**を，次の①〜④のうちから一つ選べ。

① 都心部には中心業務地区が形成される。<u>国際的な大企業の中枢管理部門や金融市場などが集積し世界都市へと発展する都市もみられる。</u>

② 都市の成長とともに，都市域は郊外に拡大する。<u>郊外で大規模なニュータウンの開発がすすむ現象はスプロール現象と呼ばれる。</u>

③ 空洞化のすすむ都心部周辺では，低所得者や海外からの移民が老朽住宅に集住することがある。<u>こうした地域における治安や衛生環境などの悪化は，インナーシティ問題と呼ばれる。</u>

④ 衰退した都市内部を再開発し，オフィスや高級住宅地が建設される都市もみられる。<u>高所得者が再び都心部に流入する現象はジェントリフィケーションと呼ばれる。</u>

問2　都市再開発事業について述べた次の文①〜④のうちから，**誤っているもの**を一つ選べ。

① 北九州では，操業を縮小した製鉄所の敷地に，地域活性化の拠点としてレジャーランドが建設された。

② ニューヨークでは，低所得者層の住居比率が高い地区で，彼らの就業機会を増やすため，大規模な工場の建設がすすんだ。

③ パリでは，都市中心部の景観を保存しつつ，集中する都市機能を分散させるため，市街地の外縁部に新しい副都心を建設した。

④ ロンドンでは，かつて船舶に関する施設や倉庫群があった地区で，オフィスビルやレジャー施設，集合住宅などの建設がすすんだ。

問3　発展途上国の大都市が抱える都市問題について述べた次の文①〜⑤のうちから，下線部が**誤っている**ものを二つ選べ。

① 　シャンハイ（上海）では，急速な経済発展にともない，農村部から大量の労働者が流入し，民族紛争が激化している。

② 　メキシコシティでは，人口の急増に大量輸送交通機関の整備が追いつかず，交通渋滞が日常的で，自動車の排ガスによる大気汚染の問題も深刻である。

③ 　マニラでは，爆発的な人口集中により都市圏人口が急増し，スラムが出現するなど，住宅問題が深刻である。

④ 　リオデジャネイロでは，家族と離別して路上で物売りや靴みがきなどに従事するストリート・チルドレンの姿が目立つ。

⑤ 　ラゴスでは，ナイジェリア政府が民族間の対立緩和を主目的として，首都を内陸部のアブジャに移転したため，人口減少が著しくすすみ，経済も衰退している。

問4　次の図1は，リオデジャネイロの地形と不良住宅地（スラム）および階層別
　　の住宅地区の分布を示したものである。図1に関連することがらについて説
　　明した下の文章中の下線部①〜④のうちから，**適当でないもの**を一つ選べ。

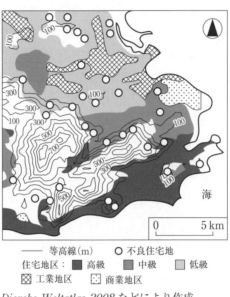

住宅地区：■ 高級　■ 中級　□ 低級
　　　　⊠ 工業地区　□ 商業地区

── 等高線(m)　○ 不良住宅地

Diercke Weltatlas 2008 などにより作成。
図1

　　岩山と美しい海岸からなる複雑な地形を特徴とするリオデジャネイロで
は，経済発展にともない農村から大量の人口が流入し，所得階層による住み
分けがみられる。図1を見ると，高級住宅地区は南側の海岸沿いを中心に分
布する一方で，低級住宅地区は就業機会となる①工業地区や商業地区と隣接
していること，②低級住宅地区と隣接した高級住宅地区はみられないことが
わかる。
　　発展途上国の都市では，都市内部の所得格差も顕著であり，住宅をもてな
い者が，③居住条件の悪い土地を占拠し不良住宅地を形成する場合もある。
図1中の不良住宅地は「ファベーラ」と呼ばれ，④住宅地区が広がる平地のほ
か，住宅地区周辺の斜面にも分布しており，電気・水道などの社会基盤（イ
ンフラ）が未整備な場所が残されている。

16 衣食住

| **38** | 衣食住 | ★★★ | 9分・14点 |

解答・解説 ⇨ 64ページ

衣食住に関する次の問い(**問1～4**)に答えよ。

展示資料Ⅱ「生活文化と自然環境」

表　各地域の伝統的な衣服と家屋

	伝統的衣服	伝統的家屋
ア地域	丈夫で加工しやすい毛織物を使った衣服	石灰岩などの加工しやすい石を利用した石積みの家屋
イ地域	狩猟で得た獣皮を裁断・縫製した衣服	豊富にある木材を加工して組立てられた木造家屋
ウ地域	放熱性に優れた麻や木綿を素材とする衣服	ⓐ土を素材とした日干しれんが積みなどの家屋

図　各地域に位置する都市の雨温図

図は気象庁の資料により作成。

問1 ミズホさんたちは，生活文化の多様性が自然環境と関係していることを明らかにするために，気候に特色がある地域別に伝統的な衣服と家屋について調べ，展示資料Ⅱをまとめた。展示資料Ⅱの図中の**K～M**は，表中の**ア～ウ**の地域に位置する都市の雨温図を示したものである。**K～M**と**ア～ウ**との正しい組合せを，次の① ～ ⑥ のうちから一つ選べ。

	①	②	③	④	⑤	⑥
K	ア	ア	イ	イ	ウ	ウ
L	イ	ウ	ア	ウ	ア	イ
M	ウ	イ	ウ	ア	イ	ア

問2 次にミズホさんたちは，生活文化と自然環境の関係を個別の事例で説明するために，各地域の伝統的家屋を説明するカードを作成した。次のカードは展示資料Ⅱの表中の下線部ⓐに関するものである。写真を説明した文として最も適当なものを，カード中の① ～ ④ のうちから一つ選べ。

① 強い日差しを避けるために窓は小さくなっている

② 集落内の風通しを良くするために屋根は平らになっている

③ 病害虫や疫病を防ぐために家屋が密集して建てられている

④ 季節風を避けるために樹木が植えられている

展示資料Ⅲ「食文化の多様性」

図　主な作物の伝播経路

表　伝播経路および主食とする地域

作物	特徴
小麦	西アジアで栽培化され，ヨーロッパから中国にかけて伝わり，ヨーロッパ人が進出した地域にも広まった。
米	東は東南アジアから東アジア，西は南アジアまで伝わり，アジアでは広く主食とされている。
ジャガイモ	原産地の南アメリカからヨーロッパに持ち込まれ，現在でも南アメリカでは主食となっている地域がある。
トウモロコシ	・原産地はどこで，どのように伝播したか？（作成中） ・主食となっている地域はどこか？（作成中）

図は星川清親『栽培植物の起原と伝播』などにより作成。

問3 ミズホさんたちは，生活文化のなかでも食文化の多様性に着目して，展示資料Ⅲをまとめることにした。展示資料Ⅲの図と表は，小麦，米，ジャガイモの伝播経路および主食とする地域を示したものであり，図中のp～sは，作成中のトウモロコシの原産地または伝播した地域を示している。トウモロコシの伝播経路を表した模式図として最も適当なものを，次の①～④のうちから一つ選べ。

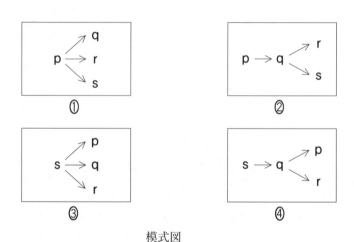

模式図

問4　ミズホさんたちが文化祭で展示資料Ⅲについて説明していると，他の生徒
　　から質問があった。次の会話文中の空欄**カ**と**キ**に当てはまる文の正しい組合
　　せを，下の①〜④のうちから一つ選べ。

　　他の生徒　「世界の食文化は多様というけれど，最近は欧米諸国の文化が世
　　　　　　　界中に広がって，食文化はどんどん画一化されていってるんじゃ
　　　　　　　ないかな」
　　ミズホ　　「確かに画一化している面もあるね。日本でも　**カ**　しているね」
　　他の生徒　「日本での食文化の画一化について，何か説明できるデータはな
　　　　　　　いかな」
　　アズサ　　「例えば　**キ**　を比較してみたらどうだろう」
　　ツバサ　　「長い期間の推移をグラフにしてみる必要がありそうだね」

　　T　フランス料理店やスペイン料理店など各国の料理を提供する店が立地
　　U　アメリカ合衆国の巨大企業が全国各地でハンバーガーショップを展開

　　X　日本と欧米諸国の1人当たりカロリー摂取量とその内訳
　　Y　日本と欧米諸国の農産物輸出額とその内訳

　①　カ—T　キ—X　　　②　カ—T　キ—Y
　③　カ—U　キ—X　　　④　カ—U　キ—Y

17 民族・宗教

解答・解説 ⇨ 65ページ

| **39** | 民族・宗教 | ★★★ | 12分・18点 |

人種や民族・宗教に関する次の問い(**問1〜6**)に答えよ。

問1 ミズホさんたちは，世界の宗教の多様性を示すために，主な宗教の分布や人口について，展示資料Ⅰにまとめた。展示資料Ⅰの表中の**A〜C**は，イスラーム，ヒンドゥー教，プロテスタントのいずれかである。**A〜C**と宗教・宗派名との正しい組合せを，次ページの①〜⑥のうちから一つ選べ。

展示資料Ⅰ 「世界の宗教」

■ カトリック
■ プロテスタント
▥ 東方正教
▨ イスラーム
■ 仏教・道教など
▤ ヒンドゥー教
□ その他

図　主な宗教の分布

表　主な宗教・宗派別人口(2016年)
(単位：百万人)

A	1,752
カトリック	1,242
B	1,019
C	553
仏教	521
東方正教	284

図は *Alexander Schulatlas* により作成。
表は *The World Almanac and Book of Facts* により作成。

	①	②	③	④	⑤	⑥
イスラーム	A	A	B	B	C	C
ヒンドゥー教	B	C	A	C	A	B
プロテスタント	C	B	C	A	B	A

問2　次にミズホさんたちは，世界の宗教がどのようにして現在のような分布になったのか，各宗教が伝播する経路を展示資料Ⅰの図中に書き込むことにした。それについて話し合った会話文中の下線部①〜④のうちから，**適当でないもの**を一つ選べ。

　　ミズホ「世界各地の宗教のなかでも，キリスト教とイスラームと仏教は世界各地に広く分布しているね」

　　アズサ「①キリスト教はヨーロッパの人々が他の大陸へ入植したり，植民地支配を進めたりしたことで広まったのではないかな」

　　ツバサ「同じキリスト教でも，②東方正教はゲルマン語派の言語を話す国々を中心に伝わっていったようだね」

　　ミズホ「③イスラームは交易や領土の拡大によってアラビア半島から北アフリカに伝わったと考えられるよ。その後は中央アジアや東南アジアにも拡大しているね」

　　アズサ「インドで生まれた仏教は，中国を経由して東アジアへ伝わった経路のほかに，④南アジアから東南アジアへ伝わった経路があるんじゃないかな」

問3　次の図中の**A〜D**のいずれかの地域でみられる紛争問題について述べた文として**適当でないもの**を，下の①〜④のうちから一つ選べ。

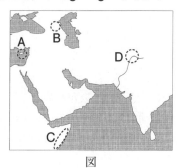

図

① **A**地域では，ギリシア系住民とアラブ系住民との間で，国を二分する対立がみられる。

② **B**地域では，ムスリム（イスラム教徒）が多数を占める民族による，ロシア連邦からの分離独立を求める運動がある。

③ **C**地域では，政府の支配力が衰退し，多様な軍事勢力による戦闘が拡大して，内戦状態が続いている。

④ **D**地域では，国境をめぐり，ムスリムが多数を占める国とヒンドゥー教徒が多数を占める国との間で対立がみられる。

問4　世界各地で発生してきた国家の独立や自治権拡大を求める運動について述べた文として最も適当なものを，次の①〜④のうちから一つ選べ。

① 北アイルランドでは，少数派のプロテスタントが，カトリックの多いイギリスからの分離とアイルランドへの帰属を求める動きがある。

② 華人の割合が高いシンガポールは，マレー系住民の割合が高いインドネシアから分離して独立した。

③ ヒンドゥー教徒が多数を占めるバングラデシュは，ムスリムが多いパキスタンから独立した。

④ フランスとスペインの国境地帯にまたがるバスク地方には，独立国家の建設や自治権拡大を求める動きがある。

問5　多文化主義について述べた文として下線部が最も適当なものを，次の①～
④のうちから一つ選べ。

①　インドネシアでは，複数の言語を公用語としているため，多言語の普及
を図る教育を推進しながら，国民の融和をめざしている。

②　オランダでは，子どもたちが特定の宗教観にかたよらないようにするた
め，学校で宗教にかかわる教育は行われていない。

③　カナダでは，公用語に英語とフランス語を採用して英仏両系住民の融和
を図った経験をいかし，現在では公用語以外の言語教育も支援している。

④　フランスでは，公立学校で移民の子どもたちの宗教色の強い服装を認め，
文化的融和を図っている。

問6　生活と宗教とのかかわりについて述べた文として**適当でないもの**を，次の
①～④のうちから一つ選べ。

①　東ヨーロッパやロシアおよびその周辺のかつて社会主義体制にあった地
域の多くでは，宗教が復興し，日常生活上の宗教活動も活発化している。

②　西アジアやアフリカなどのイスラム教徒が多く住む地域では，太陰暦が
用いられることが多く，休日の設定にも宗教の影響がみられる。

③　南アジアなどヒンドゥー教徒が多く住む地域では，かつての身分制がま
だ完全に払拭されず，自由な結婚や職業選択の障害になることが多い。

④　東南アジアの一部など上座部仏教が広く浸透した地域では，経典を通じ
て漢字が普及し，今日でも日常的な文書に漢字を用いる人が多い。

18 国家・国家群

解答・解説 ⇨ 68ページ

国家と国家群に関する次の問い(**問1〜6**)に答えよ。

問1　次の図1は，アルゼンチン，スウェーデン，メキシコ，リビアの国土をかたどり，それぞれ国境線の一部を太線で強調したものである。太線が河川に相当し，自然的国境となっている国として正しいものを，下の**①〜④**のうちから一つ選べ。

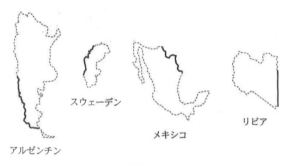

図1

①　アルゼンチン　　**②**　スウェーデン　　**③**　メキシコ　　**④**　リビア

問2　現在広くみられる排他的水域の説明として正しいものを，次の**①〜④**のうちから一つ選べ。

①　海岸線から水深200mまでの水域では，沿岸国以外の船舶の航行が規制される。

②　海岸線から24海里までの水域では，沿岸国以外の船舶による無線交信が規制される。

③　海岸線から水深3,000mまでの水域では，沿岸国が独占的に海底ケーブルを敷設することができる。

④　海岸線から200海里までの水域では，沿岸国が独占的に海洋資源を管理・利用することができる。

問3　世界には多くの国際機構が設立され，それらに属する国家間では様々な面で協力関係がみられる。国際機構が設立された当初の目的について述べた文として**適当でないもの**を，次の①〜④のうちから一つ選べ。

①　AU（アフリカ連合）は，アフリカ諸国の統合をめざし，域内における経済協力の推進や紛争の解決を目的として設立された。

②　CIS（独立国家共同体）は，バルト三国を除く旧ソ連諸国によって，ソ連解体にともなう諸問題の解決を目的として設立された。

③　MERCOSUR（南米南部共同市場）は，NAFTA（北米自由貿易協定）との連携をめざし，相互に共通する経済政策の推進を目的として設立された。

④　NATO（北大西洋条約機構）は，冷戦時にソ連に対抗するため，加盟国の共同防衛と安全保障を目的として設立された。

問4　次の表1中の**ア〜ウ**は，ASEAN，EU，NAFTAのいずれかにおける域内の人口と国内総生産，貿易額を示したものである。**ア〜ウ**と国際組織名との組合せとして正しいものを，下の①〜⑥のうちから一つ選べ。

表1

	人口 （百万人）	国内総生産 （億ドル）	貿易額（億ドル）	
			輸出	輸入
ア	511	173,065	56,927	56,140
イ	487	222,907	23,796	32,568
ウ	647	27,650	12,998	12,672

統計年次は2017年。
『世界国勢図会』により作成。

	①	②	③	④	⑤	⑥
ア	ASEAN	ASEAN	EU	EU	NAFTA	NAFTA
イ	EU	NAFTA	ASEAN	NAFTA	ASEAN	EU
ウ	NAFTA	EU	NAFTA	ASEAN	EU	ASEAN

問5 ユウさんは，EU（欧州連合）の統合について先生に質問することにした。次の図2は，先生が示してくれたメモであり，これを参考にユウさんはEUの統合が進んだ理由を考えた。統合が進んだ理由として最も適当なものを，下の①〜④のうちから一つ選べ。

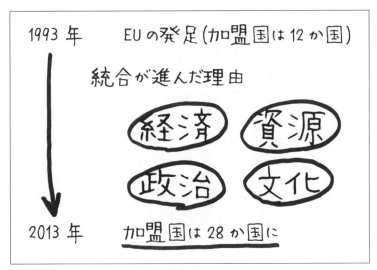

図2

① 経済の面では，EU域内で流通する工業製品や農産物に関税をかけて自国の産業を保護する必要があったため。

② 資源の面では，風力発電など自然再生エネルギーの共同利用を図り，資源をめぐる国家間の対立を緩和するため。

③ 政治の面では，東欧革命により東西冷戦時代が終わり，東ヨーロッパ諸国が統合を望んだため。

④ 文化の面では，食事の時にワインを日常的に飲む習慣が存在し，食文化の共通性が高かったため。

問6　ユウさんは，EUへの拠出金の分担をめぐって，加盟国間で議論が交わされていることを知った。各加盟国のEUへの拠出金額と1人当たりGNI（国民総所得）との関係を調べるために，ユウさんは次の図3を作成した。下のカ～クの文は，図3中に示したP～Rの国家群について説明したものである。P～Rとカ～クの文との正しい組合せを，下の①～⑥のうちから一つ選べ。

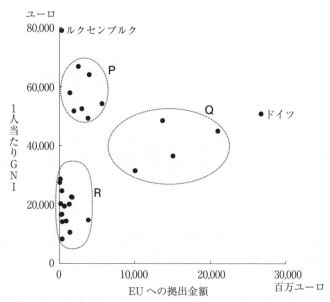

統計年次は2015年。
Eurostat などにより作成。

図3

カ　EU の政治経済において中心的な役割を担ってきた国が多い。

キ　EU 発足後に新たに加盟した国が多い。

ク　国内人口は少ないが，経済活動が活発な国が多い。

	①	②	③	④	⑤	⑥
P	カ	カ	キ	キ	ク	ク
Q	キ	ク	カ	ク	カ	キ
R	ク	キ	ク	カ	キ	カ

地誌分野／1　アジア

41 東アジア

★★☆ ｜ 9分・15点

解答・解説 ⇨ 70ページ

次の図1を見て，東アジアに関する下の問い（問1〜5）に答えよ。

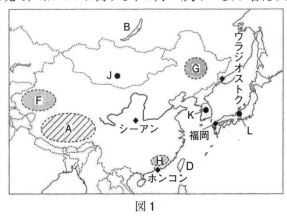

図1

問1　図1に示された地域の自然環境と人間活動とのかかわりについて述べた文として**適当でないもの**を，次の①〜④のうちから一つ選べ。

①　A高原は，標高が高く，草原が広がり，ヤクやヒツジなどの家畜の放牧が行われている。

②　B湖周辺は，広大な針葉樹林（タイガ）に覆_{おお}われた地域であり，林業が盛んである。

③　C川は，国内最長の長さを有し，中・下流域には豊富な水資源を利用した大規模な稲作地帯が広がっている。

④　D島は，温暖な気候下にあり，平野部ではバナナやパイナップルなどの熱帯性作物が栽培されている。

問2　次ページの図2中の①〜④は，図1中のウラジオストク，シーアン（西安），福岡，ホンコンのいずれかの地点における月平均気温と月降水量を示したものである。シーアンに該当するものを，図2中の①〜④のうちから一つ選べ。

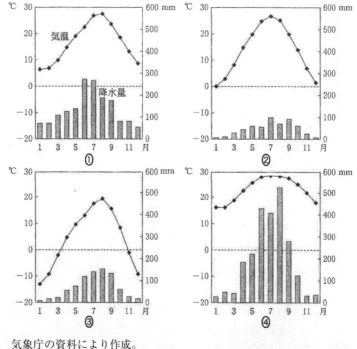

気象庁の資料により作成。

図2

問3 次の**ア～ウ**の文は，図1中の**F～H**のいずれかの地域の農業について述べたものである。**ア～ウ**と**F～H**との正しい組合せを，下の①～⑥のうちから一つ選べ。

ア かつてはコウリャンや大豆の栽培が盛んであったが，現在ではトウモロコシの生産が中心となっている。

イ 米の二期作を中心とした農業が卓越しており，一部に茶やサトウキビの生産もみられる。

ウ 牧畜のほかにオアシス農業が行われ，小麦やトウモロコシ，綿花が栽培されている。

	①	②	③	④	⑤	⑥
ア	F	F	G	G	H	H
イ	G	H	F	H	F	G
ウ	H	G	H	F	G	F

問4　東アジアとその周辺地域における産業発展や資源開発について述べた文として**適当でないもの**を，次の①〜④のうちから一つ選べ。

① 韓国では，政府主導のもと鉄鋼，機械，石油化学などの重化学工業が発展し，その急速な経済成長は「ハンガン（漢江）の奇跡」と呼ばれた。

② 台湾は，アジアNIEsの一つとして急速な経済成長を遂げ，近年では自動車や水産加工品が輸出品目の上位を占めている。

③ 中国では，経済特区を設けた沿岸部を中心に工業化が進展したが，内陸部との経済格差が拡大し，社会問題の一つとなっている。

④ ロシアは，サハリン沖で石油・天然ガスの生産をすすめており，他国からも注目されている。

問5　次の写真1中の**タ〜ツ**は，図1中の**J〜L**付近のいずれかでみられる伝統的な家屋景観を撮影したものである。**タ〜ツ**と**J〜L**との正しい組合せを，下の①〜⑥のうちから一つ選べ。

タ 冬季の寒さ対策で，薪を燃焼させた熱による床暖房が備わっている。

チ 遊牧生活での移動に便利な，フェルトで覆った組立て式のテントである。

ツ 豪雪に対応した急傾斜の屋根をもち，内部には作業場もある。

	①	②	③	④	⑤	⑥
タ	J	J	K	K	L	L
チ	K	L	J	L	J	K
ツ	L	K	L	J	K	J

写真1

42 東南アジア

★★★ ｜ 12分・18点

解答・解説 ⇨ 71ページ

東南アジアを示した次の図1を見て，下の問い（**問1～6**）に答えよ。

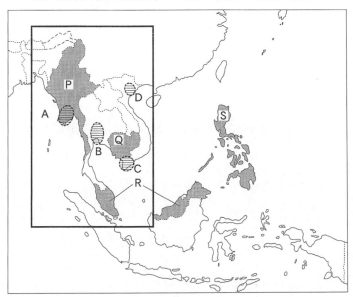

図1

問1　次の図2中の**ア**と**イ**は，図1中の太線で囲んだ地域の夏季または冬季の風向を，**ウ**と**エ**は夏季または冬季の降水量を示したものである。夏季の風向と降水量に該当する正しい組合せを，次ページの**①**～**④**のうちから一つ選べ。

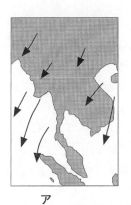

ア

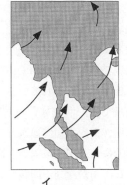

イ

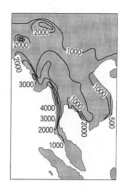

ウ　　　　　　　　　　　エ

風向は夏季が7月，冬季が1月，降水量は夏季が5月から9月，冬季が1月から3月のデータ。
等降水量線は 100, 250, 500, 1000, 2000, 3000, 4000mm で示した。
島嶼部のデータは除かれている。
Diercke Weltatlas などにより作成。

図2

	夏季の風向	夏季の降水量
①	ア	ウ
②	ア	エ
③	イ	ウ
④	イ	エ

問2　図1中のA～Dの地域にはいずれも三角州（デルタ）が発達している。A～Dのいずれかの地域を説明した文として最も適当なものを，次の①～④のうちから一つ選べ。

① A地域では，河川を利用した木材の搬出がみられ，1990年代の輸出加工区の設置により，木材加工業が発達している。

② B地域では，洪水が頻繁に発生するため，伝統的で土地生産性の低い自給的稲作が主に行われている。

③ C地域では，灌漑施設の整備や河川堤防の建設によって水利を調整し，米の二期作や内水面養殖が行われている。

④ D地域には，国内最大の人口を有する首都が立地しており，生活排水による水質汚濁が深刻な問題となっている。

問3　東南アジアでは，時代の移り変わりとともに様々な農畜産物が生産されて
　　きた。次の表1は，東南アジアにおける生産額が上位7位までの農畜産物を
　　示したものであり，EとFは，1965年または2005年のいずれか，カは，パー
　　ム油またはバナナのいずれかである。Eに該当する年とカに該当する農産物
　　との正しい組合せを，下の①～④のうちから一つ選べ。

表1

順位	E	F
1位	米	米
2位	カ	ココナッツ
3位	豚　肉	野　菜
4位	鶏　肉	キャッサバ
5位	天然ゴム	天然ゴム
6位	ココナッツ	豚　肉
7位	キャッサバ	牛　肉

FAO の資料により作成。

	E	カ
①	1965年	パーム油
②	1965年	バナナ
③	2005年	パーム油
④	2005年	バナナ

問4　図1中のP～Sのいずれかの国における経済や文化について述べた文とし
　　て最も適当なものを，次の①～④のうちから一つ選べ。

①　P国では，欧米諸国の植民地化を免れたために，ビルマ語や仏教信仰な
　　ど独自の文化が維持されている。

②　Q国では，長期にわたる内戦や政情不安から，多くの出稼ぎ労働者が経
　　済発展を遂げる近隣の国々に流出した。

③　R国では，マレー系住民への優遇政策により，マレー系住民の社会・経
　　済的地位が中国系やインド系の住民を凌ぐようになった。

④　S国では，公用語としてスペイン語と英語が使われており，植民地時代
　　の影響を色濃く残している。

問5　次の図3は，ASEAN加盟国のGDP（国内総生産）と1人当たりGDPを示
したものであり，①〜④はインドネシア，シンガポール，ブルネイ，マレー
シアのいずれかである。マレーシアに該当するものを，図3中の①〜④の
うちから一つ選べ。

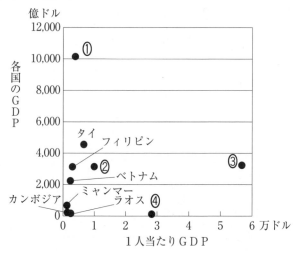

統計年次は2017年。『世界国勢図会』により作成。

図3

問6　次の図4は，シンガポール，フィリピン，ベトナム，マレーシアにおける
宗教別人口の割合を示したものであり，①〜④はイスラーム（イスラム教），
キリスト教，ヒンドゥー教，仏教のいずれかである。イスラームに該当する
ものを，図4中の①〜④のうちから一つ選べ。

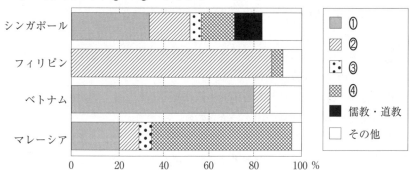

宗教別人口の割合が5％以下の場合にはその他に含めた。
統計年次は2010年。*ASEAN-JAPAN Centre* の資料により作成。

図4

解答・解説 ⇨ 72ページ

43 南アジア　★★★ | 10分・15点

南アジアに関する次の問い（**A・B**）に答えよ。

A 南アジアを示した次の図１を見て，下の問い（**問１〜３**）に答えよ。

図１

問１ 次の図２中の①〜④は，図１中の**ア〜エ**のいずれかの国や地域における米と小麦の生産量を示したものである。**イ**の地域に該当するものを，図２中の①〜④のうちから一つ選べ。

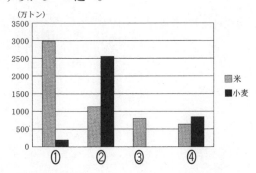

統計年次 1999 年。
Indian Economic Survey などにより作成。

図２

問2 近年は経済成長の著しいBRICs（ブラジル，ロシア，インド，中国）に南アフリカ共和国を加え，BRICSと表現することも多くなった。次の図3は，BRICS諸国の1人当たりGDP（国内総生産）と輸出額に占める工業製品の割合を示したものであり，①〜④はブラジル，ロシア，インド，中国*のいずれかである。インドに該当するものを，図3中の①〜④のうちから一つ選べ。
*台湾，ホンコン，マカオを含まない。

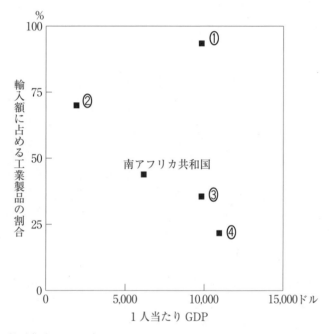

統計年次は2017年。
WTOの資料により作成。

図3

問3 次の表1中のF〜Hは，スリランカ，パキスタン，バングラデシュのいず
れかの国における輸出金額でみた上位5品目を示したものである。F〜Hに
該当する国名の組合せとして正しいものを，下の①〜⑥のうちから一つ選べ。

表1

順位	F	G	H
1位	衣 類	衣 類	繊維品
2位	茶	繊維品	衣 類
3位	ゴム製品	はきもの	米
4位	機械類	魚介類	野菜・果実
5位	香辛料	革 類	精密機械

統計年次は2017年。
『世界国勢図会』により作成。

	F	G	H
①	スリランカ	パキスタン	バングラデシュ
②	スリランカ	バングラデシュ	パキスタン
③	パキスタン	スリランカ	バングラデシュ
④	パキスタン	バングラデシュ	スリランカ
⑤	バングラデシュ	スリランカ	パキスタン
⑥	バングラデシュ	パキスタン	スリランカ

B 南アジアの自然環境と人々の生活に関する下の問い（**問4・5**）に答えよ。

問4 南アジアにおける農業の特徴と自然環境とのかかわりについて述べた文として下線部が**適当でないもの**を，次の**①** ～ **④**のうちから一つ選べ。

① インダス川流域のパンジャーブ地方は<u>灌漑設備の整備が広くすすめられている地域</u>であり，小麦やトウモロコシが盛んに栽培されている。

② インド半島中央部のデカン高原では，<u>レグールと呼ばれる肥沃な土壌が広がる地域</u>において，大豆やワタ（綿花）が盛んに栽培されている。

③ ガンジス川下流部の三角州（デルタ）は，<u>雨季になると洪水が頻繁に起こる地域</u>であり，稲やジュートが盛んに栽培されている。

④ ヒマラヤ山脈南麓のアッサム地方では，<u>降水量が少ないため地下水を得やすい低平な地域</u>において，茶が盛んに栽培されている。

問5 次の写真1は，インドにおける宗教的儀式の様子を撮影したものであり，下の文章は，この宗教的儀式に関連したことがらについて説明したものである。空欄**カ**と**キ**に当てはまる語として正しい組合せを，下の**①** ～ **④**のうちから一つ選べ。

写真1

インドやネパールには，ヒンドゥー教を信仰する人が多く住んでいる。写真1は，ガンジス川水系における（ **カ** ）の様子である。各地から集まった人々が，来世における幸せなどを願いながら，「聖なる川」で現世のけがれを清めている。また，ヒンドゥー教徒にとって（ **キ** ）は神聖な動物であり，彼らがその肉を食べることは禁忌（タブー）となっている。

	①	**②**	**③**	**④**
カ	洗礼	洗礼	沐浴	沐浴
キ	ウシ	ブタ	ウシ	ブタ

44 西アジア

★★★ | 12分・18点

解答・解説 ⇨ 73ページ

西アジアと北アフリカに関する次の問い(**問1～6**)に答えよ。

次の図1を見て,西アジアとその周辺地域に関する下の問い(**問1～6**)に答えよ。

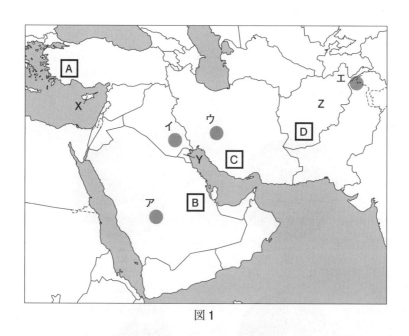

図1

問1 図1中の**ア～エ**の地域のうち,最も標高の高い地点を含むものを,次の①～④のうちから一つ選べ。

① ア   ② イ   ③ ウ   ④ エ

問2　図1中に示したA ～ Dの地域でみられる農牧業について述べた文として下線部が**適当でないもの**を，次の①～④のうちから一つ選べ。

①　A地域では，夏に乾燥する気候に適したオリーブが栽培されている。

②　B地域では，大規模な灌漑施設を利用して小麦や野菜が栽培されている。

③　C地域では，ため池の水を利用してコーヒーが栽培されている。

④　D地域では，家畜を飼養して乳製品や羊毛が生産されている。

問3　次の図2中の①～④は，アラブ首長国連邦，イスラエル，イラン，レバノンのいずれかにおける宗教別人口割合*を示したものである。アラブ首長国連邦に該当するものを，図2中の①～④のうちから一つ選べ。

*外国籍の住民を含む。

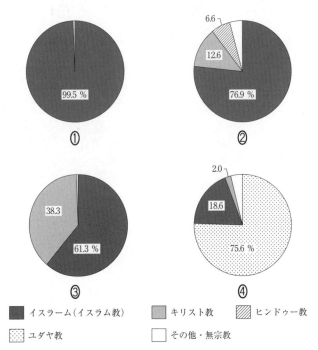

凡例:
■ イスラーム（イスラム教）　■ キリスト教　▨ ヒンドゥー教
▧ ユダヤ教　□ その他・無宗教

統計年次は 2010 年。
Pew Research Center の資料により作成。

図2

問4　次の図3中のカ～クは，西アジアとその周辺における，GDP（国内総生産）
に占める農林水産業の割合，人口1人当たりGNI（国民総所得），輸出額に
占める石油・石油製品の割合のいずれかの指標について，国・地域別に示し
たものである。指標名とカ～クとの正しい組合せを，下の①～⑥のうちか
ら一つ選べ。

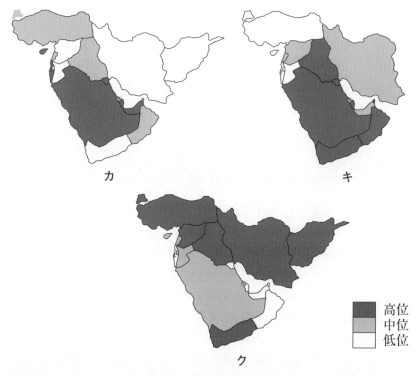

カ

キ

ク

| | 高位 |
| 中位 |
| 低位 |

統計年次は，GDPに占める農林水産業の割合が2012年，人口1人当たりGNIが
2014年，輸出額に占める石油・石油製品の割合が2010～13年のいずれか。
FAOSTAT などにより作成。

図3

	①	②	③	④	⑤	⑥
GDPに占める農林水産業の割合	カ	カ	キ	キ	ク	ク
人口1人当たりGNI	キ	ク	カ	ク	カ	キ
輸出額に占める石油・石油製品の割合	ク	キ	ク	カ	キ	カ

問5　次の表1中の①〜④は，イラク，カタール，サウジアラビア，トルコに
　　　おける，外国からの年間訪問者数*と日本からの1週当たり直行航空便数を
　　　示したものである。トルコに該当するものを，表1中の①〜④のうちから
　　　一つ選べ。

　　　*観光客以外の短期入国者を含む。

表1

	外国からの年間訪問者数（万人）	日本からの1週当たり直行航空便数（便）
①	3,780	14
②	1,577	0
③	261	14
④	89	0

統計年次は2013年。
UNWTOの資料などにより作成。

問6　次のサ〜スの文は，図1中のX〜Zのいずれかの国で第二次世界大戦後に
　　　発生した紛争（戦争）について述べたものである。サ〜スとX〜Zとの正しい
　　　組合せを，下の①〜④のうちから一つ選べ。

サ　アメリカ合衆国で発生した同時多発テロ事件をきっかけに，イスラム原
　　　理主義組織が支配する地域での戦闘が開始された。
シ　北部のトルコ系住民と南部のギリシャ系住民との対立が激化し，ギリシャ
　　　への併合の動きに対するトルコ軍の介入によって北部が独立を宣言した。
ス　領土と資源をめぐって隣国の侵攻を受けたことから，アメリカ合衆国を
　　　中心とした多国籍軍が介入する大規模な戦争に発展した。

	①	②	③	④	⑤	⑥
サ	X	X	Y	Y	Z	Z
シ	Y	Z	X	Z	X	Y
ス	Z	Y	Z	X	Y	X

2 アフリカ

| **45** アフリカ | ★★☆ | 18分・15点 |

解答・解説 ⇨ 76ページ

次の図1を見て，アフリカに関する下の問い(**問1～6**)に答えよ。

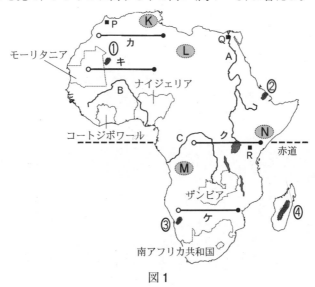

図1

問1 次の**ア～ウ**の文は，図1中の**A～C**のいずれかの河川とその流域について述べたものである。**ア～ウ**と**A～C**との正しい組合せを，次ページの**①～⑥**のうちから一つ選べ。

ア アフリカ大陸の多雨地域を流れる河川があり，流域の広大な熱帯雨林にはチンパンジーやゴリラなどの類人猿も生息する。

イ 砂漠化の進行する地域を流れる河川があり，河口付近は熱帯林の広がるデルタ(三角州)となっている。

ウ 湿潤地域に水源をもつ外来河川が流れており，乾燥気候に属する河口付近には肥沃なデルタ(三角州)が広がる。

	①	②	③	④	⑤	⑥
ア	A	A	B	B	C	C
イ	B	C	A	C	A	B
ウ	C	B	C	A	B	A

問2　次の図2は，図1中の**カ〜ケ**のいずれかの線に沿った地形断面図である。**ケ**に該当するものを，図2中の①〜④のうちから一つ選べ。ただし，高さは強調して表現している。

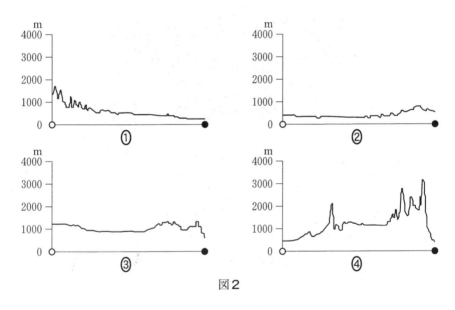

図2

問3　図1中の**K〜N**の各地域における農牧業について述べた文として**適当でな**いものを，次の①〜④のうちから一つ選べ。

① K地域では，オリーブなどを栽培する地中海式農業が行われている。

② L地域では，天然ゴムなどを生産するオアシス農業が行われている。

③ M地域では，ヤムイモなどをつくる粗放的な焼畑農業が行われている。

④ N地域では，牛やラクダなどを飼育する放牧が行われている。

問4　図1中に示したコートジボワール，ザンビア，ナイジェリア，南アフリカ共和国，モーリタニアにおける産業や資源開発について述べた文として下線部が**適当でないもの**を，次の①～⑤のうちから二つ選べ。ただし，解答の順序は問わない。

　　① コートジボワールでは，石油製品の生産に加えて，<u>カカオなどの輸出用商品作物の生産が盛んである。</u>

　　② ザンビアでは，カッパーベルトなどで銅鉱が採掘され，<u>銅鉱は鉄道などを利用して隣国の港まで搬出されている。</u>

　　③ ナイジェリアでは，<u>豊富な石炭資源を背景として工業化がすすんでおり，</u>沿岸地域は地下資源の輸出拠点となっている。

　　④ 南アフリカ共和国では，<u>レアメタル（希少金属）やダイヤモンドなどの鉱物資源が産出され，</u>それらを利用した工業が発達している。

　　⑤ モーリタニアでは，沿岸部において，<u>小麦などの穀物の栽培が盛んであり，その大部分は輸出されている。</u>

問5　次の写真1は，ある地域の特徴的な農業景観を撮影したものである。この景観のみられる地域として最も適当なものを，図1中の①～④のうちから一つ選べ。

写真1

問6 発展途上国の多いアフリカでは，人口，教育，保健衛生にかかわる諸課題
について顕著な地域性がみられる。次の図3中の**ア～ウ**は，アフリカ諸国に
おける合計特殊出生率*，15 ～ 24歳の識字率，成人のHIV感染率のいずれか
の指標の高低を示したものである。指標名と**ア～ウ**との正しい組合せを，下
の①～⑥のうちから一つ選べ。
*女性1人が生涯に産む子どもの数に相当する。

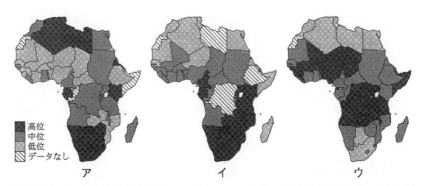

統計年次は，合計特殊出生率が 2010 年，15 ～ 24 歳の識字率が 2000 年～ 2010 年の
いずれか，成人の HVI 感染率が 2009 年。
ユニセフ『世界子供白書 2012』などにより作成。

図3

	①	②	③	④	⑤	⑥
合計特殊出生率	ア	ア	イ	イ	ウ	ウ
15 ～ 24歳の識字率	イ	ウ	ア	ウ	ア	イ
成人のHIV感染率	ウ	イ	ウ	ア	イ	ア

3　ヨーロッパ

46 ヨーロッパ

★★☆ | 12分・18点

解答・解説 ⇨ 78ページ

A　次の図1を見て，ヨーロッパに関する下の問い(**問1～3**)に答えよ。

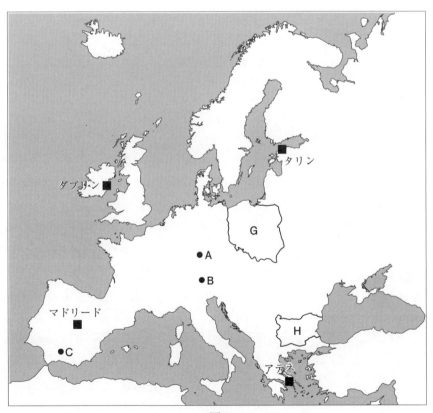

図1

問1　ユウさんは，ヨーロッパ各地の気候の違いについて調べた。次の図2中の
①～④は，図1中のアテネ，ダブリン，タリン，マドリードのいずれかの
地点における月平均気温と月降水量を示したものである。ダブリンに該当す
るものを，図2中の①～④のうちから一つ選べ。

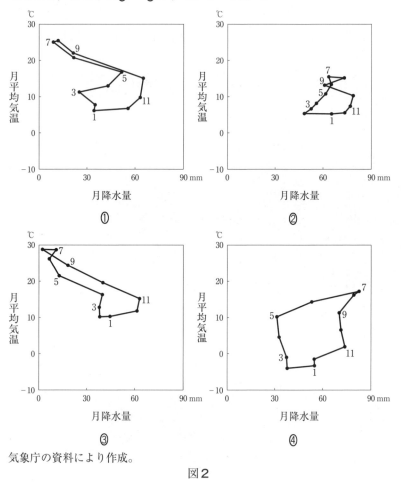

気象庁の資料により作成。

図2

問2　ユウさんは，ヨーロッパの景観が地域によって大きく異なることに気がつ
いた。次ページの写真1中の**ア～ウ**は，図1中の**A～C**のいずれかの地点で
みられる代表的な農業景観を撮影したものである。**ア～ウ**と**A～C**との正し
い組合せを，次ページの①～⑥のうちから一つ選べ。

ア

イ

ウ

写真1

	①	②	③	④	⑤	⑥
A	ア	ア	イ	イ	ウ	ウ
B	イ	ウ	ア	ウ	ア	イ
C	ウ	イ	ウ	ア	イ	ア

問3　ユウさんは，ヨーロッパの宗教と言語の多様性について調べた。図1中の
G国とH国における主な言語と宗教との正しい組合せを，次ページの①〜
⑥のうちから一つ選べ。

	G　国		H　国	
	言　語	宗　教	言　語	宗　教
①	ゲルマン語派	カトリック	ゲルマン語派	正教会
②	ゲルマン語派	正教会	ゲルマン語派	カトリック
③	スラブ語派	カトリック	スラブ語派	正教会
④	スラブ語派	正教会	スラブ語派	カトリック
⑤	ラテン語派	カトリック	ラテン語派	正教会
⑥	ラテン語派	正教会	ラテン語派	カトリック

B　次の図3を見て，ヨーロッパに関する下の問い(**問4〜5**)に答えよ。

問4　次ページの①〜④の文は，図3中の**A〜D**のいずれかの地域における自然環境と土地利用について述べたものである。**D**に該当するものを，次ページの①〜④のうちから一つ選べ。

図3

① 河川の堆積作用によって形成された平野で，稲作を含む穀物生産や酪農
を中心に豊かな農業地域となっている。

② 侵食作用によって緩斜面と急斜面が交互に現れる地形を示し，緩斜面上
では小麦の大規模栽培が行われている。

③ 石灰岩の分布する地域で，ポリエと呼ばれる溶食盆地が貴重な農耕地と
なって小麦やジャガイモの栽培が行われている。

④ 断層運動によって生じた低地帯では酪農や混合農業が発達し，高地では
粗放的な牧羊などの土地利用がなされている。

問5　次の①〜④の文は，図3中のJ〜Mに示したライン川またはドナウ川に
面する都市について述べたものである。Jに該当するものを，次の①〜④
のうちから一つ選べ。

① 強大な帝国の中心地として成長を遂げた都市で，各種工業が栄えたほか，
今日では「音楽の都」として観光客を集めている。

② ヨーロッパでも有数の連接都市（コナーベーション）を後背地にもち，外
国企業や金融機関など中枢管理機能の集積がみられる。

③ 隣国との間で帰属の移り変わりがあった都市で，独自の文化が育まれ多
国籍企業や国際機関を引きつけてきた。

④ 連邦国家を構成していた時代からの首都で，1990年代の政情不安や紛争
により都市の経済発展は停滞した。

問6　次の図4は，X国とY国における言語による地域区分を示したものである。
X国とY国の言語にかかわる特徴について説明した下の文章中の空欄**タ**と**チ**
に当てはまる語の正しい組合せを，下の①～④のうちから一つ選べ。

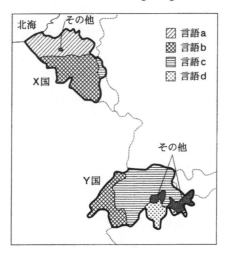

点線と太線は国境を示している。
Statesman's Yearbook などにより作成。

図4

　　言語aとcはともに（　**タ**　）語派に属し，言語bとdはともにラテン語派
に属する。X国とY国とは，国内で複数の言語が用いられている点で共通し
ている。Y国では公用語を（　**チ**　）制定している。

① **タ** ― ゲルマン　　　　**チ** ― 一　　つ
② **タ** ― ゲルマン　　　　**チ** ― 複　数
③ **タ** ― スラブ　　　　　**チ** ― 一　　つ
④ **タ** ― スラブ　　　　　**チ** ― 複　数

4　ロシアとその周辺諸国

47　ロシアとその周辺諸国　　　　　★★☆｜16分・18点

解答・解説 ⇨ 80ページ

次の図1を見て，ロシアに関する下の問い（**問1〜6**）に答えよ。

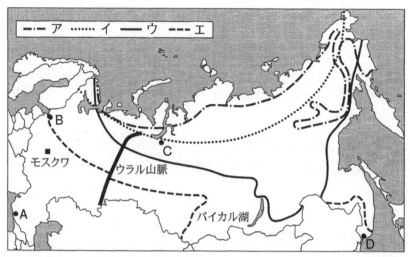

Diercke Weltatras 2008 などにより作成。

図1

問1　図1中の線**ア〜エ**は，針葉樹林（タイガ）の分布域，ツンドラ気候の地域，北極圏，連続した永久凍土の分布域のいずれかの南限を示したものである。針葉樹林（タイガ）の分布域の南限に該当するものを，次の**①〜④**のうちから一つ選べ。

　　① ア　　　　**②** イ　　　　**③** ウ　　　　**④** エ

問2　次の①〜④の文は，図1中に示したA〜Dのいずれかの地域における特徴を述べたものである。図1中のBに該当するものを，次の①〜④のうちから一つ選べ。

① 寒冷な気候のもとで，少数民族によるトナカイの遊牧が行われている。

② 自然資源を利用した軽工業が盛んで，シベリア鉄道の起点・終点でもある。

③ 湿地を開発した港を中心に，国内第2位の人口をもつ都市圏が広がる。

④ 比較的温暖な気候を利用した世界有数のリゾート地である。

問3　ロシアには，数多くの民族が居住している。次の**カ〜ク**の文は，イスラーム（イスラム教），キリスト教，仏教のいずれかを主に信仰する民族について説明したものである。宗教名と**カ〜ク**との正しい組合せを，下の①〜④のうちから一つ選べ。

カ　ウラル山脈南部の西側に多く住むタタール人。

キ　バイカル湖周辺に多く住むブリヤート人。

ク　ロシアの全土に広く分布し，人口の多くを占めるロシア人。

	①	②	③	④	⑤	⑥
イスラーム（イスラム教）	カ	カ	キ	キ	ク	ク
キリスト教	キ	ク	カ	ク	カ	キ
仏教	ク	キ	ク	カ	キ	カ

問4　ロシアは，ソ連時代の計画経済から市場経済への転換を経て，経済や社会の大きな変化を経験してきた。転換と変化の状況について述べた文として下線部が**適当でない**ものを，次の①〜④のうちから一つ選べ。

① コルホーズやソフホーズから再編された農業企業が生産を伸ばすなか，別荘（ダーチャ）の菜園からの収穫物も，引き続き市民の食生活を支えている。

② ソ連が解体された直後の1990年代には，数年間にわたりGDP（国内総生産）の減少が続いた。

③ ソ連時代の教育・医療・社会保障などの制度は，制度を引き継いだ企業によって維持され，貧富の差は縮小している。

④ 2000年代に入りBRICsの一角として鉱工業が発達した一方，資源価格の変動につれて経済が不安定になった。

問5　次の図2中のサ～スは，人口密度，人口1人当たりの農業生産額，人口1
　　人当たりの鉱工業出荷額のいずれかを連邦管区別に示したものである。項目
　　名とサ～スとの正しい組合せを，下の①～⑥のうちから一つ選べ。

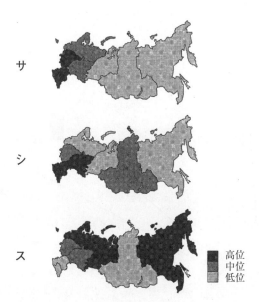

統計年次は2014年または2015年。
Federal State Statistics Service の資料により作成。

図2

	①	②	③	④	⑤	⑥
人口密度	サ	サ	シ	シ	ス	ス
人口1人当たりの農業生産額	シ	ス	サ	ス	サ	シ
人口1人当たりの鉱工業出荷額	ス	シ	ス	サ	シ	サ

問6 次の図3は，ロシアといくつかの国との輸出入額の変化を示したものであり，① ～ ④ はアメリカ合衆国，オランダ，ドイツ，ブラジルのいずれかである。アメリカ合衆国に該当するものを，図3中の① ～ ④ のうちから一つ選べ。

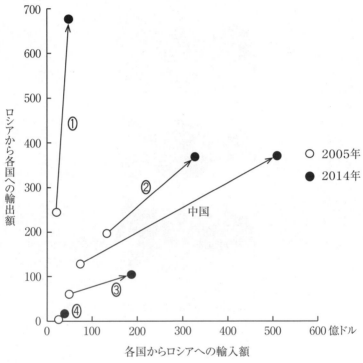

BRICS Joint Statistical Publication 2015 により作成。

図3

5 南北アメリカ

48 北アメリカ

★★☆ | 10分・15点

解答・解説 ⇨ 82ページ

次の図1を見て、北アメリカとその周辺地域に関する下の問い（**問1～6**）に答えよ。

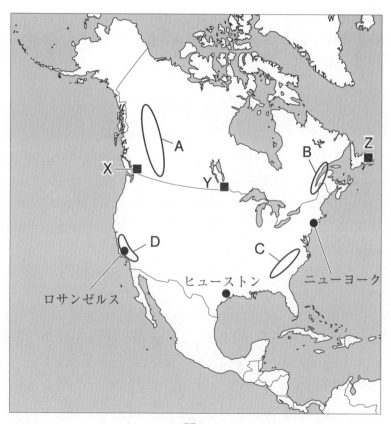

図1

問1　図1中のA～Dの地域の地形とその特徴について述べた文として**適当でな**
　　いものを，次の①～④のうちから一つ選べ。

① 　Aでは，標高が高く急峻^{きゅうしゅん}な山々がみられる。

② 　Bでは，大河川の河口部に三角州(デルタ)がみられる。

③ 　Cでは，侵食が進んだ比較的なだらかな山々がみられる。

④ 　Dでは，横にずれる断層が形成した地形がみられる。

問2　次の図2中の**ア**～**ウ**は，図1中の**X**～**Z**のいずれかの地点の最暖月と最寒
　　月の月平均気温を示したものである。**X**～**Z**と**ア**～**ウ**との正しい組合せを，
　　下の①～⑥のうちから一つ選べ。

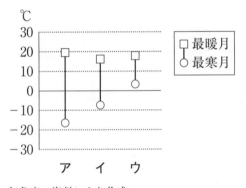

気象庁の資料により作成。

図2

	①	②	③	④	⑤	⑥
X	ア	ア	イ	イ	ウ	ウ
Y	イ	ウ	ア	ウ	ア	イ
Z	ウ	イ	ウ	ア	イ	ア

問3　北アメリカの国々は多様な人種・民族で構成されている。アメリカ合衆国の人種・民族について説明した文として下線部が**適当でないもの**を，次の①〜④のうちから一つ選べ。

① 1960年代に移民法が改正された後，<u>アジア系移民の流入人口がヨーロッパ系移民の流入人口を下回る傾向がみられる</u>。

② 19世紀中ごろまで，アフリカ系の人々は，その多くがプランテーション農園で労働に従事していたため，<u>南部に比較的集中している</u>。

③ エスキモーは，ヨーロッパ人の入植以前から，<u>主に北極海沿岸域で狩猟や漁労に従事して暮らしてきた</u>。

④ ヒスパニックは，<u>農業の季節労働やサービス業・建設業などの低賃金の単純労働に従事してきた</u>が，最近では所得の高い専門職につく人々も増えている。

問4　次の表1は，アメリカ合衆国のいくつかの都市における住宅の月平均賃料と通勤手段の割合を示したものであり，**カ〜ク**は，ニューヨーク，ヒューストン，ロサンゼルスのいずれかである。都市名と**カ〜ク**との正しい組合せを，下の①〜⑥のうちから一つ選べ。

表1

	住宅の月平均賃料（US ドル）	通勤手段の割合（%）		
		自家用車	公共交通手段	その他
カ	1,378	77.2	10.6	12.2
キ	1,330	26.7	56.5	16.8
ク	921	87.9	4.2	7.9

統計年次は2015年。
U.S. Census Bureau の資料により作成。

	①	②	③	④	⑤	⑥
ニューヨーク	カ	カ	キ	キ	ク	ク
ヒューストン	キ	ク	カ	ク	カ	キ
ロサンゼルス	ク	キ	ク	カ	キ	カ

問5 次の図3は，アメリカ合衆国とその周辺の3か国における第1次産業従事者率と穀物自給率を示したものであり，① ～ ④ は，アメリカ合衆国，カナダ，キューバ，メキシコのいずれかである。メキシコに該当するものを，図3中の ① ～ ④ のうちから一つ選べ。

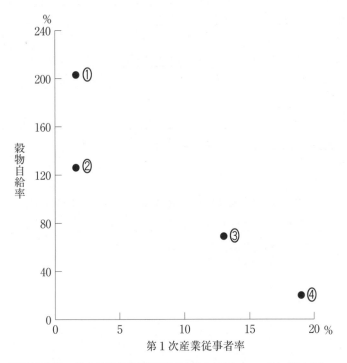

統計年次は，第1次産業従事者率が2016年(キューバは2014年)，
穀物自給率が2013年(キューバは2011年)。
『世界国勢図会』，『データブック　オブ・ザ・ワールド』により作成。

図3

問6　次の図4は，アメリカ合衆国の各州*における全従業者に占めるいくつか
の産業別従業者の割合の上位5位を示したものであり，**サ～ス**はコンピュー
タ・電子部品製造業，食品製造業，石油・ガス採掘業のいずれかである。業
種名と**サ～ス**との正しい組合せを，下の①～⑥のうちから一つ選べ。

*ハワイ州を除く。

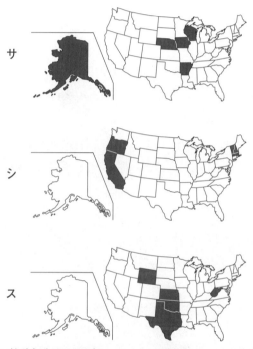

統計年次は2011年。
U.S. Bureau of Economic Analysis の資料により作成。

図4

	①	②	③	④	⑤	⑥
コンピュータ・電子部品製造業	サ	サ	シ	シ	ス	ス
食品製造業	シ	ス	サ	ス	サ	シ
石油・ガス採掘業	ス	シ	ス	サ	シ	サ

49 中央・南アメリカ

★★☆ | 12分・18点

解答・解説 ⇨ 84ページ

次の図1を見て，中央・南アメリカに関する下の問い（**問1～6**）に答えよ。

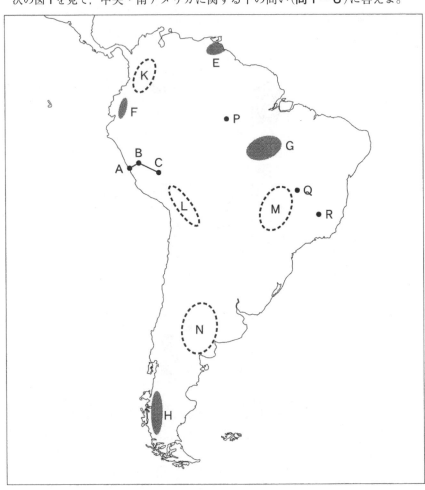

図1

問1　南アメリカ大陸の西部では，東西方向での短い距離の移動で景観が大きく
　　変化する。次の写真1中の**ア**〜**ウ**は，図1中の**A**〜**C**のいずれかの地点でみ
　　られる景観を撮影したものである。**A**から**B**を経て**C**まで移動した場合にみ
　　られる景観を順に並べたものとして最も適当なものを，下の①〜⑥のうち
　　から一つ選べ。

写真1

①　ア→イ→ウ　　　②　ア→ウ→イ　　　③　イ→ア→ウ
④　イ→ウ→ア　　　⑤　ウ→ア→イ　　　⑥　ウ→イ→ア

問2 図1中の**E〜H**の地域の地形について述べた文として**適当でないもの**を,
次の①〜④のうちから一つ選べ。

① **E**にはサバナを流れる河川が形成した三角州(デルタ)がみられる。

② **F**は新期造山帯に属し,標高の高い火山がみられる。

③ **G**は古期造山帯に属し,起伏の小さな高原がみられる。

④ **H**には大規模な山岳氷河があり,U字谷(氷食谷)がみられる

問3 次の①〜④の文は,図1中の**K〜N**のいずれかの地域にみられる農牧業
の特徴を述べたものである。**M**に該当するものを,次の①〜④のうちから一
つ選べ。

① 穀物メジャーによる企業的農業が行われ,大豆やトウモロコシなどが生
産されている。

② 植民地時代に起源をもつプランテーション農業が行われコーヒーやバナ
ナなどの商品作物が栽培されている。

③ 粗放的な農牧業が営まれジャガイモなどの栽培とリャマや牛などの放牧
が行われている。

④ 大土地所有制度を背景とした牧畜業が発展し,大規模なエスタンシアに
おいて牛や羊の放牧が行われている。

問4　図1中のP～Rはブラジルにおける人口100万人以上の三つの都市を示したものであり，次のカ～クの文はP～Rのいずれかの特徴を述べたものである。P～Rとカ～クとの正しい組合せを，下の①～⑥のうちから一つ選べ。

カ　19世紀後半から20世紀初頭に天然ゴムの集散地として栄え，自由貿易地域に指定されてからは電気機械工業や輸送機械工業が発展した。

キ　イタビラ鉄山を含む「鉄の四辺形地帯」の近くに位置し，豊富な鉱産資源を利用した鉄鋼業や金属製品工業が発達している。

ク　国土の均衡ある発展をめざして1950年代に建設された計画都市で，国の政治機能が集まる中心部の街並みは世界文化遺産に登録されている。

	①	②	③	④	⑤	⑥
P	カ	カ	キ	キ	ク	ク
Q	キ	ク	カ	ク	カ	キ
R	ク	キ	ク	カ	キ	カ

問5　貿易による国々の結びつきは，相手国との近接性や自由貿易協定の存在などにより異なる。次ページの図2中の①～④は，南アメリカ諸国におけるアメリカ合衆国，日本，EU（欧州連合），MERCOSUR（南米南部共同市場）＊へのそれぞれの輸出額が輸出総額に占める割合を示したものである。MERCOSURに該当するものを，図2中の①～④のうちから一つ選べ。
＊準加盟国は含まない

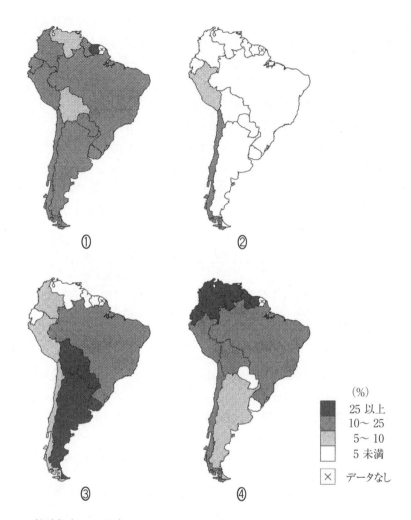

統計年次は 2012 年。
IMF(国際通貨基金)の資料により作成。

図2

問6　南アメリカの国々では多民族・多文化の社会が形成されている。次の図3
　　は南アメリカのいくつかの間における住民の民族構成を示したものである。
　　図3に関することがらについて述べた文章として，下線部が最も適当なもの
　　を，下の①〜④のうちから一つ選べ。

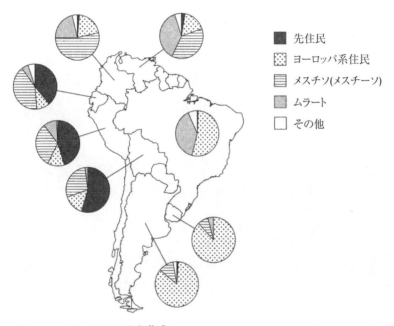

Convergencia, 2005 により作成。

図3

①　アルゼンチンやウルグアイではヨーロッパ系住民の割合が高い。これは，
　　独立後に北アメリカからの移民を大量に受け入れたためである。

②　エクアドルやコロンビアではメスチソ(メスチーソ)の割合が高い。これ
　　らの国では，ポルトガル語が国の公用語となっている。

③　ブラジルやベネズエラではムラートの割合が高い。これは，植民地時代
　　にアフリカから多くの奴隷が連れてこられたためである。

④　ペルーやボリビアでは先住民の割合が高い。これらの国では，植民地支
　　配を受ける以前からの宗教を信仰する住民が多数を占めている。

6　オセアニア

50　オセアニア

★★★　11分・16点

解答・解説 ⇨ 87ページ

オセアニアに関する下の問い(**問1〜5**)に答えよ。

問1　ケッペンの気候区分で，次の図1中のオークランドと同じ気候区に含まれるオーストラリアの都市を，図1中の①〜④のうちから一つ選べ。

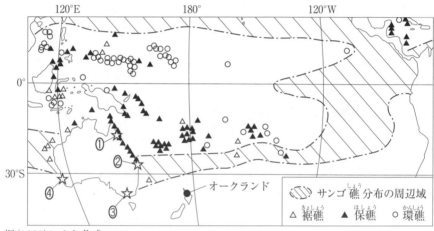

堀(1990)により作成。

図1

問2　上の図1は，オーストラリアから南太平洋にかけてのサンゴ礁の分布を示しており，次のA〜Cは図1からの読み取りを，次ページのe〜gはA〜Cのいずれかに関連することがらを述べた文である。堡礁について当てはまる，図の読み取りと関連することがらとの適当な組合せを，次ページの①〜⑨のうちから二つ選べ。ただし，解答の順序は問わない。

【図の読み取り】

　A　オーストラリア大陸の東岸に多くみられる。

　B　サンゴ礁分布の周辺域に多く分布する。

　C　南アメリカ大陸の西岸には分布しない。

【関連することがら】

　e　寒流や湧昇流により海水温が相対的に低い。

　f　現在の間氷期が始まり，海水温が上昇してから，サンゴ礁が形成可能に
　　なった。

　g　世界自然遺産のグレートバリアリーフを構成している。

	①	②	③	④	⑤	⑥	⑦	⑧	⑨
図の読み取り	A	A	A	B	B	B	C	C	C
関連することがら	f	g	e	f	g	e	f	g	e

問3　次の写真1は，太平洋島嶼国のサモアにおける伝統的な農村風景を撮影し
　　たものである。写真1に関連することがらについて述べた下の文章中の空欄
　　アとイに当てはまる語の正しい組合せを，下の①〜④のうちから一つ選べ。

写真1

　　サモアは一年中暑く湿度が高いため，Kのような（　ア　）住居が数多くみ
　られる。また，サモアの農村部に暮らす人々は自給自足に近い生活を送って
　おり，Lのように，住居の周囲でココヤシなどとともに主食である（　イ　）
　を栽培している。しかし，近年は海外からの影響を受けて，伝統的な生活習
　慣や豊かな自然環境が変化しつつあり，持続可能な開発が課題である。

	①	②	③	④
ア	風通しの良い	風通しの良い	移動式の	移動式の
イ	タロイモ	バナナ	タロイモ	バナナ

問4 下の表1は，次の図2中の太平洋島嶼国の旧宗主国または国際連合の信託統治の旧施政権国を示したものである。また，次ページの図3は，太平洋島嶼国に対するいくつかの国からのODA（政府開発援助）供与額を示したものであり，**カ～ク**はアメリカ合衆国，オーストラリア，日本のいずれかである。国名と**カ～ク**との正しい組合せを，次ページの①～⑥のうちから一つ選べ。

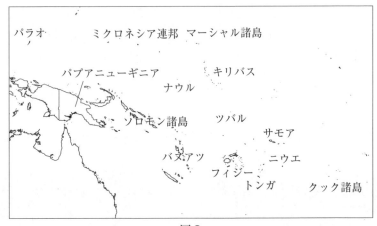

図2

表1

旧宗主国または 国際連合信託統治の旧施政権国	太平洋島嶼国
アメリカ合衆国	マーシャル諸島，ミクロネシア連邦，パラオ
イギリス	トンガ，フィジー，ソロモン諸島，ツバル，キリバス
オーストラリア	パプアニューギニア
ニュージーランド	サモア，クック諸島，ニウエ
2国（イギリス・フランス）	バヌアツ
3国（イギリス・オーストラリア・ニュージーランド）	ナウル

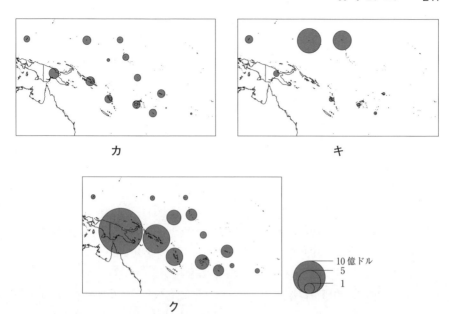

カ

キ

ク

10億ドル
5
1

統計年次は 2011 〜 2015 年の合計。
OECD の資料などにより作成。

図3

	①	②	③	④	⑤	⑥
アメリカ合衆国	カ	カ	キ	キ	ク	ク
オーストラリア	キ	ク	カ	ク	カ	キ
日 本	ク	キ	ク	カ	キ	カ

問5　ニュージーランドとカナダは，太平洋を挟んで1万km以上も離れている
が，その歴史，社会，生活文化などには共通点も多い。次ページの表2は，
1985年と2015年におけるニュージーランドとカナダへの移民数が多い上位5
位までの送出国を示したものである。また，下の文章は，表2の読み取りと
それに関連することがらについて述べたものであり，文章中の空欄P〜Rに
は次ページのサ〜スの文のいずれかが当てはまる。空欄P〜Rとサ〜スとの
正しい組合せを，次ページの①〜⑥のうちから一つ選べ。

表2

順位	ニュージーランド		カナダ	
	1985年	2015年	1985年	2015年
1位	オーストラリア	オーストラリア	ベトナム	フィリピン
2位	イギリス	イギリス	ホンコン	インド
3位	アメリカ合衆国	インド	アメリカ合衆国	中　国
4位	サモア	中　国	イギリス	イラン
5位	カナダ	フィリピン	インド	パキスタン

中国には，台湾，ホンコン，マカオを含まない。
ニュージーランド統計局の資料などにより作成。

　　移民の受入国となるニュージーランドとカナダでは，言語が共通する国からの移民が多い。1985年をみると，ニュージーランドでオーストラリアやサモアから，カナダでアメリカ合衆国から移民が多いのは，　P　ことが影響している。2015年には，ニュージーランドとカナダとで共通する国からの移民が急激に増加しており，これは　Q　ためである。その一方で，　R　ために，2015年の移民数の送出国別順位にニュージーランドとカナダで違いがみられる。

サ　受入国での難民に対する政策が異なる

シ　経済発展した送出国との結びつきが強まった

ス　送出国と受入国とが地理的に近接している

	①	②	③	④	⑤	⑥
P	サ	サ	シ	シ	ス	ス
Q	シ	ス	サ	ス	サ	シ
R	ス	シ	ス	サ	シ	サ

7 比較地誌

解答・解説 ⇨ 89ページ

51 比較地誌 　★★★ 9分・15点

比較地誌に関する次のA～Cの文章を読んで、下の問い(**問1～5**)に答えよ。

A イギリス、ケニア、スリランカに関する次の文章を読み、下の図1を見て、下の問い(**問1～2**)に答えよ。

　ケニアとスリランカは、ⓐともにインド洋に面し、イギリスの植民地であった。また、ⓑ茶などの嗜好品の栽培に適した気候で、茶輸出量の世界上位を占めることも両国の共通点である。イギリスは茶輸入量で世界上位を占めており、茶の流通を介してケニア、スリランカと結びつきがある。この地域間の結びつきは、ケニアとスリランカからイギリスへの人の移動にも影響している。

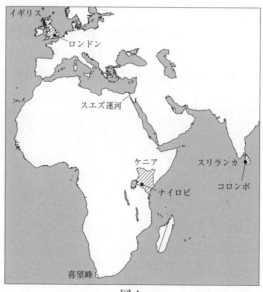

図1

問1　下線部ⓐに関して，インド洋航路の特徴とそれに関することがらについて説明した次の文章中の空欄**ア**と**イ**に当てはまる語の正しい組合せを，下の①～④のうちから一つ選べ。

　イギリスからケニアおよびスリランカまで航海するには，かつては喜望峰（きぼうほう）を経由せねばならず長い日数を要した。アフリカ東岸からスリランカへ向かう際は，（　**ア**　）に追い風を受けることができたため，所要日数の短縮につながった。

　19世紀にスエズ運河が開通したことにより，イギリスからインド洋への航海にかかる日数は大幅に短縮され，貨物輸送量も飛躍的に増加した。2000年代以降，スエズ運河を北から南へ通過して東アフリカへ直接向かう貨物量は，南アジアへ向かう貨物量よりも（　**イ**　）。

	①	②	③	④
ア	1月	1月	7月	7月
イ	多い	少ない	多い	少ない

問2　下線部ⓑに関して，次ページの図2中の**カ～ク**は，図1中のコロンボ，ナイロビ，ロンドンにおける月平均気温と月降水量を示したものである。地点名と**カ～ク**との正しい組合せを，次ページの①～⑥のうちから一つ選べ。

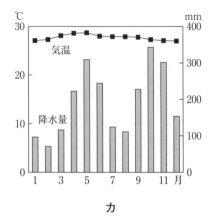

カ

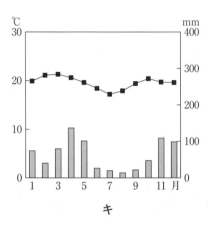

キ

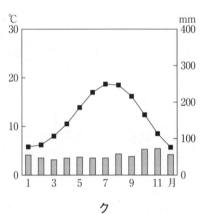

ク

気象庁の資料により作成。

図2

	①	②	③	④	⑤	⑥
コロンボ	カ	カ	キ	キ	ク	ク
ナイロビ	キ	ク	カ	ク	カ	キ
ロンドン	ク	キ	ク	カ	キ	カ

B　インドと南アフリカ共和国に関する，下の問い(**問3～4**)に答えよ。

問3　農業は自然環境の影響を受けることが多い。次の図1を見て，インドと南アフリカ共和国の自然環境と農業の特徴を述べた文として最も適当なものを，下の①～④のうちから一つ選べ。

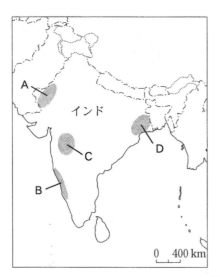
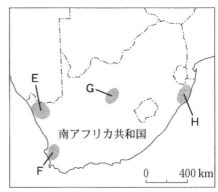

図3

① AとEではほとんど雨が降らず，灌漑_{かんがい}によるカカオ栽培がなされている。
② BとFでは冬に雨が多く，ブドウの大規模栽培がなされている。
③ CとGでは乾燥する期間が長く，綿花のプランテーション栽培がなされている。
④ DとHでは夏に雨が多く，ライ麦の高収量品種の栽培がなされている。

問4　インドと南アフリカ共和国の社会について説明した次の文章中の下線部
①～④のうちから，**適当でないもの**を一つ選べ。

　　インドのヒンドゥー教社会は，①<u>身分の上下関係と職業の分業が結びつい
た</u>カースト制に規定されてきた。都市部では近年，カースト制にもとづかな
い職業が情報通信技術（ICT）産業に登場するなど，新たな動きが社会に影響
を与えている。一方，就業機会を求めて②<u>貧困層が農村部から都市部へ流入
する</u>状況がみられる。

　　南アフリカ共和国では，アパルトヘイト（人種隔離政策）が実施され③<u>白人
の優位が維持されていた</u>が，アパルトヘイトは1990年代初めに撤廃された。
その結果，人種ごとに居住区が分けられていたヨハネスバーグでは都市構造
の再編が起こり④<u>郊外から都心部への商業施設やオフィスの移転が進んだ。</u>

C　EUに関する，下の問い（**問5**）に答えよ。

問5　EU各国において国際的な人口移動が活発であることを知ったユウさんは，移民の流れを示した次の図4を作成し，このような移動がみられる理由について考えた。次ページの**X～Z**は，ユウさんが考えた仮説を示したものであり，**サ～ス**は仮説を確かめるために集めたデータを示したものである。**X～Z**と**サ～ス**の組合せとして最も適当なものを，次ページの**①～⑨**のうちから一つ選べ。

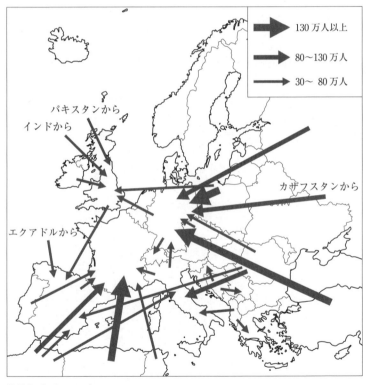

統計年次は2015年。
Trends in International Migrant Stock により作成。

図4

【仮説】

X　旧宗主国と旧植民地の国々との間では言語の障壁が比較的低く，雇用機会が不足し治安が悪い旧植民地から旧宗主国への人口移動がみられた。

Y　国境での審査なしで自由に出入国ができるようになり，先進国どうしの人々の相互移動が活発化し，大量の人口移動につながった。

Z　産業が発達している先進国とその他の国々との間の賃金格差が大きくなり，賃金水準の低い国々から先進国に向けて移民が流出した。

【データ】

サ　EU加盟国および周辺国における食料自給率についてのデータ

シ　EU加盟国および周辺国における大学進学率についてのデータ

ス　EU加盟国における1人当たり工業付加価値額についてのデータ

① X － サ　② X － シ　③ X － ス
④ Y － サ　⑤ Y － シ　⑥ Y － ス
⑦ Z － サ　⑧ Z － シ　⑨ Z － ス

8 日本

52 日本	★★☆	8分・12点

解答・解説 ⇨ 91ページ

日本に関する下の問い(**問1〜4**)に答えよ。

問1 次の図1は，いくつかの製造業について，全国の事業所数に占める各都道府県の事業所数の割合を示したものであり，**ア〜ウ**は，出版・印刷業，電気機械器具製造業，窯業
よう
ぎょう
・土石製品製造業のいずれかである。業種名と**ア〜ウ**との正しい組合せを，下の**①〜⑥**のうちから一つ選べ。

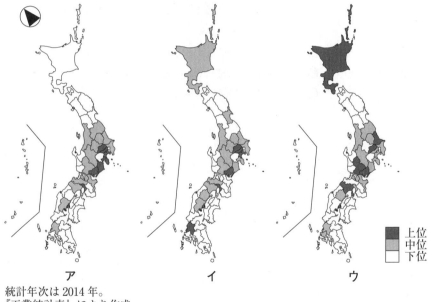

	上位
	中位
	下位

ア　　　　　　　**イ**　　　　　　　**ウ**

統計年次は2014年。
『工業統計表』により作成。

図1

	①	②	③	④	⑤	⑥
出版・印刷業	ア	ア	イ	イ	ウ	ウ
電気機械器具製造業	イ	ウ	ア	ウ	ア	イ
窯業・土石製品製造業	ウ	イ	ウ	ア	イ	ア

問2　経済活動の発展にともない，様々な種類のサービス業が成長することがある。次の図2中の**カ〜ク**は，各都道府県における情報関連サービス業，道路貨物運送業，農業関連サービス業*のいずれかについて，事業所数が全国の合計に占める割合を示したものである。業種名と**カ〜ク**との正しい組合せを，下の**①〜⑥**のうちから一つ選べ。

*作物の栽培から出荷までのいずれか1種類以上の作業を請け負う事業。

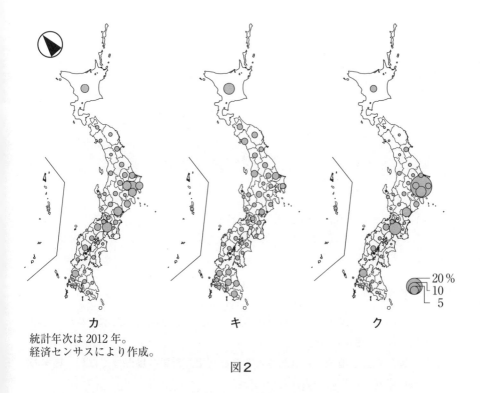

統計年次は2012年。
経済センサスにより作成。

図2

	①	②	③	④	⑤	⑥
情報関連サービス業	カ	カ	キ	キ	ク	ク
道路貨物運送業	キ	ク	カ	ク	カ	キ
農業関連サービス業	ク	キ	ク	カ	キ	カ

問3　近代の産業発展を物語る歴史的価値が注目されている遺構や現在でも操業
している施設には，立地条件をいかして成立したものが少なくない。次の図
4中の地点**A～C**は，こうした遺構や施設の立地地点を示したものであり，
下の**サ～ス**の文は，そのいずれかを説明したものである。**A～C**と**サ～ス**と
の正しい組合せを，下の①～⑥のうちから一つ選べ。

図4

サ　この地の製紙工場は，付近の豊かな林産資源を利用した木材パルプを原
料に操業を開始した。

シ　周辺の養蚕地域から供給される繭を利用した製糸場がつくられ，日本の
輸出指向型工業の先駆けとなった。

ス　付近のカルスト台地で産出する石灰岩を原料に操業を開始したこの地の
セメント工場は，各地の近代建築物の資材を提供した。

	①	②	③	④	⑤	⑥
A	サ	サ	シ	シ	ス	ス
B	シ	ス	サ	ス	サ	シ
C	ス	シ	ス	サ	シ	サ

問4　次のX～Zの文は，日本の人口30万人程度のいくつかの市区について，それらの市区のようすを述べたものであり，下の表1中のタ～ツは，それぞれの市区の昼夜間人口比率と年間商品販売額を示したものである。X～Zとタ～ツとの正しい組合せを，下の①～⑥のうちから一つ選べ。

X　行政と文化の中心となっている地方都市で，交通と経済の中心となっている隣接都市とは人口が競合している。

Y　大都市圏の副都心で，ターミナル駅付近には高層ビルが立ち並ぶ一方，その周辺には木造住宅や小さな工場が密集している地区もみられる。

Z　二つの大都市にはさまれた立地で，高度経済成長の時期に人口の急増がみられ，ベッドタウンとしての住宅開発が進んだ。

表1

	昼夜間人口比率	年間商品販売額（百万円）
タ	148.6	1,856,287
チ	104.5	1,005,158
ツ	86.5	515,895

統計年次は，昼夜間人口比率が2010年，年間商品販売額が2014年。
国勢調査などにより作成。

	①	②	③	④	⑤	⑥
X	タ	タ	チ	チ	ツ	ツ
Y	チ	ツ	タ	ツ	タ	チ
Z	ツ	チ	ツ	タ	チ	タ

— *memo* —

— memo —

写真提供・協力：ユニフォトプレス

短期攻略 大学入学 共通テスト 地理 B

著　　　者	阿　部　恵　伯
	大　久　保　史　子
発　行　者	山　﨑　良　子
印刷・製本	株式会社日本制作センター
発　行　所	駿 台 文 庫 株 式 会 社

〒101-0062　東京都千代田区神田駿河台1-7-4
小畑ビル内
TEL. 編集 03(5259)3302
販売 03(5259)3301
《① － 352pp.》

ISBN978-4-7961-2351-8　Printed in Japan

駿台文庫 Web サイト
https://www.sundaibunko.jp

駿台受験シリーズ

短期攻略

大学入学 共通テスト

地理B

解答・解説編

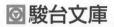

★大学入学共通テスト新傾向問題★ ……… 2

【系統分野】

1 地図 ………………………………… 5

2 地理情報 ……………………………… 6

3 地形図の読図 ………………………… 7

4 新旧の地形図 ………………………… 8

5 地域調査 ……………………………… 9

6 地形図上の景観 ……………………… 11

7 大地形 ………………………………… 12

8 小地形 ………………………………… 14

9 海洋・河川・地下水 ………………… 16

10 地形図や図・写真から見る地形 … 17

11 大気大循環 …………………………… 19

12 各地の気候 …………………………… 20

13 植生・土壌 …………………………… 22

14 気候に関する統計グラフ・図 …… 23

15 自然災害 ……………………………… 25

16 環境問題 ……………………………… 27

17 世界の農牧業 ………………………… 29

18 農作物の原産地，農法，食料問題 31

19 農業統計 ……………………………… 33

20 日本の農牧業 ………………………… 35

21 林業 …………………………………… 36

22 水産業 ………………………………… 38

23 資源・エネルギー …………………… 39

24 工業立地 ……………………………… 41

25 世界の工業 …………………………… 42

26 日本の工業 …………………………… 44

27 生活行動 ……………………………… 46

28 交通・通信 …………………………… 48

29 国際化・投資 ………………………… 50

30 貿易 …………………………………… 51

31 国際協力 ……………………………… 53

32 人口モデル …………………………… 55

33 世界の人口・人口問題 ……………… 56

34 日本の人口・人口問題 ……………… 57

35 村落と都市 …………………………… 59

36 都市機能 ……………………………… 60

37 都市問題 ……………………………… 62

38 衣食住 ………………………………… 64

39 民族・宗教 …………………………… 65

40 国家・国家群 ………………………… 68

【地誌分野】

41 東アジア ……………………………… 70

42 東南アジア …………………………… 71

43 南アジア ……………………………… 72

44 西アジア ……………………………… 73

45 アフリカ ……………………………… 76

46 ヨーロッパ …………………………… 78

47 ロシアとその周辺諸国 ……… 80

48 北アメリカ …………………………… 82

49 中央・南アメリカ …………………… 84

50 オセアニア …………………………… 87

51 比較地誌 ……………………………… 89

52 日本 …………………………………… 91

大学入学共通テスト新傾向問題

問1 ④ 問2 ② 問3 ⑤ 問4 ④ 問5 ④

·· **設問解説** ··

　資源・エネルギーの開発と工業の発展に関する模式図をもとに，統計表，写真，図などを用いた出題がなされている。

問1　模式図中ⓐの「資源・エネルギーの開発」における「化石燃料」に関する出題である。**原油の埋蔵は西アジアに偏在**している。このことは押さえておこう。埋蔵量の約５割，産出量でも約３割を西アジアが占めている。天然ガスは原油とともに埋蔵されているものが多く，**西アジアは天然ガスでも埋蔵量の約４割を占めている**（産出量は２割弱）。一方石炭は，古期造山帯での産出・埋蔵が多いことから，新期造山帯や安定陸塊からなる西アジアには埋蔵は少ないと考えられる。よって，石炭の埋蔵量が少ない①が西アジアとなる。

　　他の②③④のうち，石炭の埋蔵量が多い③は，大陸に古期造山帯を含む北アメリカと判定する。アメリカ合衆国では，アパラチア山脈付近の炭田のほか，内陸のイリノイ炭田，西部のロッキー炭田など，多くの炭田が存在している。

　　残った②④で大きな差異が認められるのは，石油の埋蔵量と石炭の可採年数である。ブラジルでは，近年リオデジャネイロ沖の海底油田の開発が進むなど，産出量が急激に増加しており，国内需要のすべてが賄える状態となっている（自給率約133％，2017年）。さらにサンパウロ沖などでも新油田が発見されて開発が進められており，埋蔵量は多いと考えられる。よって②を中・南アメリカと判定する。また，石炭の埋蔵量で②と④がほぼ同程度であることに注目すると，可採年数は「埋蔵量÷年間生産量」で求められることから，現在の石炭産出量は②＜④ということになる。国土に古期造山帯を含む南アフリカ共和国は石炭産出国として知られ，中・南アメリカ最大の産出国コロンビアより産出量が多いことから，大陸全体の産出量の多寡を想定し，可採年数が少ない④をアフリカ，それが多い②を中・南アメリカと判定することもできる。正解は④である。

問2　模式図中ⓑの「資源・エネルギーの開発」と「工業の発展」に関する出題である。下線部①は知識問題である。鉄鉱石の産出量では，中国への輸出増により産出量が増加したオーストラリアが世界第１位，国土の大半が安定陸塊で占められ古くから鉄鉱石の産出国として知られるブラジルが第２位であり，輸出もこの両国が上位１，２位を占めている（オーストラリアは世界の約50％，ブラジルは約25％）。よって①は正しい。

　②の原油の輸入量が多い国は，消費量と産出量から推測することができる。日本は，原油の産出量がごくわずかであるため，そのほとんどを輸入に依存しており，輸入量は世界有数である。しかし，経済の発達度や人口規模を考えると，3億を超える人口を擁し経済規模，水準ともに世界最高のアメリカ合衆国や，約14億の人口を擁し急速な経済発展を遂げつつある中国の国内消費量は，日本よりはるかに多いと推察できる。両国が原油産出国であることを考慮しても，輸入量は日本より多いはずである。よって「原油の輸入量を国別でみると，最大の国は日本」は誤りであり，②が正解となる。なお，2016年の原油の最大の輸入国はアメリカ合衆国（約17％），2位は中国（約17％），日本はインドに次いで世界4位である。

　石油化学コンビナートはエチレンプラントを中心にいくつもの工場を送油管やガス管で結んだ施設で，原油の精製過程で生じるナフサなどを主原料に化学繊維など様々な化学製品がつくられる。1930年代にアメリカ合衆国で始まった工業で，第二次世界大戦後に世界に広まり，規模の拡大やオートメーション化が進んだ。鉄鋼業でも第二次世界大戦後，鉄鉱石から銑鉄を取り出す高炉をもち，製鉄，鋳造・圧延まで一貫して行う**鉄鋼一貫工場**がつくられるようになった。よって**③**は正しい。

　1人当たりのエネルギー消費量は，経済水準に比例する傾向があり，発展途上国より先進国で多い。しかし工業製品の消費量は，急速な経済発展によって，モノを持たなかった発展途上国の人々の消費意欲が旺盛となり，その増加率は先進国より高い。よって**④**は正しい。。

問3　模式図ⓒの立地変化に関する出題である。鉄鋼業の資源使用量の変化と，輸送費の観点から，年代により立地がどのように変化したかを考える問題である。表2に示されたように，鉄鋼製品1トンをつくるために使用される石炭と鉄鉱石の量は時代を経るにしたがい減少した。特に石炭の使用量の減少割合が大きく，1901年の4トンから2000年には0.8トンと，80％の減少となっている。このことから，石炭使用量が多かった1900年前後には，輸送費削減のために石炭産地に立地が集中し（**ウ**が該当），石炭消費量が減って鉄鉱石と使用量がほぼ同程度となった1960年前後には鉄鉱石産地にも立地するようになり（**ア**が該当），さらに図2の下の枠に示された仮想の条件——「1970年代以降…露天掘りは産出量が増加（その産地は南東側の国の△□）して，図中の南東側の国が資源輸出国となった」——から，2000年前後には，鉄鉱石と石炭の輸入に便利な貿易港を持つ都市周辺に立地移動した（**イ**が該当）と考えられる。よって**⑤**が正解となる。

問4　模式図中ⓓについて，東アジア・東南アジアにおける発展途上国の工業化に関する正文判定問題である。

　工業化の方向として，初期段階には，その時点で輸入に依存している製品の国内生産を目指す**輸入代替型**が進められるが，次段階では外資を導入し，外貨獲得のため輸出向けの製品生産を行う**輸出指向型**に変化する。よって①は逆行しており，誤りである。

　中国やベトナム，タイなど，東アジア・東南アジアの国々では，繊維や機械など**労働集約型**の工業化が進展中である。輸出指向型であるため，先進国への製品輸出が増加し，先進国からの材料や部品輸入も増加しているが，中国は同じ東アジアに位置する日本や韓国との貿易が増加し，東南アジア諸国も AFTA（東南アジア自由貿易協定）を結び，部品の相互補完を行うなど，地域内の貿易額も増加している。よって②は誤りである。

　中国は，鉄鋼業や自動車工業で世界最大の生産国となっているが，工業化の中心業種は労働集約型の繊維や機械などである。内陸の農村部から沿岸部の工業都市に労働力の大量移動がみられ，都市人口は増加している。また，1970 年代末以降，**経済特区**の設置などによって沿岸部が重点的に開発されたため，西部の内陸地域との経済格差が拡大して問題となったが，その差は改善されたとはいえない。よって③は誤りである。

　東南アジアにおいては，タイのバンコク周辺に外国資本による自動車工場が集積し，"東洋のデトロイト"と呼ばれているが，マレーシア，インドネシア，フィリピンなどにも最終組み立て工場が立地しており，部品の相互供給が進んでいる。よって④は正しく，これが正解である。

問5　模式図中ⓔの再生可能エネルギーに関する出題である。まず**地熱発電**は，地中の熱や蒸気を利用して行われることから，**火山が分布する国で盛ん**である。よってフィリピン，インドネシア，ニュージーランド，メキシコという火山活動が活発な国が上位を占める**カ**が地熱となる。**水力発電**は，ダム建設のために豊富な**水量**と大きな**落差**が必要となる。降水量の多い熱帯や融雪水が豊富な高緯度に位置し，広大な面積を有する国で特に水力発電量は大きくなる。よってブラジル，カナダ，ロシアが含まれる**ク**が水力となる。なお，ダム建設の要件を満たす日本でも，高度経済成長期には多くのダムが建設され，電力供給の主力を担ったが，現在は国内発電量の10%弱を占めるに過ぎない。残った**キ**が，バイオマスである。バイオマス発電は，生物資源を利用するもので，木くず，家畜の糞尿，生ゴミ，廃油などを燃焼させて行われる。日本でも林業から出る間伐材や端材を利用した発電に取り組む自治体が増えている。また，4位のブラジルでは，サトウキビの搾りかすや，収穫後に農地に残る葉や茎を利用した固形燃料を燃焼させて行われる。以上のことから正解は④となる。

系統分野／1　地図・地形図

1　地図

問1　⑥　　問2　④　　問3　③　　問4　④　　問5　①

•••••••••••••••••••••••••••••••• **設問解説** ••••••••••••••••••••••••••••••••

問1　地図**A**は，地球が球体であることが明らかになった18世紀ごろの世界図である。ヨーロッパ，アメリカ大陸やアフリカ大陸などは比較的精度が高くなっており，**ウ**に該当する。地図**B**は，キリスト教の世界観で表現された**TO図**(OT図)であり，**イ**に該当する。**地球球体説**が否定され，科学性が失われた中世ヨーロッパの世界地図である。**O**は世界をとりまく海(オケアノス)，**T**の横線はタナイス川(現在のドン川)とナイル川，縦線は地中海である。上(東)半分がアジア，左(北)下がヨーロッパ，右(南)下がアフリカを表している。地図**C**は，150年ごろの**プトレマイオス**の世界図であり，**ア**に該当する。丸い地球を平面に投影した最初の世界図で，円錐図法で作成されたものである。

問2　**正距方位図法**は，図の中心から任意の点までの距離と方位が正しく表現される図法である。よって，図中においてブラジリアから直線距離が最も短いローマの飛行距離が最も短くなる。次いでアンカレジ，ケアンズであり，東京が最も遠くなる。

問3　**A** − **B**は北緯60度上に位置しており，経度差は90度である。**北緯60度の緯線周囲は，40,000km × cos60° ＝20,000km** となる。よって**A** − **B**間は，20,000×(90度÷360度)＝5,000kmとなる。

問4　**ミラー図法**は，**メルカトル図法**に比べて，①で示されているように**高緯度地方の緯線の間隔が短くなるように調整されている**。そのため，極地方のゆがみが小さく，極地方まで描きやすい。②で示されているように，世界全図など広域を示す地図により適している。ただし，円筒図法の一種であるため，③で示されているように，面積は正しく表現できない。さらに，図中の任意の2点を結ぶ直線も大圏航路(最短経路)を示していない。よって④が誤りとなる。

問5　ホモロサイン図法は，ジョン・ポール・グードが考案した図法で，**モルワイデ図法**(ホモログラフ図法)と**サンソン図法**(正弦曲線図法)を南北の40度44分11.8秒の緯線で接合した。形の歪みを小さくするために，**低緯度側にサンソン図法，高緯度側にモルワイデ図法を用いて，海洋部に断裂を入れている**。サンソン図法とモルワイデ図法はどちらも正積図法であるため，ホモロサイン図法も正積図法であり，分布図に適している。

2　地理情報

問1　②　　問2　②・⑤　　問3　④　　問4　②　　問5　③

・・・・・・・・・・・・・・・・・・・・・・・・・・・・・　設問解説　・・・・・・・・・・・・・・・・・・・・・・・・・・・・・

問1　絶対分布図は，数値の絶対値を点や図形に置き換えて，その数量が分布する位置に示した統計地図である。ドットマップ，等値線図や図形表現図などが含まれる。相対分布図は，密度・平均値・比率などの相対値を用いて，その状況を示した統計地図である。階級区分図やメッシュマップなどが含まれる。図1は綿花の生産額を絶対値の円の大きさで表現した地図である。絶対分布図（①・②）の図形表現図（②・④）であり，②が正解となる。

問2　階級区分図（コロプレスマップ）は，統計数値をいくつかの階級に区分し各階級ごとに異なる凡例により表現した地図であり，密度の比較に適した相対分布図の一つである（①）。②ドットマップは，事象の数量や分布を点（ドット）で表現した地図であり，絶対分布図の一つである。降水量や気温の地域差は点では表現しづらく，等値線図が適している。等値線図は，地図上の同じ数値の地点を結んだ絶対分布図である。桜前線図や地価分布図など他地域との比較を容易にすることができる（④）。メッシュマップは，等しい面積の区画（網＝メッシュ）にその区画の情報を示した地図である。行政区画にとらわれずに区域の事象を表すことが可能で，アメダスのメッシュ観測図やコンピュータマップなどに利用されている（③）。⑤流線図は，移動の量や方向を線によって表す統計地図である。移動量の絶対値を示す場合は絶対分布図となるが，平均値などの相対値や方向だけを示した流線図は相対分布図となる。移動を考慮しない，駅ごとの貨物取扱量や乗降客数の場合は流線図では表現できず，図形表現図が適している。カルトグラム（変形地図）は，各地域の統計値をもとに面積や形を変形させた地図である。実際の面積や形と大きく異なるが，統計値を視覚的にわかりやすく表現したもので，世界各国の国民総所得や人口などを面積に置き換えた地図などが知られている（⑥）。メンタルマップは，記憶の中に構成されているイメージの位置や施設を地図にしたものであるが，実測図と差異が生じることもある（⑦）。GIS（Geographic Information System）は，コンピュータを用いて蓄積されたデータを地図上に表現する地理情報システムのことである。様々なデータを組み合わせてデータベースを作成したり，検索や解析を行ったりすることができる（⑧）。

問3　災害のタイプと災害の範囲を考慮すればよい。浸水災害の場合，津波であれば海岸周辺の災害が顕著となり，河川氾濫であれば河川周辺となる。急傾斜地の崩壊の場合は，等高線から読み取ることができる急傾斜地であり，海洋や河川から離れた内陸での出現も見られることになる。よって，最適な組合せは④となる。

問4　本問は人口の**カルトグラム**であるため，図の面積が大きい国は人口数が多いことになる。また凡例から考慮すれば，②は正しい。国土面積はわからず，中位の国が多いので，①は誤りである。同様に，人口増加率もわからず，高位の国は少ないので，③も誤りである。ラテンアメリカは人口密度が中位や低位の国が多いといえるが，メキシコからパナマ，カリブ海諸国の中央アメリカは南アメリカに比べて低位の国は少ない。よって，④も誤りである。

問5　図5－カからは大分市の人口が増加したことがわかる。キからは**大分市の女性の25歳以上労働力率が上昇している**ことがわかる。クからは大分市役所周辺で6歳未満の世帯員がいる世帯数が多いことがわかる。この読み取りと図4中の仮説を組み合わせればよい。よって，③の組合せとなる。

3　地形図の読図

| 問1 ③ | 問2 ① | 問3 ③ | 問4 ② | 問5 ① |

設問解説

問1　**扇状地**は谷口を中心として扇状に形成された砂礫の堆積地形である。③砂礫は上流から下流に運ばれるため，下流側（**Y**）の礫は上流側（**X**）より小さくなる。なお，扇状地は河口付近に粘土層が堆積する三角州と異なり粗い礫であるため，河川水は**伏流**しやすく，地表では**水無川**となることも少なくない。よって，①と②は誤りである。

問2　**A・B・D**は**自然堤防**，**C**は**後背湿地**である。**A**と**B**の間，**B**と**D**の間の田が**旧河道**である。等高線や標高差から判定できるように，勾配は緩やかであり河川は蛇行（①，②）していた。①自然堤防は砂質の微高地であるため畑・果樹園・宅地などとして利用され，後背湿地は泥質で保水性が高いこともあり田として利用されている。

問3　**犀川の上流から下流をみたとき，辰巳用水は犀川の右側になるため，①は正しい。**断面図には標高と距離が示されている。標高差は95 m－50 m＝45 m，距離は4,400 m＋3,950 m＋2,700 m＋750 m＝11,800 mなので，②も正しい。**B**～**C**区間には建物密集地（🏘）となっており，工場（⚙）は読み取れない。よって，③が誤りとなる。なお，この地形図右上の方位から，北は地形図左上側になるため，建物密集地の記号が▦のようにみえてしまう。**C**→**B**にかけては2,700 mの距離で28 mの高低差がある。**D**→**C**の3,950 mの距離で4 mの高低差にくらべ，傾斜が急になっていることがわかる。よって④も正しい。

問4　**A**の八町（はっちょう）の周囲に灌漑・排水用の水路を読み取ることができる。土地区画や軽車道（─）の形状から，この水路付近が旧河道と考えられる。よって，①は正しい。**B**

の上惣と永田の神社間は地図上4cmである。2万5千分の1地形図なので，直線距離はおよそ1kmである。よって**②**は誤りである。**C**の中央部には，0mの等高線を読み取ることができる。その東側にも0mの標高点がある。ここから，0mの等高線の東側は大半が0m未満の標高となる。よって**③**も正しい。**D**の姉川上分や姉川下分，上黒井の集落の周りの水路は細長く，この一帯には区画整理された田も広がっている。よって，農業用と考えられるため**④**も正しい。

問5　カの範囲には針葉樹林（∧）や広葉樹林（Q）がみられない。よって，防風林を読み取ることができず，**①**は誤りである。キの範囲を流れる河川の両岸には堤防（┼┼┼┼ や ┼┼┼┼）がみられる。よって，**②**は正しい。地形図南東のため池の堤防上に三角点（▲72.6）があり，その付近から70mの主曲線が伸びている。その北側の**L**地点に65mの補助曲線を読み取ることができる。よって，クの範囲を流れる米川は東から西に向かって流れており，**③**は正しい。なお南北に走行する国道上に，水準点（⊡58.0）や標高点（・55）があり，ここからも河川の流れる方向を判定することが可能である。ケの東西範囲は，地形図上で2cmである。縮尺は2万5千分の1なので，市街地は約500mとなる。よって**④**も正しい。

4　新旧の地形図

問1 **①・③**　　**問2** **③**　　**問3** **①**　　**問4** **②**　　**問5** **②**

設問解説

問1　1994年には**①**着色（うす墨色）や道路番号（大下町付近）で判断できる国道が切断されていること，民営鉄道が運行休止中（+++）であることを読み取ることができる。一方1997年には道路が修復され，**③**不連続堤が築かれた新流路が建設されている。さらに，新流路下流部に位置した集落が無くなり，あんとく駅を北方に移動させて鉄道が復旧し（**⑤**），**①**中安徳町の東方に埋立地が造成されている。なお，水無川左岸に位置する天神元町や札の元町は西北西の高まりにより火砕流等の被害から免れたと考えられ（**②**），右岸地域は火山灰の被害が少なく畑地利用が続いている（**④**）。

問2　赤生原の南に（〰）を読み取ることができる。これは，岩の記号であるが溶岩と考えられる。赤生原の集落に変化はみられないので，**①**は誤りである。1902年の地形図では，果樹園（○）が赤生原の南にみられる。2005年の地形図では，溶岩が迫っているものの，読み取ることができる。よって**②**も誤りである。**1902年にみられた烏嶋は2005年に読み取ることができない**。大正溶岩で覆われ桜島につながったと考えられる。よって**③**は正しい。三角州（デルタ）は河川河口部に土砂が堆積して形成される。溶岩により形成されるわけではないので，**④**は誤りである。

問3　凡例や地図記号の読み取り問題である。**1948年にみられた南岸の黒崎地区東部**や大桑島の丘陵地東部，黒崎地区の対岸などの塩田は，**市街地化がすすんでいる**。また黒崎地区西部の水田地帯も宅地化がすすんでいる。よって**①**が誤りである。海峡中の鍋島の上には小鳴門橋が架けられている。よって**②**は正しい。南岸の干潟は埋め立てられており，競艇場の関連施設が立地している。よって**③**も正しい。1948年の小鳴門海峡には３か所の渡し船航路を読み取ることができる。2005年にはそれが２か所になっている。よって**④**も正しい。

問4　かつての惣構は，道路として整備されたところも多い。しかし，すべてが広い幅員の道路というわけではなく，環状道路とも言いづらい。よって**①**は誤りである。金沢城の南東に位置していた**上級武家屋敷地区には，兼六園や高等学校（⊗），小・中学校（文），博物館・美術館（血）などの文教施設を読み取ることができる**。よって**②**は正しい。金沢城の西に位置していた町屋地区は，拡幅されて国道となり，建物密集地（◰）となっている。市役所（◎）は金沢城の南に位置する上級武家屋敷地区，官公署（ち）は金沢城の西であるが町屋地区より東に位置している。よって**③**も誤りである。金沢城の南西には寺院（卍）群が変わらぬ位置に読み取れる。よって**④**も誤りである。

問5　新旧の地図を比較する問題は，地図上の記号を探す問題でもある。駅前から北に延びる大通りに路面電車や停留所（—▭—）を読み取ることができる。よって，**①**は正しい。**フェリーの発着所（⚓）は旧師範校の西へ500m以上ずれている**。よって，**②**は誤りである。『歩四七』の跡地には大分大や（文）の地図記号を読み取ることができる。よって，**③**は正しい。大分城の北東には区画整理された地区を読み取ることが可能であり，建物記号も読み取ることができる。よって，**④**も正しい。

5　地域調査

問1　①　　問2　⑤　　問3　④　　問4　③　　問5　①　　問6　④

························　設問解説　························

問1　地形図は調査時点の結果を表している。**河川の流水はその時点の結果であり，渇水時や降雨後など流量変化も含めて変わっていることがある**。よって，**①**は正しい可能性がある。安倍川を出発すると，車窓の進行方向右側に山地が見える。ただし，果樹園（ㅇ）であり，西側にわずかに存在する針葉樹林（∧）は尾根に隠れて見えない。よって，**②**は誤りである。用宗駅付近を走行している時間は，静岡駅を午前10時に出発しているので12時前と考えられる。南中前であり日差しは東側，すなわち進行方向の左側から差し込むはずである。よって，**③**も誤りとなる。用宗−焼津間のトンネ

ルを出た所からビール工場までの間は，進行方向左側に100mを超える山並みが続いており，海は見えない。よって，④も誤りである。正解の可能性は①しかない

問2　東京と対比しながら特徴を読み取ればよい。アは東京よりわずかに温暖であるが，傾向は類似している。イの冬季は温暖であるが，夏季の気温は同じであり，年較差が小さいと読み取ることができる。ウは年間を通して東京より低温である。よって，東京より高緯度で標高が高い軽井沢はウ，ほぼ同緯度の静岡はア，東京より低緯度で海に囲まれた八丈島はイとなる。

問3　カは高位が点在しているが，西部・内陸の方がやや密である。キは静岡や焼津周辺に高位が密集している。クも高位が点在しているが，東部・沿岸の方が密である。第3次産業は都市化の進んだ地域で高くなるのでキ，老年人口の増加率はすでに老年人口率が高い地域で増加しづらいのでク，内陸の山間部は過疎化などが進み老年人口率が高位と考えられるのでカとなる。

問4　「すべて選べ」という形式の設問は，センター試験では見られなかった共通テストの特徴である。ただし，各内容の正誤を判定することに変わりはない。写真1からは高所に向かう階段が見受けられる。しかし，連続性や壁となっておらず洪水による浸水は防げない。液状化は地下構造や地質が関係しており，液状化を防ぐ施設とはならない。また山地斜面から離れた施設であることから，土石流自体を防ぐことはできない。よって，③のみが正しいといえる。

問5　Mの東側は山地となっている。またMの南側は台地や段丘に囲まれた谷底平野であるため，斜面が崩壊すると災害危険性が高い。よって，サは正しい。Lの北東に位置する寺院との間には崖が見られ，西方には上流で蛇行している河川が流れている。よって，シも正しい。Nは河川敷であり，洪水の危険性は高い。よって，スも正しい。

問6　日本は4つのプレートが集まる変動帯であり地震が多く，気団・季節風・台風の影響により降水量も多い。よって，①は正しい。武田信玄が考案したともいわれる霞堤は上流部と下流部の堤防が重なるように，ただし開口部を設けた不連続な堤防である。洪水時には開口部から水が逆流して，堤内地を湛水させることで下流への流量を減少させる仕組みである。よって，②も正しい。江戸時代以前は科学的見地からの防災対策は難しかった。そのため，経験則として沖積平野では自然堤防上や扇端など災害危険性の比較的少ない場所に集落が形成された。しかし，人口が増加し，居住適地が減少してくると，防災対策を施しつつも地形からみて自然災害の危険性がある場所へも住宅地が拡大した。よって，③も正しい。近年は建築・構造物などによる防災対策やハザードマップ作成など，危機管理が進んでいる。よって，死者数が減少傾向にある。しかし，経済的損失は以前より増大している。いずれにしても，被害は同程度ではないので，④は誤りである。

6　地形図上の景観

問1　②　　問2　③　　問3　④　　問4　③

・・・・・・・・・・・・・・・・・・・・・・・・・・・・・・・・・　**設問解説**　・・・・・・・・・・・・・・・・・・・・・・・・・・・・・・・・・

問1　写真の撮影地点を特定する問題には，**地形図上で読み取ることができる施設や土地利用が撮影されている**。②写真には幅員1.5m未満の小道の両側に広がる畑や林（広葉樹）を読み取ることができる。A地点からは，幅員の広い道路上からの撮影であり，背後の屋敷林の前に住居がみえるはずである（①）。C地点からは，住居や幅員の広い道路の背後に屋敷林がみえるはずである（③）。D地点からは，1.5m〜3.0mの道路の右（北）側に畑がみえ，左（南）側には針葉樹がみえるはずである（④）。

問2　B地点からみえる施設や土地利用を地形図上で判断すると，**畑や荒地の背後に小・中学校を読み取ることができる**。A地点からは前面に田が広がり，C地点からは温室・畜舎（▨▨▨），D地点からは田の背後に煙突のみえる工場や左（北）側に道路がみえる写真となる。よって，**Aは①，Bは③，Cは②，Dは④**となる。なお，田や畑の場合，撮影時期により作物の成長状況が異なってくることにも注意したい。

問3　Aには田（ıı），Bには畑（ⅴ）を読み取ることができる。Bの畑に該当する説明文は「水はけの良い砂地」とある**キ**であり，写真は畑が広がる**シ**となる。よって組合せは**④**である。なおレンコンは「蓮根」であり，「ワサビ」などとともに田（ıı）で表す。説明文の**カ**には「氾濫原の後背湿地」とあり，写真の右手前に水域も確認できることから**サ**と判定できるであろう。

問4　図から島田が下流，地名が中流，奥泉が上流と判定できる。**写真からは川幅と山地の有無を確認することができる**。Aは山地を確認できるが川幅が広いことから中流，Bは平坦地が広がり川幅が広いことから下流，Cは山地が川に迫り川幅も狭いことから上流と判定できる。よって**③**の組合せとなる。

2　地形

7　大地形

問1　③　　問2　②　　問3　②　　問4　③　　問5④

‥‥‥‥‥‥‥‥‥‥‥‥‥‥‥‥‥‥‥‥‥‥　**設問解説**　‥‥‥‥‥‥‥‥‥‥‥‥‥‥‥‥‥‥‥

問1　A海域は紅海である。アフリカ東部を南北に走行し，広がるプレート境界である**アフリカ大地溝帯**の一部が沈水したもので，**①**は正しい。B地域にはヒマラヤ山脈がある。同地域は，インド・オーストラリアプレートとユーラシアプレートの衝突（密度の小さい大陸プレートどうしの衝突）により形成された大山脈で，**②**は正しい。C地域には，世界最深の海淵を含むマリアナ海溝が走行している。同海域は，フィリピン海プレートと太平洋プレートという二つの海洋プレート（大陸プレートに比べて密度が大きく重い岩盤で構成される）がぶつかり，沈み込みにより深い**海溝**が形成されている。よって**③**は誤りである。なお**③**の文は，**大西洋中央海嶺**をはじめとする海嶺について説明したものである。D地域には**サンアンドレアス断層**が走行している。同断層は，二つのプレートが水平方向にずれて形成されたものである。よって**④**は正しい。

問2　図2中のAは，スカンディナヴィア山脈を横切っている。Bはバルト海沿岸の楯状地に引かれ，Cはスペインの海岸からピレネー山脈を横切り，Dはドナウ川の河口付近から**新期造山帯**のカルパティア山脈へと引かれている。●はいずれも海岸に付されているが，Aの西岸にはフィヨルドが発達することから，山脈が海に迫っているもの，あるいは海岸に低地がないものを選べばよい。よって**②**か**④**に絞ることができる。スカンディナヴィア山脈は**古期造山帯**に属し，また山脈の東側はバルト海沿岸の**安定陸塊**へと続いていくことから，標高があまり高くなく，東へ緩やかに傾斜した**②**がAの断面図となる。一方の**④**は，Cに該当する。イベリア半島は大部分が標高600m程度の台地で占められており，海岸部に平野が少ない。さらにCが横切るピレネー山脈は高峻で，フランスとスペインの国境山脈ともなっている。**④**はこれらの特徴がよく表れている。残った**①**は全体に低平なことから，バルト海沿岸の安定陸塊の平地に引かれたBである。**③**は，ドナウ川河口付近の平野から新期造山帯の山脈へと続いていく様子が見てとれ，Dが該当する。

問3　モルディブ諸島は活火山ではなく**サンゴ礁**からなる島々である。モルディブ諸島の南西部を，プレートの広がる境界である海嶺が走行しているが，この付近には活火山は分布していない。よって**②**が誤りである。モルディブ諸島は標高が低いため，**地球温暖化**による海面上昇の影響が危惧されている。**①**の**ゴンドワナランド**は古生代

から中生代に存在したとされる安定陸塊の一つで，その後，分裂・移動して，現在はアフリカ大陸・アラビア半島・インド半島・オーストラリア大陸(中西部)・南アメリカ大陸(中東部)などとなっている。安定陸塊は，長い間の侵食によって平坦化され広大な平野になったり，隆起して高原になったりしているところが多い。③の環太平洋造山帯とアルプス・ヒマラヤ造山帯はインドネシア東部で接しており，その海域はスラウェシ島のような複雑な形状の島を含む多島海となっている。地図帳で確認しておこう。④のアフリカ大地溝帯は，ザンベジ川河口付近からタンガニーカ湖を経てエチオピア高原へと伸びる幅30〜60km程の細長い溝で，さらに紅海や死海へと続く。プレートの広がる境界に当たり，活発な地震活動や火山活動(キリマンジャロ山など)もみられる。よって①・③・④は正しい。

問4　①のアフリカ大陸東部の大地溝帯は，地球内部からマグマが上昇する広がるプレート境界に当たっている。よって①は適当ではない。②のアンデス山脈は新期造山帯に属し，活発な造山運動が続いている。この造山運動は中生代後期に始まるものであり，②は適当ではない。③のカナダ楯状地は，先カンブリア時代に造山運動を受けた後は，緩やかな造陸運動がみられるのみの安定陸塊に属する。6億年以上という長期にわたる侵食を受けた結果，起伏の小さい地形となっている。よって③は正しい。④の東ヨーロッパ平原は，広大な構造平野からなる。地殻変動のみられない安定陸塊上の水平な地層からなる地域が，長期にわたる侵食によって形成された大平原である。地震や火山噴火もみられず，④は適当ではない。

問5　こういった問題では，地震帯と一致する新期造山帯のラインを図5中に記入してみるとよい。カムチャッカ半島，日本列島，台湾，フィリピン，ニューギニア島，ニュージーランドに至る環太平洋造山帯と，スラウェシ島付近からジャワ島，スマトラ島，ヒマラヤ山脈へと続くアルプス=ヒマラヤ造山帯のラインである。そうすることにより，Cの範囲では北緯45度以北と赤道付近以南に，Bの範囲では北緯45度付近から南緯10度付近に至る地域に，Aの範囲は南緯10度付近から北緯30度付近に至る地域に，地震が起こりやすいことは容易に把握できる。よって④が正解となる。

8 小地形

.... **設問解説** ....

問1 ①の**卓状地**は，楯状地とともに安定陸塊にみられる地形の一つで，先カンブリア時代の岩盤上に水平に堆積した地層の侵食地形で，周辺の低地とは急崖で境されている。よって①は正しい。②の**Ｖ字谷**は，河川水の下刻作用により形成された侵食地形である。よって②は正しい。③の構造平野は，水平な地層からなり，地盤が安定した地域が，長期にわたる侵食により形成された平野である。一方，河川中・下流部の堆積作用により形成される地形は**氾濫原**であり，**後背湿地**や**自然堤防**などがみられる。よって③は適当ではない。新期造山帯では地震などにより活発な**断層運動**がみられる。断層崖で両側を境された落ち込み帯は**地溝**であり，そうした地域は周囲を山地で囲まれた盆地となりやすい。近江盆地や米沢盆地などはその好例である。よって④は正しい。

問2 まず，図１中のＡ〜Ｃがどのような地形を指しているかを確認する。Ａは，河川に沿った崖の上の平坦面，すなわち河岸段丘面に付されている。Ｂは扇状地の扇端に，Ｃは蛇行する河川の氾濫原に付されている。**ア**と**イ**の文には地形を構成する堆積物が示されている。**扇状地は礫**(れき)(一般には拳より小さい石)**や砂，氾濫原の微高地は砂，後背湿地は砂や泥**，ここでは問われていないが河口の**三角州では泥**と，河口に近づくにつれ堆積物の粒径は小さくなっていく。このことから，**ア**の「河川近くの砂などが堆積した微高地」は氾濫原の**自然堤防**，「河川から離れた砂や泥の堆積した水はけの悪い土地」は氾濫原の**後背湿地**と判断でき，**ア**は**Ｃ**となる。一方**イ**は，「砂や礫が堆積して形成された土地」であることから，氾濫原より上流側の地形，すなわち**扇状地**を指しているとわかる。**扇央**部は厚い砂礫の堆積層からなり，透水性が高いため河川は「**伏流**」することが多く，その「伏流水が湧き出」す**扇端**は，「水が得やすいため集落が形成されてきた」。よって**イ**は扇端の**Ｂ**である。**ウ**の文が示す"人々の生活の場"は，「３地点の中では形成年代が古」く，それは「水が得にくいため開発が遅れ」たと読み取ることができる。**河岸段丘**面は河川沿いの(かつての)氾濫原が隆起して形成された地形で，現在の氾濫原とは崖で境された一段高い平坦面である。河川水の利用が難しく，一般に開発は遅れた。よって**ウ**は**Ａ**となる。正解は**⑥**である。

問3 ①は，河川の流域に形成される氾濫原を説明したものである。自然堤防は，川沿いに砂などが堆積してできた微高地であり，後背湿地は，その背後に形成された低地である。後者は水田に利用されることが多く，前者は高燥地であるため集落が立地したり畑に利用されることが多い。よって①は正しい。②の**扇状地**は，河川が山間

部から平野部に出たところ，すなわち河川勾配が緩やかになったところで河川の運搬力が低下し，重量の大きい**砂礫**が堆積して形成された扇状の地形である。谷口部分を**扇頂**，砂礫堆積層の末端を**扇端**，両者の間を**扇央**と呼ぶ。扇央部は厚い砂礫層からなることが多く，河川は**伏流**して通常は水流のみられない**水無川**になりやすい。よって②は正しい。③の**モレーン**は，氷河が侵食した地表面の岩や礫が，その運搬作用によって**氷河の末端に堆積した堤防状の地形**であり，二酸化炭素を含んだ水が石灰岩を溶かすことでつくられるカルスト地形ではない。よって③は誤りである。**カルスト地形**には，**ドリーネ**や**ウバーレ**といった凹地形のほか，**タワーカルスト**や**鍾乳洞**などがみられる。④の**リアス海岸**は，山地の谷（河水の侵食によるⅤ字谷）が**沈水**して形成されたものであり，よって④は正しい。

問4　谷頭部や稜線付近が氷河によって削り取られると，写真**ク**のような椀状の地形が形成され，**カール**と呼ばれる。よって空欄**E**には**ク**が該当する。これが多方向から切り合うと，写真**キ**のような尖峰が形成され，**ホルン**と呼ばれる。よって空欄**F**は**キ**となる。また，空欄**G**は，これが沈水すると**フィヨルド**になることから，氷食により形成された**U字谷**が該当する。よって切り立った谷壁と水平に近い谷底の様子が表れた**カ**が，空欄**G**に該当する。正解は⑥である。

問5　Jは**氷河の侵食**によって形成された五大湖，Kは乾燥地域に位置し，流出河川をもたない内陸湖で塩湖のカスピ海，Lは**断層運動**によって形成された水深の大きいバイカル湖である。この程度の知識は共通テストには不可欠であろう。よって**サ**はK，**シ**はL，**ス**はJの説明文となる。なお，**氷河湖**には他に，スイスやフィンランドに存在する湖の多くが，**断層湖（地溝湖）**には，アフリカ大地溝帯沿いにあるタンガニーカ湖やマラウイ湖が該当する。正解は④である。

問6　赤道付近は氷期においても温暖で，島嶼周辺の浅瀬に**裾礁**が発達した。氷期が終わり温暖期に入ると，融氷によって海面が上昇する。それにつれて，赤道付近のサンゴは日射の方向へ（すなわち上方へ）と生育し，水没して小さくなった島との間に水域（ラグーン，または**礁湖**という）が生じる。この形状は**堡礁**と呼ばれる。さらに海面が上昇すると，中央の島は水没し，ラグーンを囲む**環礁**となる。よって，氷期も温暖でサンゴ礁が発達した赤道付近に最も分布が多い**Q**が，環礁となる。一方，比較的高緯度の南西諸島やオーストラリア北西部に分布する**R**は，氷期後に生育が始まった，あるいは比較的形成期間の短いサンゴ礁と考えられ，裾礁が該当する。両者の中間に多く分布する**P**が堡礁である。オーストラリア北東部の**大堡礁（グレートバリアリーフ）**は覚えておきたい。正解は⑤である。

9 海洋・河川・地下水

問1 ③	問2 ④	問3 ①	問4 ③	問5 ④	問6 ④

·· **設問解説** ··

問1 図1中，太平洋赤道海域は西部より東部の方が低温となっているが，何らかの理由で**貿易風が弱まる**と，中東部の海水温が平年より高い状態が続く現象がみられる。これが**エルニーニョ現象**であり，よって①は正しい。大西洋北部の北アメリカ沿岸部，すなわちニューファンドランド島周辺海域には，**暖流のメキシコ湾流**と**寒流のラブラドル海流**が会合する**潮境（潮目）**がある。図1の当該地域では，等値線が密になっており，急激な海水温の変化がみられる。よって②は正しい。なお，アイスランド付近や三陸沖の潮目海域でも，同様の等値線となっていることを確認しておこう。南アメリカ大陸では，ラプラタ河口付近を南緯35度が通過している。アマゾン河口を通過する赤道との位置関係から，南緯約23.5度の南回帰線の位置は想定できよう。その辺りの大陸東西の水温を比べると，東側沖合の方が西側沖合より高い。これは，西岸は南極近海から北流する**寒流のペルー海流**，東岸は赤道付近から南流する暖流の影響を受けるためである。よって③は誤りである。図1を見ると，ヨーロッパ大西洋岸の北緯50度付近の気温が12℃程度であるのに対し，同緯度付近のユーラシア大陸東岸は0〜4℃となっている。これは，北大西洋では高緯度まで**暖流の北大西洋海流**が流れているためで，ヨーロッパの気候が緯度の割に温暖となるのはこの暖流と偏西風の影響による。よって④は正しい。

問2 南アメリカ大陸同様，アフリカ大陸でも西岸を寒流が北流している。ベンゲラ海流である。よって④が正しい。海流は，太平洋，大西洋など主な海域では，北半球では時計回り，南半球では反時計回りに流れる。赤道付近では暖流が西流し，それが大陸にぶつかり，北半球では北東に向きを変えて大陸東岸から高緯度へ暖流，その後，大陸西岸を赤道へと還流する海域では寒流となる。

問3 河川の説明文にある，源流から上流域は湿潤地域，中流域は乾燥帯，下流域は湿潤でデルタは油田地帯という特徴に該当するのは，**w**のニジェール川である。ニジェール川の源流域に当たるギニア付近は，夏季はモンスーンの影響を受けて非常に多雨である。そのため，中流域はサハラ砂漠南部を流れるが，涸れることなくギニア湾まで流出する。ナイジェリアにおける氾濫原では，近年は米の栽培もみられる。下流域は夏季に特に降雨の多い湿潤地域となり，油やしなどの栽培も盛んである。河口部は**三角州**となっており，**大規模な油田**がみられる。よって①が正解となる。**x**のインダス川は，ヒマラヤ山系の氷河地帯に源流があり，パキスタンの砂漠を貫流してアラビア海に注ぐ。同河川からの**灌漑**により，中上流域では**小麦や綿花**，下流

域では**米の栽培**が盛んである。**y**の黄河はチベット高原の北縁の山脈付近から流出し，流域のほとんどが乾燥帯である。**z**のマリー川水系には，グレートディヴァイディング山脈西側のダーリング川や，導水トンネルで結ばれた南東側のスノーウィー川が含まれている。スノーウィー川流域を除けばほとんどが乾燥帯を流れるが，下流部の**マリーダーリング盆地**はオーストラリア有数の農業地域で，灌漑により小麦などが栽培されている。

問4 **ワジ**は，砂漠にみられる涸れ川で，降雨時のみ水流がみられるが通常は乾いており（よって**③**が誤りである），交通路などとして利用されることが多い（**②**は正しい）。砂漠地帯でもまれに豪雨となることはあり，その際には多量の土砂を運搬するため，場所によっては扇状地が形成されることがある。よって**①**は正しい。通常水流はないが，地下の浅いところを伏流水が流れており，地下水として利用できる。そのため周辺に集落が立地することがあり，よって**④**は正しい。

問5 木曽川と信濃川の河口付近の勾配が，富士川より緩やかなことは**図4**より明白である。また，木曽川と信濃川の河口付近には，扇状地ではなく濃尾，越後の両平野が広がっている。さらに富士川は流域のほとんどが山間部にあり，急勾配，急流で知られている。以上のことから**④**が誤りである。**①**は**図4**より明らかであり，正しい。**②**のコロラド川は，コロラド州のロッキー山脈に源を発し，山間部では深い峡谷をなして，コロラド高原にグランドキャニオンを形成する。このあたりが勾配の変換点に当たっている。**③**はライン川・信濃川・富士川の中上流部が山間部にあることから，中流部の緩勾配は盆地に当たると判断できる。以上，**②**と**③**も正しい文である。

問6 **被圧地下水**は，粘土層などからなる不透水層に挟まれた透水層に滞留した地下水をいう。よって**④**が該当する。**①**は局地的に存在する不透水層上に滞留した地下水で，**宙水**という。**②**は**自由地下水**である。

10　地形図や図・写真から見る地形

| 問1 | ② | 問2 | ⑥ | 問3 | (1)-② | (2)-② | 問4 | ① | 問5 | ② |

··　設問解説　··

問1 **図1**の海岸線には岩崖の地図記号がみられる。よって**①**は正しい。岩石海岸は，隆起した海岸部が，打ちつける波の侵食作用で形成されることが多く，堆積作用が活発であることを示してはいない。よって**②**は適当ではない。**図1**中，海岸部には3本程度の主曲線が密に走行しており，急崖となっていることがわかる。その上部の，例えば奥平部の地名の辺りには畑の広がる比較的平坦な地域がみられ，再び標高60m付近から内陸へ等高線は密となる。このような海岸付近の階段状の地形は，地盤の

隆起によって形成された海岸段丘であり，よって③と④は正しい。

問2　アに多数みられる小凹地（◌̆）や凹地（◌）はドリーネやウバーレを表すものと判断できる。よってこの図は**カルスト地形**である。イでは川に沿って等高線の密な急斜面がみられ，その上部には和泉原や中尾の集落が位置する平坦面が存在することから，段丘崖と段丘面からなる**河岸段丘**と判断できる。ウ図の左下の薄墨色の部分は，等高線の標高からみて海であり，よってこの図は選択肢から**海岸平野**となる。海岸平野には**浜堤**（ウ図では海岸線に沿って伸びる数列の細長い微高地）や，その内陸側にはより高い砂丘などの地形がみられることが多い。ウ図右上のジュンサイ沼は海から切り離されてできた**潟湖**である。よって正解は⑥である。

問3　(1)図3のX付近はパリ盆地であり，同盆地には**ケスタ地形**が発達している。ケスタ地形とは，緩やかに傾斜した硬軟の水平地層が選択的に侵食されて形成された地形で，削り残された硬い地層はなだらかな傾斜面に，削られた軟らかい地層の部分は急崖となる。まさに図4中の②の形状である。①は②と類似しているが，硬軟の層が逆になっている。

　(2)イは，かつて大陸氷河に覆われた地域であり，この地域に多数分布する湖は氷河の侵食によって形成された**氷河湖**である。よって②が誤りである。アはアイスランド島で，大西洋中央海嶺が海面上に現れたものである。海嶺はプレートの広がる境界で，変動帯である。同島には活火山が存在し，活発な地震活動もみられる。よって①は正しい。ウもイと同様，大陸氷河に覆われた地域であり，氷河地形であるモレーンが多数みられる。よって③は正しい。エはアルプス山脈付近を指しており，新期造山帯に属する。よって④は正しい。

問4　Yは，氷河の末端の堤防状の堆積地形であることから①の**モレーン**が該当する。③カールは椀状の凹地で，図5中にも中央に氷河を抱く形で4〜5か所描かれている。④のホルンは尖った岩峰で，図5では最上部に描かれている。

問5　写真1では，V山山頂から手前に，左右の稜線からも中央に向けて緩やかな凹地となっていることが読み取れる。これは，**氷食**地形の**カール（圏谷）**である。カールは，**氷河**の侵食によって形成された椀状の凹地で，山頂や稜線付近にみられる。図6中の矢印の先の等高線をみると，緩やかで大きな**谷**を示しているのは②だけであり，これが正解となる。③や④は，山頂からの等高線が密で張り出す形となっており，急傾斜の**尾根**を示している。①は③④に比べると傾斜は緩やかなものの，②のような谷を示す等高線とはなっていない。日本の地形図にカールがみられるということは，**最終氷期**の寒冷期に日本の高山にも**山岳氷河**が発達したことを示している。飛騨山脈などの日本アルプスや北海道の日高山脈の山頂では，カールやモレーンなどの氷河地形をみることができる。

3 気候

11 大気大循環

> 問1 ②　問2 ①　問3 ⑥　問4 ②　問5 ④

·········· **設問解説** ··········

問1　図1をみると，北極付近は上空から地表へ向かう下降気流が示されているが，赤道付近には上昇気流を示す矢印が記されている。下降気流部は高圧帯，上昇気流部は低圧帯となるため，赤道付近を高圧帯とする①の文は誤りである。高圧部は晴天が多く少雨に，低圧部は降雨が多くなることから，これらの南北移動が降水量の季節変化に及ぼす影響は大きい。よって②は正しい。北緯30度付近の高圧帯から高緯度側へ向かう大気の流れは偏西風と呼ばれる。よって③は誤っている。ちなみに，同高圧帯から赤道側へ向かう大気の流れが貿易風である。極東風は北極・南極から低緯度側へ向かう大気の流れをいう。図1から，北緯30度付近は下降気流，すなわち高圧帯であることがわかる。よって乾燥，または少雨の気候となることから，④は誤りである。

問2　図2に赤道を引いてみよう。太線Aが南半球側へ寄っていることがわかる。選択肢③・④の寒帯前線帯（亜寒帯低圧帯）は，偏西風と極東風がぶつかり合い上昇気流が発生する南北60度付近の緯度帯に現れることから，赤道付近に付された太線Aには該当しない。太線Aは，年間を通じて太陽の直射を受け，激しい上昇気流が起きている熱帯収束帯（赤道低圧帯）を指している。これは太陽回帰とともに移動することから，季節は南半球側が夏となる1月である。よって①が正しい。

問3　大陸西岸の南北40〜60度付近には，一年を通じて偏西風と海洋の影響を受ける**西岸海洋性気候（Cfb）**がみられる。よって地点 a はCfbとなる。また，その低緯度側に当たる**大陸西岸の南北35度付近**には，夏季は亜熱帯高圧帯（中緯度高圧帯），冬季は寒帯前線（亜寒帯低圧帯）の影響を受ける**地中海性気候（Cs）**が現れる。よって地点 c はCsとなる。一方，**大陸東岸の南北30〜40度付近**には，大陸の影響を受けてCfbより気温の年較差が大きい**温暖湿潤気候（Cfa）**が現れる。よって地点 b はCfaとなる。ハイサーグラフのアは，夏季乾燥，冬季湿潤となることからCsであり，地点 c に該当する。イは冬季も湿潤で，最暖月に22℃以上となっていることからCfaであり，地点 b に該当する。ウは一年を通じて一定の降雨がみられ，最暖月が22℃未満となっていることからCfbであり，地点 a に該当する。よって正解は⑥となる。

問4　問題文に示された熱帯低気圧は，台風やサイクロン，ハリケーンと呼ばれるもので，激しい暴風雨をともなうものが多い。**赤道付近では発達しないことから**，3地

点のうちこの影響を受けるのは，中国南部の**f**地点のみである。夏から秋にかけてその影響もあって多雨となっている**キ**が該当する。ケッペンの区分ではCwである。また，一年を通じて亜熱帯高圧帯の影響を受けるのは，南北回帰線付近の大陸中西部に位置する地域であり，乾燥気候となる。この地点に位置するのは，サハラ砂漠から伸びる乾燥帯の西端に当たる**d**地点であり，雨温図は最も乾燥した**カ**が該当する。一方，一年を通じて熱帯収束帯（赤道低圧帯）の影響を受ける赤道直下の地域は，乾季のない年中多雨な気候となる。よって赤道直下に位置する**e**地点は，雨温図**ク**となる。**ク**は，太陽回帰の影響がほとんどみられない気温変化となっていることからも，赤道付近と判断できる。よって**②**が正解となる。

問5　少雨地域**A**はサハラ砂漠，少雨地域**B**はアタカマ砂漠からペルーの首都リマ付近を指している。**B**地域は，沖合を流れる寒流と亜熱帯高圧帯の影響で，海岸であるにもかかわらず砂漠気候が分布している。よって**④**が誤りとなる。**A**地域の少雨の要因は，一年を通じて亜熱帯高圧帯の影響下にあることである。下降気流が卓越し，大気が安定しているため少雨となる。よって**②**は正しい。**①**の寒帯前線，熱帯収束帯ともに，緯度的に考えて**A**・**B**両地域への影響は考えにくい。**B**地域では赤道近くまで伸びているが，この地域も寒流の影響で大気は安定し，上昇気流は起こりにくい。熱帯収束帯の影響外の地域となり，よって**①**は正しい。**③**は正しい文である。サハラ砂漠の特徴として覚えておこう。

12　各地の気候

| 問1 ④ | 問2 ④ | 問3 ⑥ | 問4 ⑤ | 問5 ③ |

···　**設問解説**　···

問1　陸地は比熱が小さく，海洋は比熱が大きいため，**気温の年較差は海岸部より内陸部で大きくなる**。また同じ海岸部でも中高緯度では，一年を通して偏西風の影響を受ける西岸の方が，モンスーンが発達して夏と冬で海洋と陸の影響を交互に受ける東岸よりも，気温の年較差は小さくなる。**図1**では北緯35度付近の30地点が選ばれている。年較差が内陸で最も大きく，西岸と東岸では東岸の方が大きい**④**が該当する。

問2　いずれも図をみれば明らかだが，図がなくとも**①**～**④**の正誤は判定できるようにしたい。赤道付近には，激しい上昇気流で多雨をもたらす熱帯収束帯が分布するため乾燥気候はみられない。よって**①**は誤りである。**乾燥気候は，亜熱帯高圧帯の影響を強く受ける南北回帰線付近に多い**。乾燥気候の占める割合が最も高いのはオーストラリア大陸であり，大陸の60％近くを占めている。よって**②**は誤りである。北半球の方が回帰線付近の大陸面積が広く，海洋からの湿潤な風の届かない内陸面積も

広いため，乾燥地域は南半球より北半球の方が多い。よって**③**は誤りである。乾燥気候は回帰線付近に現れやすいが，**大陸東岸の回帰線付近では，夏季に海洋からの湿潤なモンスーンの影響を受けるため乾燥気候は現れない**。一方大陸西岸の回帰線付近は，沖合を流れる寒流の影響もあって，砂漠の分布が多くなる。よって**④**が正しい。

問3　熱帯低気圧は，積乱雲が発生しやすい熱帯の洋上，海面水温が27〜28℃以上の海域で発生する（渦巻きが生じない南北緯度5度以内の赤道付近では発生しない）。大陸の西岸は，寒流が赤道に向かって流れているため，**K**と**L**の海域の海面水温は低く，熱帯低気圧は発生しにくい。よって**⑥**の**M**と**N**が正解となる。なお，熱帯低気圧は発生域によって呼称が異なり，北太平洋南西部で発生する**台風**，カリブ海付近で発生する**ハリケーン**，インド洋で発生し特にベンガル湾岸に被害をもたらす**サイクロン**などがある。

問4　高緯度の大陸内陸部・西部・東部の気候区の判別問題である。**イは大陸西岸に位置し，偏西風により比熱の大きい海洋の影響を受けて気温の年較差は小さくなる。**よって，3地点中それが最小の**a**（Df）が該当する。**ウは，ユーラシア大陸北東部の，冬季に強い高気圧の影響で乾燥し，厳寒となる亜寒帯冬季少雨気候（Dw）の分布地域**に位置している。よって**b**が該当する。残った**ア**が**c**（Df）となり，正解は**⑤**である。

問5　地図中の**E**〜**G**地点の気候区はわかるようにしておきたい。赤道付近に位置する**E**は，一年を通じて**熱帯収束帯**（**赤道低圧帯**）の影響を受けて年中高温多雨の熱帯雨林気候（Af）である。**F**付近は，**沖合いを流れる寒流の影響で，一年を通じて水蒸気量が少なく大気も安定して，ほとんど降雨のない砂漠気候（BW）**となる。**G**は，**南緯35度付近の大陸東岸**に位置している。東アジアでも北アメリカでも**北緯35度付近の大陸東岸には温暖湿潤気候（Cfa）**が分布しており，**G**も同様の気候区となる。以上により，1月，7月とも降水があり，特に1月の降水量が非常に多い**カ**は熱帯の湿潤気候下にある**E**，両月ともほとんど降水が見られない**キ**はBWの**F**，両月とも100mm程度の降水がある**ク**は温帯の湿潤気候下の**G**と判定できる。

　説明文では，**カ**を**E**と判断する根拠として，1月に多雨，7月にも降水があるのは「北東貿易風と南東貿易風の収束帯などの影響を受ける」ためとしており，下線部は正しい。次に，**キ**を**F**と判断する根拠として，降水がほとんどないのは「高い山脈の風下側に位置する…」ためとしているが，前述のとおり**F**地点のBWは寒流の影響によるものであり，下線部は誤りである。南アメリカ大陸では，アンデス山脈をはさんで偏西風の風下側にあたるパタゴニアのBWの成因がこれに当たる。最後に，**ク**を**G**と判断する根拠として，両月とも降水があり水量に変化がないのは「寒気と暖気の境界に生じる前線などの影響を受ける」ためとしている。前述のとおり，**G**地点は日本付近と同様の位置に当たっており，気候の成因も類似している（天気予報で見る西から移動してくる低気圧や前線を思い出そう）と考えられることから，**ク**の下線は正

しい。ただし日本は，より広大な大陸と海洋の影響を大きく受けるため，**G**地点より降水の年変化は大きい。正解は**③**である。

13 植生・土壌

問1 ② 問2 ① 問3 ① 問4 ② 問5 ③ 問6 ④

設問解説

問1 図2中，**ア**〜**エ**の各線を低緯度から高緯度へたどると，**ア**はAw・Cw→BS・BW→Cs→Df→ET，**イ**はAw→Cfa→Df→ET，**ウ**はAf→Aw→Cw→Cfa→BS・Bw，**エ**はAw→BS→BW→BS→Cs→Cfbとなる。図1では，熱帯林・ラトソル（熱帯気候）→温帯落葉林・褐色森林土（Cf）→タイガ・ポドゾル（亜寒帯気候）→ツンドラ・ツンドラ土（ET）という順であることから，**イ**の線が該当する（正解は**②**）。なお，南半球に亜寒帯気候（冷帯気候）は分布しないことから，ポドゾルが含まれる図1に**ウ**は該当せず，また，線上に砂漠気候が分布する**ア**と**エ**は，図1に砂漠土が含まれないことから該当しないと判断することも可能である。

問2 標高の低所から高所への植生の変化は，低緯度から高緯度へのそれと同様のものとなり，常緑広葉樹→落葉広葉樹→針葉樹と変化する。よって**①**が正解である。

問3 図3中の3aは地中海性気候地域で，夏の乾燥に耐えられるよう葉を硬く小さくした樹木，すなわち**オリーブ**や**コルクがし**などの**硬葉樹**が分布する。3bは大陸東岸の温帯の緯度帯に分布しており，温暖湿潤気候や東アジアでは温暖冬季少雨気候地域と一致する。ここには夏多雨で冬の寒さが厳しすぎない気候下に生育する**カシ**や**シイ**などの**常緑広葉樹**の**照葉樹**がみられる。よって**①**が正しい。

問4 赤道から北緯20度までの範囲にみられる各地域の気候区は，アフリカはAf・Aw・BS・BW，南アジアはAw・BS，東南アジアはAf・Aw・Cw，南アメリカはAf・Aw・Cw・ET・BWなどである。**栗色土**は，半乾燥のステップ地域などに分布する土壌であり，**①**は正しい。インドとパキスタンの国境付近には砂漠（タール砂漠）が広がっているが，北緯20度以南ではない。よって砂漠土はみられず，**②**は誤りである。ラトソルは熱帯気候下に分布する土壌であり，**③**と**④**は正しい。

問5 **D**は，**B**とともに**熱帯に分布するラトソル**（赤色，強酸性のやせた土壌）の割合が高い。**B**の方が**D**より**砂漠土**の割合が高いことから，**B**は熱帯気候と乾燥気候の両方が大陸の広い面積を占めるアフリカ大陸，**D**は熱帯気候が大陸の過半を占める南アメリカ大陸と判別する。よって**③**が正解となる。**C**はラトソルが少ないことからヨーロッパ，**A**が北アメリカとなる。**ポドゾル**は**亜寒帯に分布する**，灰白色，強酸性のやせた土壌で，農業には適さない。図5の肥沃な土壌には**チェルノーゼム**や**プレー**

リー土，褐色森林土などが含まれる。

問6　写真カ～クに示された自然景観を見てみよう。カは植生の見られない砂漠，キは広葉樹の密林（熱帯雨林），クは奥に丘が見えるが広大な平坦地に，疎らな樹林と草原が広がるサバナの風景である。次に図6中のX～Zと対照させていこう。Zは赤道付近に付されており，Af地域に当たることから写真はキが該当する。イランの乾燥地域に付されたYは写真カ，サハラ砂漠の南側に付されたXは，サバナの写真クと判定できる。X地点はサハラ砂漠南縁のサヘルに当たっており，写真カのような砂漠は見られない。また，写真クは安定陸塊に典型的な平原に，残丘と考えられる丘が見えることから，地形的にもアフリカのXが該当する。正解は④である。

14　気候に関する統計グラフ・図

> **問1** ④　　**問2** X－④　Y－③　　**問3** ②　　**問4** ⑤　　**問5** ③

·· **設問解説** ··

問1　300℃日の等値線は，北極海沿岸を通っている。これは④のDfとETの境界線に最も近い。

問2　地点Xはギニア湾の内陸寄りにあり，サバナ気候となる。最寒月平均気温が18℃以上で，雨季と乾季が明瞭な④が該当する。地点Yはユーラシア大陸北東部にあり，冬季乾燥・厳寒，夏季多雨・温暖な亜寒帯冬季少雨気候となる。最寒月平均気温－3℃未満・最暖月平均気温10℃以上で，夏季に降雨の集中する③が該当する。①は最暖月平均気温が0℃以上10℃未満であることからツンドラ気候，②は雨季と乾季は明瞭だが最寒月平均気温が－3℃以上18℃未満となるためサバナ気候ではなく温暖冬季少雨気候，⑤は一年を通して高温多雨（熱帯では平均降水量が60mmを下回る月があれば乾季とみなす）の熱帯雨林気候となる。

問3　河川の流量は，流域の気候の影響を大きく受ける。図3中のY川は，アルタイ山脈付近に源を発し，西シベリア低地を北流するオビ川である。オビ川に限らず，ロシアやカナダの高緯度を北流する河川は，冬季には凍結して流量が減少し，また春の訪れが遅いために融雪・融氷による増水は5～6月となる。よって，これに合致する②が正解となる。なお，このような北流河川では低緯度にある上流部から融雪が始まるため，春先には，結氷の続く下流部で洪水（融雪洪水）が起こりやすくなる。図3中，ミシシッピ川の流域は，広く温暖湿潤地域に位置するため通年湿潤であり，また上流は高緯度の山岳地帯であることから，春の融雪期の増水も考えられる。よってWには①が該当する。コンゴ川は赤道直下に位置しており，支流も含めた流域が広く熱帯雨林気候に覆われている。よって，Xは一年を通して流量が非常に多い④とな

る。**Z**は，ブラマプトラ川のヒマラヤ南麓側に示されている。この地域は，**夏に海洋からのモンスーン**を受けて非常に多雨となることから，6〜9月に流量が急増する**③**が該当する。

問4　**沖縄県は梅雨入りが早い**ことから，5月の日照時間は九州〜東北地方に比べて短くなる。よって**イ**が宮古島市である。会津若松市と徳島市を比べると，太平洋側に位置し冬季に晴天の多い徳島市に比べて，緯度が高く降雪もみられる会津若松市の方が日照時間は短くなる。よって**ウ**が会津若松市，**ア**が徳島市となる。「天日乾燥による製塩」が盛んであった鳴門市に近い徳島市も，他地域に比べて晴天は多いはず（一年を通して日照時間は長い）と考えることもできる。正解は**⑤**である。

問5　**写真1**の**P**は，日本付近が広く晴天域となっている。夏の強力な**北太平洋高気圧（小笠原気団）**の影響下にあるためで，**キ**の高温や干ばつの発生が懸念される。**Q**は，日本海から東北地方太平洋側にかけて筋状の雲がみられる。これは冬の**シベリア高気圧（シベリア気団）**からの吹き出しによるものであり，**カ**の寒波による大雪が懸念される。**R**は日本列島を覆うように厚い雲の帯（前線）がみられ，**ク**の集中豪雨の被害が懸念される。**梅雨前線**がこのような形態になることが多い。よって**③**が正解となる。

4 自然災害

15 自然災害

第4章

問1 ⑥ 問2 ①・⑤ 問3 ③ 問4 ② 問5 ③ 問6 ②

・・・・・・・・・・・・・・・・・・・・・・・・・・・・ **設問解説** ・・・・・・・・・・・・・・・・・・・・・・・・・・・・

問1 図1中のA～Cには，いずれも**大陸プレートと海洋プレートの間に形成された弧状列島**が含まれている。Aはキューバ島から活火山のあるマルティニーク島などに至る大・小アンティル諸島，Bは日本列島，Cはスマトラ島からフロレス島に至る大・小スンダ列島などである。なおAには，海洋プレートであるココスプレートと大陸プレートの北アメリカプレートが衝突するメキシコ本土も含まれており，同地では活発な火山活動がみられる。これらの弧状列島の形状がわかっていれば，図1のA～Cと図2のア～ウを対応させることは容易であろう。Aは**ウ**，Bは**ア**，Cは**イ**となる。

　　次に図2のｊとｋが，火山，地震の震央のいずれを示すかである。狭まるプレート境界に位置する火山は，海洋プレートが大陸プレートの下に沈み込み，深さ100km程度に達したところで，地中の熱と岩盤に含まれた海水による融点低下などによってマグマが形成され，それが噴出したものである。よって火山分布は，海溝より大陸側に一定の距離をおいて列状となることが多い。これを**火山フロント（火山前線）**という。一方地震は，大陸プレートとその下に沈み込む海洋プレートの境界部では深度を問わず頻繁に発生している。よって図2では，明確に列をなすｋが火山，ｋの海洋プレート側に多くの印が付いたｊが地震の震央となる。正解は**⑥**である。

問2 Eには**サンゴ礁で形成された低い島嶼**からなるモルディブがある。**地球温暖化にともなう海面上昇で水没が危惧**されており，**①**は正しい。F付近に**北半球の寒極**はあるが，冷帯（亜寒帯）冬季乾燥気候の地域であり，氷河はみられない。よって**②**は誤りである。オーストラリア北東部の**G**には**大堡礁（グレートバリアリーフ）**があるが，ニューギニア島，フィジー，トンガ，ニュージーランドへと続く新期造山帯からは外れているため，火山はみられない。よって**③**は誤りである。アメリカ合衆国南東部からメキシコ湾に付された**H**は，**熱帯低気圧であるハリケーンの襲来を受ける地域**で，**高潮**や洪水の被害を受けやすい。**津波**は地震によって生じるものであり，ハリケーンに起因するものではない。よって**④**は誤りである。Iの太平洋赤道海域の東部では，数年に一度，海面水温が大きく上昇する現象，すなわち**エルニーニョ現象**がみられる。よって**⑤**は正しい。**パンパを中心とした地域を指すJ**にはステップが広く，針葉樹林（タイガ）が卓越する地域ではない。よって**⑥**は誤りである。

問3　図4は，多くの死者・被災者等を出した被害規模の大きい自然災害について，発生件数，被害額，被災者数の地域別割合を示している。主な自然災害としては，風水害，地震，火山噴火，干ばつなどが挙げられる。被害規模の大きい災害で発生件数が多いのは，熱帯低気圧などによる風水害であり，それが多発するのは東・東南・南アジアや北・中央アメリカとなる。次に，被災者数が最も多くなる地域は，人口が多く，しかも風水害の被災頻度の高い東・東南・南アジアを含むアジアと考えられる。特に南アジアでは，氾濫の被害を受けやすい河川沿いの低地などにスラムが形成されており，そのことが被災者数を拡大させる要因ともなっている。一方被害額は，多くの資本が投入され社会資本の充実した地域ほど，ひとたび被災するとその額は甚大なものとなり，よって先進地域でより大きくなる。これらのことから，アジアが約9割を占める**ク**が被災者数，アフリカが極めて少なく，北アメリカを含む南北アメリカが約3分の1を占める**カ**が被害額，残った**キ**が発生件数となる。アフリカで発生件数が約2割と高くなっているのは，干ばつが多発するほか，社会経済的状況から災害対策や被災後の対応が十分行えず，被災規模が拡大して，国際援助の要請回数が多くなることが要因と考えられる。正解は③である。

問4　**エルニーニョ現象**は，南アメリカの**ペルー沖からエクアドル沖の南東太平洋の赤道海域**において，**海面水温が平年よりも上昇する現象**である。これは，赤道付近を西に吹く貿易風が何らかの理由で弱まることが原因とされる。よって，図5中エルニーニョ現象発生時に該当するのは，海水面温度分布図では，エクアドル沖の100°W付近の気温が高くなっている**P**が，風向風速分布図では，矢印が短く（風速が弱いことを示す），風向にばらつきのある**S**が該当すると判断できる。②が正解である。

問5　日本の火山に関する正誤判定問題である。**火砕流**は，**火山灰や火山岩などが高温のガスとともに高速で火山斜面を流下する**もので，逃げ遅れなどにより人的被害が大きくなることがある。よって下線部**c**は正しい。大噴火によって上空に到達した火山灰は，長く大気中にとどまり，**日射を遮って地球規模の気温低下を引き起こす**ことがある。よって「気温上昇を引き起こす」とした下線部**d**は誤りである。火山地帯には地熱が豊富で，発電量は多くないが，大分県や鹿児島県などで地熱利用の発電が行われている。よって下線部**e**は正しい。正解は③である。

問6　近年，**都市域の小規模河川が氾濫する都市型水害**が頻発している。これは消去法でなくダイレクトに②が正しいと判定すべき問題である。**都市化の進展**による**緑地の減少は保水力の減退を招き，舗装面積の拡大は雨水の地下への浸透を妨げ**，雨水は地表を走るように一気に河川に流れ込み洪水を引き起こす。大都市では，集中豪雨時に地下街や地下鉄駅構内の浸水被害も頻発している。

5 環境問題

16 環境問題	

| 問1 ③ | 問2 ④ | 問3 ④ | 問4 ⑥ | 問5 ③ | 問6 ① |

······················· **設問解説** ·······················

問1 問題に取り上げられた2011年の二酸化炭素排出量の世界上位8か国は，中国，アメリカ合衆国，インド，ロシア，日本，ドイツ，韓国，カナダである（2016年は中国，アメリカ合衆国，インド，ロシア，日本，ドイツ，韓国，イラン）。問題文に国名の選択肢は示されていないが，図中の**ウ**は二酸化炭素排出量が最も多く，1990年からの伸び率も最も高い。また，1人当たり排出量は**エ**に次いで少ないことから，その20年間で急激な経済発展を遂げ，かつ人口規模の大きさから1人当たり排出量が少ない中国と判定できる。同様の傾向を示す**エ**はインドとなる。**ア**は，**ウ**の中国に次ぐ二酸化炭素排出量があることからアメリカ合衆国である。**イ**は，二酸化炭素排出量が5位，1990年からの排出量伸び率が**ア**のアメリカ合衆国と同程度であることから，日本である。ドイツは日本より人口規模が小さく，環境対策も進んでいることから，排出量，伸び率ともに日本より小さく低い（図中イの左で接する円が該当）。以上を踏まえて，①〜④の正誤を判定していこう。

図1中の**ア**（アメリカ合衆国）は，1人当たり二酸化炭素排出量が8か国中最大であり，その理由は化石燃料の消費量が多いことに加え，当時の京都議定書の取り組みにも参加せず，環境問題への対策が遅れていたことが挙げられる。よって①は正しい。**ウ**（中国）は，図から二酸化炭素排出量が1990年の3.5倍に増加したことが読み取れる。この間に中国の人口が3.5倍に増加してはいないことから，1人当たり排出量は増加したと判断できる。よって②は正しい。再生可能エネルギーや電気自動車が普及すると，化石燃料の消費量が減少し，二酸化炭素排出量は減少することが予想されるため，円の位置は左下方向へ移行する。よって「右上方向に移行する」とした③は誤りであり，これが正解となる。**ウ**（中国）と**エ**（インド）で今後も経済発展が進むと二酸化炭素排出量も増加し，その増加量は，環境対策を進める国での減少量を上回ることが予想される。よって世界全体の排出量は大きく増加することが予測され，④は正しい。

問2 Aはアパラチア山脈付近を指している。この北部地域では，長く鉄鋼業などの重化学工業が発達し，人口も多く活発な経済活動がみられる。**工場や自動車から大量の硫黄酸化物や窒素酸化物が排出**されており，**酸性雨**の被害は広がっている。よって①は正しい。B地域には，サンゴ礁からなる低い島嶼国のモルディブがある。**地球**

温暖化にともなう海面上昇で国土の水没が危惧されている。よって②は正しい。Cは，中国東部の中南部を指している。工業化や経済発展が著しい地域で，大量の化石燃料が消費され大気汚染が深刻化している。よって③は正しい。Dが指すオーストラリアは，世界的なウラン産出国であるが原子力発電は行われていない。よって④は誤りである。

問3　P地域はサハラ砂漠で，①のチャドはその南縁の砂漠化の深刻なサヘル地方に位置している。内陸湖のチャド湖は，気候変動による降水量減少や人口増加を背景とした砂漠化により面積が縮小した。よって①は正しい。スーダンでは，南部の黒人と北部のアラブ系白人との間で対立が続いてきた(2011年に南部が南スーダンとして独立)。内戦によって手入れされない農地が増えると，土地は荒廃する。よって②は正しい。アルジェリアの北部には地中海性気候，その南側にステップ気候が分布している。よって③は正しい。落花生は自給作物ではなく外貨獲得のために栽培される輸出用商品作物である。よって④は誤りである。

問4　針葉樹林は，北半球の高緯度地域に広く分布している。よって，カはロシアに該当する。アマゾン川流域を中心とした地域では焼畑や牧場開発，鉄鉱石を中心とした地下資源開発がすすみ，森林面積は大きく減少している。よって，キはブラジルに該当する。一方中国では，環境保全のために，傾斜地などに拓かれた農地を森林に戻す「退耕環林」と呼ばれる植林が行われている。これにより森林面積は増加しており，よってクは中国に該当する。正解は⑥である。

問5　オゾン層は，太陽から放射される紫外線を吸収しているが，冷媒用に多用されたフロンガスにより破壊がすすんだ。その結果，大気中の紫外線量が増して，皮膚がんや白内障などの増加，農作物の収量減少など，様々な悪影響が懸念されている。よって①と②は正しい。③は図4から，最も数値の高い460の等値線が，インド洋南部の東半球にあることがわかる。よって，西半球にあるとする③は誤りである。ニュージーランド付近の等値線を図4から読み取ると，1979年は340〜370，2010年は310〜340となっており，減少している。よって④は正しい。

問6　アラル海の縮小は，同湖に流入するアムダリア川やシルダリア川から，綿花栽培用に大量の灌漑用水を取水したことにより生じた。工業用水ではないことから，①は誤りである。②は図5をみれば明らかであり，正しい。③と④も正しい。アラル海縮小にともなう悪影響の事例として理解しておこう。

6　農業

17　世界の農牧業

問1　④　　問2　②・⑤　　問3　サ−⑥　シ−①　　問4　③
問5　X−⑤　Y−②　　問6　④　　問7　①・④

·············　**設問解説**　·············

問1　図2中の**ア**は乾燥に強いラクダ，**イ**はモンゴル高原での遊牧で知られる馬，**ウ**は**チベット高原**やその周辺の標高の高い地域で飼育される**ヤク**である。よって，**C**地点のチベット高原はヤク，**B**地点のモンゴル高原は馬，**D**地点のサウジアラビアはラクダと判定でき，正解は④である。なお，ヤクはウシ科の家畜で，毛・乳・肉・糞が使われるほか荷役にも利用される。

問2　図1中の**E**地点はアメリカ合衆国西部のロッキー山麓から**グレートプレーンズ**にかけての地域にあり，肉牛の**企業的放牧**が盛んである。肉牛はこの地域で1年程度放牧された後，トウモロコシ地帯に移送，濃厚飼料で集中的に肥育されることが多かった。その集中肥育場は**フィードロット**と呼ばれ，近年は西部の放牧地帯にも増えている。よって②は綿花地帯ではなくトウモロコシ地帯が正しい。**グレートアーテジアン（大鑽井）盆地**を指す**F**地点の文中の③・④は正しい。この盆地では，**掘り抜き井戸の水が羊（毛用の羊であるメリノ種が主）の飲用水**として用いられている。**G**地点は**パンパ**を指している。湿潤パンパでは栄養価の高い牧草の**アルファルファ**が栽培され，それを用いて牛の飼育が行われる。羊は乾燥パンパや南部の**パタゴニア**で主に飼育されている。よって⑤は誤りである。**エスタンシア**はアルゼンチンの大土地所有制に基づく大農園（大牧場）の呼称で，同様の大農園は，ラテンアメリカの他の旧スペイン植民地では**アシェンダ**，ブラジルでは**ファゼンダ**と呼ばれる。

問3　**サ**は，「19世紀後半に冷凍船（冷蔵船）が就航して以来，イギリスを市場にして」酪農が発達してきたことから，大市場ヨーロッパから遠く離れたイギリスの旧植民地と読み取れる。さらに「冬の温暖な気候によって，牧草が年中成育」に符合するのは，温暖で**酪農**の盛んなニュージーランド北島（**M**）となる。正解は⑥である。
　　シは，まず「氷河の影響を受けて…荒地」から，**氷河期に大陸氷河に覆われたバルト海沿岸や五大湖周辺の酪農地域**を想起する。しかし「経営規模は比較的小さく」「集約的に飼育」は五大湖周辺の酪農地域には該当せず，「農業教育と農業協同組合」から，バルト海沿岸に位置する酪農国デンマーク（**H**）と判断する。正解は①である。

問4　熱帯雨林気候下では原始的な**焼畑農業**が行われている。草木灰のみを肥料とするため数年で地力が衰え，別の森林へ移動しなければならない。よって①は正しい。

栽培作物は**キャッサバ**などのいも類が主で，長い木の棒で種をまく耕作(ハック耕)が行われることから，②・④は正しい。しかし役畜としての家畜はともなわないことから，③が誤りとなる。

問5　図3中の分布から，aはギニア湾岸を決め手としてカカオ，bはブラジル高原南部やエチオピア高原南部で生産の盛んなコーヒー，cはマレー半島やスマトラ島を主産地とする天然ゴム，dはオーストラリア北東部やキューバで生産の盛んなサトウキビ，eはアメリカ合衆国南部から綿花と判定する。Xは「繊維の原料」「収穫期に乾燥する気候」から⑤のe綿花，Yは「**エチオピアが原産地とされる嗜好作物**」から②のbコーヒーとなる。ちなみにカカオの原産地は南アメリカの熱帯地域(オリノコ川流域)，**天然ゴムはアマゾン盆地**とされる。**プランテーション農業**は，**熱帯・亜熱帯にみられる大規模な商業的農園農業である。欧米人の資本で現地人や移民の安価な労働力を利用して，工芸作物や嗜好作物が大規模に単一栽培される。**

問6　**企業的穀物農業**地域では，小麦が大規模に販売目的で栽培されている。経営規模の大きい機械化のすすんだ農業で，労働生産性が高い。④のS地域はオーストラリアのマリー（マーレー）ダーリング盆地を示しており，ここではマリー（マーレー）川からの灌漑によって小麦栽培が行われている。文中の「多数の**掘り抜き井戸**」はグレートアーテジアン(大鑽井)盆地にみられるもので，**牧羊に利用**されている。よって④が誤りである。**小麦は冷涼少雨を好み，肥沃な土壌の分布する地域での生産が多い。**図3中のP〜Sの4地域とも年降水量は500mm前後で，Sを除くと肥沃な黒色土が分布している(P〜Rには，それぞれプレーリー土・パンパ土・チェルノーゼムが分布する)。

問7　**混合農業**は，**主穀作物・飼料作物の栽培と家畜飼育を組み合わせた農業で，ヨーロッパを起源とする農業の一つである。**①のエン麦は飼料作物やオートミールとして利用されるもので，パン用穀物には適当ではない。ドイツ北部やポーランドなどではライ麦が主穀作物として栽培されるが，飼料としても利用される。混合農業は，北アメリカでは**アメリカ合衆国のトウモロコシ地帯**で行われている。よって，④は春小麦ではなくトウモロコシと大豆が正しい。それらを栽培し，飼料として豚や肉牛の肥育を大規模に行っている。北アメリカには小麦地帯があるため，ヨーロッパのように主穀作物栽培が組み合わされた形とはなっていない。

18　農作物の原産地，農法，食料問題

問1　①　　問2　④　　問3　③　　問4　④

······························ **設問解説** ······························

問1　小麦には，秋から初冬にかけて播種し春〜初夏に収穫する**冬小麦**と，春に播種し晩夏〜秋に収穫する**春小麦**がある。冬小麦は春小麦より温暖な地方で栽培され，世界の小麦の大半は冬小麦である。オーストラリアでも冬小麦が栽培され，その播種期は秋〜初冬（4〜7月頃），収穫期は夏（11〜1月頃）となる。同じ南半球に位置するニュージーランドを参考にすればよい。よってオーストラリアは①となる。北半球では，インド・エジプトなどの低緯度（30°N付近）で2・3月に収穫が行われるのを手始めに，地中海北岸（5月）からさらに高緯度へと収穫前線は北上する。日本やフランスなど多くの国々が6〜8月に収穫の最盛期を迎えるが，高緯度のイギリスでは10月まで及ぶ。これらのことから，②がインド，③がフランスとなる。国土の広大なアメリカ合衆国では低緯度側で冬小麦，高緯度側で春小麦が栽培されており，二つの播種・収穫期が示された④がアメリカ合衆国となる。冬小麦と春小麦の栽培地域がみられる国として，ほかに中国が挙げられる。南半球では，北半球の端境期に小麦が収穫できるため輸出に有利である。

問2　**センターピボット**は，地下水を揚水し，360度回転するアームを使って散水する大規模灌漑であり，グレートプレーンズのほか，サウジアラビアやリビアなどの資金力のある乾燥地域の国でも導入されている。そこでは，小麦・トウモロコシなどの栽培が行われており，①は正しい。**カナート**は，イランの乾燥地域にみられる**地下水路**で，山麓の地下水を水源として，集落まで地下を導水するものである。上空から見ると，水路掘削とメンテナンスのために使われる立坑の丸い穴が集落まで点々と続いており，その存在を知ることができる。末端の集落では，自給用の麦類や**ナツメヤシ**が栽培される。よって②は正しい。なお，**同様の地下水路は，アフガニスタンではカレーズ，北アフリカではフォガラ**と呼ばれる。マリー（マーレー）・ダーリング盆地では，オーストラリアアルプス山脈南東側を流れるスノーウィー川から，山脈を貫く導水トンネルを経由してマリー川に供給される水（スノーウィー・マウンテンズ計画）を利用した灌漑がみられ，小麦の栽培が盛んである。よって③は正しい。アムダリア川・シルダリア川流域では，同河川から引かれた灌漑用水を利用して綿花や一部で米の栽培が盛んである。サトウキビは熱帯原産の作物であり，生育期に高温多雨を必要とするため，中央アジアの乾燥地域には適さない。よって④は誤りである。この灌漑用水の過剰取水により，両河川の流入するアラル海は縮小がすすみ，現在はほとんど消滅に至っている。

問3 写真1は**センターピボット**による灌漑農地で，**③**が該当する。360度回転するアームで地下水の散水や施肥・農薬散布を行う。アメリカ合衆国の半乾燥地域（グレートプレーンズなど）のほか，サウジアラビアやリビアなどでも導入されている。

問4 農業に関する正誤判定問題である。「**緑の革命**」は，**発展途上地域の食料増産を目指して行われた高収量品種の開発と普及**をいい，**米の高収量品種の導入には灌漑施設と農薬，化学肥料が必要**であった。それらの整備・入手ができるようになったタイ，ベトナムなどいくつかの国では穀物自給率が上昇し，輸出も可能となった。よって**①**は正しい。近年は，気候変動などにより世界各地で異常気象が生じており，それによる農作物の不作が報告されることが多い。そうした不作の影響は，農薬や化学肥料が利用できない貧しい農村部でより大きくなる。よって**②**は正しい。一方，先進国では，**フードロス（食品ロス）**の問題が生じている。国内消費を上回る量の食料品を生産・輸入し，大量の食料が廃棄される問題である。日本では，クリスマスや節分の日の大量の売れ残り食品，コンビニなどから毎日出される期限切れ食品など，本来食べられる食品が大量に廃棄されている。よって**③**は正しい。こうした先進国の飽食の一方で，発展途上国の中には食料不足という深刻な問題を抱えている国が少なくない。発展途上国で不足する食料を輸入できるような経済構築の助けとなるよう，近年先進国では**フェアトレード**の取り組みが推進されている。**発展途上国の生産者が生活可能な水準の収入が得られるよう，先進国の業者，消費者が発展途上国の農産物を適正な価格で輸入，購入する運動**である。よって**④**の下線部「フェアトレードを推進しており，発展途上国の農家の生活水準が悪化している」は誤りであり，これが正解となる。

19 農業統計

問1　③　　問2　③　　問3　②　　問4　①　　問5　①

···································· **設問解説** ····································

問1　頻出の統計数値の問題である。**アイルランドは，イギリスとともに丘陵性の国土と年中適度な降雨があることから牧草の生育と家畜の放牧に適している。**よって**国土の約半分が牧場・牧草地**に使われている**①**がアイルランド（イギリスの同比は約46％）となる。北欧の**スウェーデンは，フィンランドとともに森林面積比**が高い国であり，**国土の60％以上にタイガが広がっている。**よって**④**がスウェーデンとなる。また，果樹栽培はヨーロッパでは地中海沿岸地域で盛んなことから，耕地・樹園地率の高い**②**がギリシャ，残った**③**がスイスとなる。

問2　生産量の多い3大穀物と大豆の生産量に関する出題である。**米は，モンスーンアジアを中心に約9割がアジアで生産**されている。しかも，その約半分は人口大国の中国とインドで占められている。よってP国は中国である。**小麦は冷温帯の少雨地域を中心に世界で広く栽培されており，**上位にロシアやフランスなどが入るのが特徴であるが，上位1，2位は，やはり人口大国の中国とインドで占められている。小麦4位のQ国は，**トウモロコシと大豆で世界の約3分の1を占めて世界最大の生産国**となっている。**アメリカ合衆国のトウモロコシ地帯が，両作物の世界的栽培地であることからQ国はアメリカ合衆国となる。大豆は，近年南アメリカ大陸での生産量が増加**しており，**特にブラジルでの生産が多い。**よって，Q国（アメリカ合衆国）に迫る生産量を挙げているR国は，ブラジルとなる。**大豆は近年，中国で食品加工業の発達にともなう油脂原料として，また食生活の変化にともなう畜産飼料として需要が著しく増加**しており，中国向けの生産が増加している。特に南アメリカ大陸での生産増が著しく，総生産量の約半分を占めるに至っている。以上のことから正解は**③**となる。

問3　問2から続く主要4作物の生産量と輸出量から読み取れることがらに関する出題である。米の生産量は，小麦とほぼ同量の約7.7億トンであるが，**輸出量は小麦の2割程度しかない。**これは，**生産量の多くが生産地で消費されている**ことを示しており，「自給的」（空欄ア）な生産といえる。「商業的」生産は，販売や輸出を目的とした生産である。図3を見ると，世界的な大豆輸入量の増加は，中国の輸入量の増加によるところが大きい。2010年以降は世界の輸入量の過半を占めるに至っている。中国の輸入量の増加の背景は，**問2**の解説で述べたとおりであるが，食生活の変化から，特に牛肉消費量が増加して，飼料用大豆の需要が高まったことが挙げられる。よって空欄イには「飼料用」が入る。正解は**②**である。

問4　**肥料**は，その**投入に資金が必要**であり，単位面積当たり収量の維持・増加を図りたい地域での消費が多くなる傾向があるため，かつてはヨーロッパでの消費量が多かった。**1980年代以降は生産拡大を目指す中国での消費量が増加**し，それが牽引して現在は，アジアでの消費量が地域別では最大となっている。一方ヨーロッパでは，化学肥料の原料の一つである窒素が，土壌中，大気中，水域へ残留，排出されて環境問題を引き起こしていることから，その対策として消費量が減少している。1990年の耕地 1 ha当たり肥料消費量は，アジア123.8kg，ヨーロッパ129.5kgであったが，2017年にはアジア197.5kg，ヨーロッパ78.4kgと，対照的な変化をみせている。以上のことから，アジアに該当するのは①と判定できる。②〜④も判定しておこう。肥料消費量が少ない④は，最も経済水準の低いアフリカと判定できるが，②と③は単位面積当たり肥料消費量がほぼ同じであることから，横軸の農地割合が決め手となる。この農地には耕地と牧草地などが含まれているため，オセアニアの方がヨーロッパより高くなり，③がオセアニア，②がヨーロッパとなる。

問5　日本に一定の量がある②と④は輸入と判定できることから，生産量は①・③となる。**豚の飼育頭数は中国が最も多く，世界の約半分を占めている。**よって，豚肉生産量でも同等量となると考えて，①が豚肉生産量，残った③が牛肉生産量となる。ちなみに②と④の判別は必要ないが，②が牛肉の輸入量，④が豚肉の輸入量である。

20 日本の農牧業

························· **設問解説** ·························

問1 野菜はほぼ自給を達成してきたが，近年は生産者の高齢化にともなう労働力不足などにより生産が減少しており，中国などからの輸入が増加している。よって②が該当する。100％を超える自給率を維持してきた①が米（1995年以降輸入開始で100％割れ），**1991年に輸入が自由化され輸入量が増加している牛肉は③**，大豆はトウモロコシと並んで自給率の極めて低い作物であり④が該当する（トウモロコシの自給率は極めて低くほぼ0％）。

問2 ①の二毛作は，1年に同じ耕地で2度異なる作物を栽培することである。かつては，稲の収穫後に播種し田植え前に収穫が可能な冬小麦を，裏作作物として栽培する農家が多かった。よって①が正しい。②は，日本の小麦生産の中心は北海道（約60％）であり，誤っている。③は，減反政策による転作奨励で小麦の生産は一時期増加したが，1990年以降は増減がみられることから誤りである。④は，日本の農業は一般に経営規模が小さく集約的であるため，1人当たり生産量は少なく（労働生産性は低い），単位面積当たりの生産量は多い（土地生産性は高い）。よって誤りである。

問3 Cは，ベトナム・タイなどのエビの輸入先，ロシア・チリなどのサケの輸入先が含まれることから魚介類である。Bは，**牛肉の主な輸入先であるオーストラリアやアメリカ合衆国**，豚肉の主要輸入先であるアメリカ合衆国・カナダ・デンマーク，**鶏肉の主要輸入先のブラジル**などが含まれることから肉類となる。残ったAが野菜である。安価な製品が供給され，距離的に近くて鮮度の点でも有利な中国からの輸入が多い。正解は⑥である。

問4 アにはフィリピンがあることからバナナなどの果実，ウは2位のカナダから冷涼な気候を好む小麦と判定する。残ったイはトウモロコシとなる。ア～ウのすべてにおいて1位はアメリカ合衆国である。表1には比率が示されていないが，アメリカ合衆国からの輸入比率（2018年）は，果実21％・小麦48％・トウモロコシ92％となっている。正解は②である。

問5 豚は，鹿児島で最も飼育頭数が多いことから④が該当する。牛は，乳用・肉用ともに北海道が1位である（飼育頭数）。よって②が該当する。東京近郊や高知県が高い数値を示す③は野菜である。ミカンの主産地である和歌山・愛媛，リンゴの主産地青森・長野，サクランボや西洋梨の主産地山形が高い数値を示す①は果実と判定する。

7 林業

21 林業

問1 ②・⑤ 問2 ⑤ 問3 A-① D-② 問4 ③ 問5 ①

・・・・・・・・・・・・・・・・・・・・・・・・・ 設問解説 ・・・・・・・・・・・・・・・・・・・・・・・・・

問1 インドネシアの森林面積減少の主要因には，用材伐採や焼畑の拡大が挙げられる。
よって①は正しい。オーストラリアにおける減少の理由は，干ばつや森林火災の増加
によるところが大きい。よって②は誤りである。中国では，政策として植林がすすめ
られ(**退耕還林**と呼ばれる)，森林面積が増加している。よって③は正しい。ブラジル
における減少の要因としては，焼畑や牧場開発の拡大，用材伐採が挙げられる。よっ
て④は正しい。バイオマス発電は，主に建設廃材(木質)や製材所の廃材，間伐材など
をボイラーで燃焼させて蒸気をつくり，その蒸気でタービン発電機を回すものであ
る。発電用に人工林を育成することはなく，よって⑤は誤りである。フランスでは，
環境保全としての植林が盛んである。西アフリカのブルキナファソはサハラ砂漠の
南縁，砂漠化のすすむサヘルの一角に位置している。よって⑥は正しい。

問2 南アメリカは，熱帯気候地域が広いため森林面積の比率は他の大陸に比べて高く，
アマゾン川流域の熱帯林破壊がすすんでいることから⑤と判定する。④はヨーロッパ
である。乾燥気候がほとんどみられないため森林面積比が高く，**植林が盛んなこと
から森林面積は増加**している。①はアジアである。人口が多いために1人当たり森林
面積が小さく，日本の他に近年は中国でも植林による森林面積の増加がみられる。②
は森林の減少率が最も高いことから，熱帯林破壊と**砂漠化**が深刻なアフリカと判定
できる。残った③は北アメリカである。

問3 **針葉樹**の割合から，A～Cは高緯度国，DとEは低緯度国と分類できる。Aは，B・
Cに比べて針葉樹割合が低いことから，両者より低緯度に位置するアメリカ合衆国
である。経済規模，人口規模ともに，カナダ・ロシアより大きいため，**用材**伐採高
も圧倒的に多い。BとCは，伐採高に占める**薪炭材**割合の高低から，高いBが経済
水準の低いロシアと判定する。残ったCがカナダである。DとEの判定でも人口規
模の違いから，薪炭材伐採高の多いDが人口大国インドネシア(約2.7億人)，少ない
Eがマレーシア(約3,200万人)となる。両者の判定には，国土面積の差を使ってもよい。
ともに熱帯地域に位置するが，面積の広いインドネシア(190万km²)の方が伐採高は
多いと判断できる(マレーシアは33万km²)。よってAは①，Dは②となる。

問4 高緯度国は，森林限界を超えた高山地域や北極海沿岸などが含まれるため，国土
面積に占める森林面積割合が，タイガが覆うイメージほどには高くない。一方熱帯

に位置する国では，森林破壊のイメージが強いが，強い日射と多雨により森林面積割合が国土の過半となる国が多い。よって，①・②はブラジル・マレーシアのいずれか，③・④はカナダ・ロシアのいずれかとなる。**木材伐採高に占める薪炭材割合は，発展途上国で高く先進国では低い**傾向があるが，近年は，エネルギー資源を有する発展途上国での薪炭材割合の低下が著しい。特にロシアでは，国内で豊富に産する天然ガスと石油の利用がすすみ，国内のエネルギー供給の約75％がそれらで占められるようになった(2016年)。しかし，経済水準から考えるとカナダよりは薪炭材の利用割合は高いはずであり，③がロシア，④がカナダとなる。また，①と②の判定では，人口大国であり，マレーシアに比べると国内産の1人当たりエネルギー資源供給量が少ないブラジル(約2.1億人)が，薪炭材への依存度は高くなるはずである。よって②がブラジル，①がマレーシアとなる。

問5　**用材が大半を占める①と③が先進国**，**薪炭材が大半を占める②と④が発展途上国**と判断できる。前者では，木材生産量の多い①がタイガの広がるカナダ，少ない③が，林業従事者の減少などにより林業が衰退傾向にある日本となる。後者では，薪炭材を消費する人口規模を考えれば，その圧倒的な薪炭材の量から④が人口世界2位のインド，残った②がナイジェリアとなる。

第7章

8 水産業

22 水産業

問1 ③　問2 ①　問3 ②　問4 ②　問5 ⑥

設問解説

問1　**X**の，飼料や肥料の原料となる**アンチョビー**の漁獲が中心の海域には，**太平洋南東部のイが該当する。Y**の，**世界最大の漁獲規模を誇り**，**潮目**や**大陸棚**などの好漁場を有する海域には，**太平洋北西部のアが該当する。Z**の，特定国による大陸沿岸の海域の領有が認められていない海域とは，南極大陸周辺の**ウ**である。南緯60度以南の地域については，1959年に採択された**南極条約**により，非軍事化や領土権主張の凍結，科学的調査の自由などが定められている。正解は③である。

問2　ベトナムでエビ養殖が拡大したのは，**ドイモイ政策**が導入された1986年以降のことである。よって①は誤りである。②〜④は正しい内容として理解しておこう。

問3　②の，1980年に沖合漁業の生産量が遠洋漁業のそれを上回った背景には，1970年代半ばに，各国が**200カイリ排他的経済水域**を設定し始め，それにより漁場を失ったことや，**石油危機による燃料費高騰**などによる遠洋漁業の衰退が挙げられる。②の12カイリは200カイリが正しく，よって②は誤りである。①・③・④は正しい文として理解しておこう。

問4　中国の**人民公社**は，**1979年以降の改革開放政策下で解体**された。よって①は誤りである。なお中国は全漁業生産量に占める養殖業割合が高く（約4分の3），これは政策として養殖業が推進されたことによる。ペルーの漁獲量の多くは，**飼肥料に加工されるアンチョビー**で占められるが，**エルニーニョ現象**などの影響で**漁獲量は不安定**である。よって②は正しい。日本はアメリカ合衆国と並ぶ水産物輸入国であり，輸出量は多くない。よって③は誤りである。**ロシアの1990年頃からの生産量減少は，ソ連崩壊後の市場経済導入で，経済が混乱し産業活動が低迷したことによる。**ロシアが北太平洋沿岸の主要漁場を失ったわけではなく，よって④は誤りである。

問5　カツオやマグロ，ブリ，アジ，サバといった魚は暖海魚，サケやタラ，ニシン，サンマなどは寒海魚と覚えておこう。マグロは，西太平洋で台湾漁船により漁獲されたものが静岡県の焼津などに大量に水揚げされており，暖海魚のカツオ・マグロが上位に並ぶ**P**が焼津となる。寒海魚のサンマとタラの水揚が多い**Q**が北海道の根室，残った**R**が長崎となる。よって⑥が正解である。

9　資源・エネルギー

23　資源・エネルギー

問1　④　　問2　③　　問3　③　　問4　③　　問5　⑤

························· **設問解説** ·························

問1　2015年における金鉱の上位産出国は，中国・オーストラリア・ロシア・アメリカ合衆国・カナダ・ペルー・南アフリカ共和国・メキシコ・ウズベキスタン・インドネシアであった。同じく銀鉱は，メキシコ・ペルー・中国・オーストラリア・ロシア・チリ・ボリビア・ポーランド・アメリカ合衆国・アルゼンチンである。同じく鉄鉱石は，オーストラリア・ブラジル・中国・インド・ロシア・南アフリカ共和国・ウクライナ・アメリカ合衆国・カナダ・スウェーデンである。金鉱のウズベキスタン・インドネシア，銀鉱はコルディレラ山系（ロッキー山脈〜アンデス山脈），鉄鉱石はブラジル・インド・ウクライナが特徴的であるが，アメリカ合衆国や南アフリカ共和国の多寡に着目するのもよいであろう。

問2　レアメタルは希少金属（マイナーメタル）であり，地球上での埋蔵量が少なく，技術的に抽出が難しい金属でもある。埋蔵地域に偏りがあるものの，先端技術産業にはかかせないため，産業のビタミンと呼ばれ，採掘量が増加傾向にある。近年は，リサイクルに着手しているものの量的には少なく，海底探査による資源確保の競争もすすんでおり，③が誤りとなる。

問3　カとキは似ており，産出量と輸出量のいずれかと判断できる。そのうち，カにはベネズエラ・ナイジェリア・アンゴラが10位以内で示されているがキにはなく，キにはアメリカ合衆国が3位で示されているがカには見られない。消費量世界1位のアメリカ合衆国という点を考慮すれば，カが輸出量，キが産出量と判断できる。またクではアメリカ合衆国や中国の比率が大きく，日本やヨーロッパなどが10位以内に登場している。この点から輸入量と判断できる。

問4　バイオマスエネルギーは植物などの生物起源であるため，植物生長時に二酸化炭素を取り込んでいる。バイオマスエネルギーを利用すれば二酸化炭素は発生するが，それは植物生長時に取り込んだものであり，トータルでは二酸化炭素は増加しない，すなわちカーボンニュートラルと考えられている。薪炭材などはバイオマスエネルギーである。アメリカ合衆国ではトウモロコシから，ブラジルではサトウキビ，ヨーロッパではテンサイを原料としてバイオエタノールが製造されている。よって③が誤りとなる。なお，トウモロコシが食用に供されず，バイオエタノール製造に利用されると，トウモロコシを食用・飼料用に利用している国に影響が出ることが心配さ

第9章

れている。

問5　**Aは風力発電，Bは太陽光発電，Cは地熱発電の写真である。**文章サは，「小規
模で設置できる」や「電力供給は不安定」から，太陽光発電である。シは，「地球内部
のエネルギー」や「国立公園内での開発が規制」から，地熱発電である。スは，「二酸
化炭素の発生が少なく」や「大規模な施設では騒音」から風力発電である。よって⑤の
組合せとなる。

10 工業

24 工業立地

問1 ①・⑤　問2 ①　問3 ①　問4 ③　問5 ①

•••••••••••••••••••••••••••••••• **設問解説** ••••••••••••••••••••••••••••••••

問1　工業立地のタイプとしては，重量減損原料型（原料重量＞製品重量）の**原料指向立地**，原料重量＜製品重量であったり市場との関係性が特に強い場合の**市場指向立地**，海外原料依存型および加工輸出型の**臨海指向立地**，労働集約型の**労働力指向立地**，大量の電力を必要とする**電力指向立地**，水の量や質が重要な**用水指向立地**などに着目したい。①輸入大豆やトウモロコシを主原料とする日本の食用油工業は**A**の臨港地区に立地する。製粉工業は**D**や**E**地区に立地が多かったが，輸入原料への依存度が高まり，**A**地区への立地移動傾向がみられる（②）。セメント工業は重量減損原料型なので，石灰岩地域の原料指向立地となりやすい（③）。絹織物工業は生糸生産や農家の副業的要素が強かったこともあって**D**や**E**地区の立地が多い（④）。現在は需要の減少傾向により，大規模な立地はみられず，工場数の減少傾向にある。⑤自動車工業は約３万点の部品を組み立てる工業であるため，部品製造および関連下請け工場の集積が重要となる。そのため，**C**地区の親工場立地都市が企業城下町となりやすい。

問2　一般に工場は，**生産費を最小にして最大の利潤が得られる地点に立地する**。①生産費の中で労働費の割合が高い労働集約的な工業は，低賃金労働力の得られる地域へ立地移動する傾向がある。価格に比べて輸送費の割合が小さい半導体製造工業などは，**シリコンアイランド**（九州）にみられるように，**隣空港立地**となることも少なくない（②）。製品の重量が原料の重量と変わらない純粋原料を使用する工業であれば，原料産地と消費地の間のどこに立地しても輸送費はそれほど変わらない。しかし，ビール瓶などのように破損の心配があるなど，製品の輸送がしにくい工業は消費地に立地する傾向にある（③）。製品よりも原料の重量の方がはるかに重くなる重量減損原料を使用する工業は，輸送費軽減のために原料産地に立地する傾向にある（④）。

問3　セメント工業は石灰石を原料としている。そのため，**原料産地に立地した方が輸送費は安くすむ**。消費市場に工場を立地させると，大量の石灰石を輸送することになるため，輸送費が高くなる。**労働集約型工業は，製品の生産費の中で労働費の比重が高い工業のことである**。衣服製造業や組立工業などが当てはまる。石油化学工業のような装置型工業は，日本の場合，臨海指向型となる。よって①の組合せとなる。

問4　**輸出加工区**とは，完成品の輸出を条件に，輸入する原料・部品・半製品の関税が免除される地区である。原材料を輸出するために指定されるわけではないので，①は

誤りである。自国産の農水産物を原料とするのであれば，輸出加工区の意味はなく，②も誤りである。輸出加工区に進出する先進国の多国籍企業は，低賃金労働力の雇用によるコスト削減や市場開拓などを目的にしている。一方，輸出加工区を設置した国は，技術移転や企業進出による雇用の拡大，輸出による外貨の獲得などを見込んでいる。よって③は正しい。輸出加工区は，輸出を目的としているため，臨海部に設置される。よって④は誤りである。

問5　1990年代になると，中国やタイで所得水準が向上した。**中国は13億人を超える市場であり，タイは東南アジア諸国への輸送にも便利な位置にある。**そのため生産拠点として工場が立地しているので，①は正しい。集積回路の工場は，研究施設と生産施設の連携が必要である。ただし，広大な敷地が必要となるため，地価が高く適地の少ない大都市中心部への進出は難しい。よって②は誤りである。1990年代に業界再編はあった。しかし，**コンビナート**の基幹設備であるエチレンプラントなどの閉鎖はみられない。コンビナートは複数の企業により構成されているため，簡単に閉鎖することはできない。よって③も誤りである。出版業は情報の収集が重要である。大学・研究機関や政府などからの情報発信量が多く，情報も収集しやすい東京など大都市に立地する傾向が強い。よって④も誤りである。

25　世界の工業

問1 ③　**問2** ④　**問3** ⑥　**問4** ⑥　**問5** ③

設問解説

問1　インドは，ダモダル川流域を中心とする北東部の石炭や鉄鉱石資源を活用し，外国からの援助も受けてアサンソル・ドゥルガプル・ラーウルケーラなどに製鉄所を建設した（①）。サウジアラビアは，豊富な石油収入を背景に，ラスタヌーラやヤンボーに石油精製・化学工業をおこしている（②）。③旧ソ連の**コンビナート方式**は，資源結合による工業化であり，原産地周辺での重工業化がすすめられた。中国は，「**経済特区**」や「**経済技術開発区**」という一種の輸出加工区を指定して，外国企業との合弁で近代化をすすめている。アモイ・スワトウ・シェンチェン・チューハイ・ハイナン島の５経済特区は位置を含めて把握しておきたい。なお，経済技術開発区は辺境経済合作区も含めて231地区（2014年）が指定されている（④）。

問2　図中の凡例分布から都市名を推定し選択肢の工業に当てはめてもよいし，その逆でもよい。前者の方法を採用すると，**A**はロッテルダムやマルセイユに位置しており，石油化学工業が発達しているので②となる。**B**はバーミガムやエッセンに位置しており，鉄鋼業が発達していたので③となる。**C**はロンドンやパリに位置しており，印刷

工業や機械工業などの都市型消費財工業，半導体等の電子工業が発達しているので④となる。**D**はチェスターやトゥールーズに位置しており，航空機工業が発達しているので①となる。**EUの航空機工業**（エアバス社）は，主翼をイギリス，胴体や垂直尾翼をドイツ，水平尾翼をスペイン，操縦室をフランスというように分担して生産し，**トゥールーズで組み立てる**という国際分業の象徴的な工業である。

問3　2013年における工作機械の上位生産国・地域は，ドイツ・日本・中国・イタリア・韓国・アメリカ合衆国・台湾・スイスである。同じくパルプは，アメリカ合衆国・カナダ・中国・ブラジル・スウェーデン・フィンランド・日本・ロシアである。同じく綿織物は，中国・インド・パキスタン・インドネシア・ブラジル・トルコ・イラン・ロシアである。**工作機械は日本を含めた東アジアや西ヨーロッパの先進工業国**，パルプは**北アメリカや北ヨーロッパの針葉樹林帯**，綿織物は**綿花生産国および低賃金労働力の確保できるアジア諸国で生産量が多い**。よって⑥の組合せとなる。

問4　中国から考える場合は，自動車，自動二輪車，粗鋼のいずれも大生産国であるため，図形の大きさの異なりに着目し，世界における比重から判断することができる。しかし，一国だけで判断することは難しい。やはり，**カ～ク全体の登場国を考慮して**判断することになる。**カ**は，**ク**と似ているが，ロシア・トルコ・イタリアが登場し，中国の比率も大きい。よって粗鋼と判断できる。**キ**には，タイ・パキスタン・フィリピン・マレーシアなどのアジア諸国が登場している。よって自動二輪車となる。**自動車より安価な自動二輪車は市民の足として需要が高いためである。ク**は，アメリカ合衆国・日本・ドイツやスペイン・フランスなどの先進国で相対的に高くなっている。よって付加価値の高い自動車となる。

問5　製造業における業種別雇用者構成は，その国の産業構造や輸出構造から一定の類推が可能となる。たとえば，中国の輸出（2011年）第1位は電気機械，第2位が衣類，第3位が一般機械，第4位が繊維・織物である。機械と繊維の比率が高いと予想される。そこで各業種の特徴を読み取ると，**サ**は中国の比率が低く，**シ**は中国の比率が高い。**ス**はインドと中国の比率が高くなっている。よってインドの比率も高い**ス**は綿織物などの繊維，世界の工場とも呼ばれる中国が突出している**シ**は機械となる。また，近年の中国は食料品の輸入も増加しており，食料・飲料の構成比も低くなっている。よって③の組合せとなる。

26　日本の工業

問1 ⑤	問2 ③	問3 ③	問4 ③	問5 ③

·················· **設問解説** ··················

問1 アはイやウに比べて高範囲に分散しており，北海道や九州の事業所数も少なくない。イは東京の集中度が低下し，2000年には関東全域に広がっている。ウは東京・大阪・愛知への集中度は変わらず，高い状態にある。出版・印刷業は市場（消費地）指向型であり，情報発信量が多い三大都市圏に集中する傾向が強い。食料品製造業は原料や製品の鮮度がかかわり，地域ごとに特徴的な食料品も生産されることから，事業所の集中度は低くなる。電気機械器具は高度経済成長期以降に地価や人件費，交通網の整備といった面から地方分散がすすんだ業種である。よって⑤の組合せとなる。なお，**2002年に「出版業」が第3次産業へ分類が移行し，製造業ではなくなっているので注意したい。**

問2　③IC（集積回路）製品は，重量に比して高価格であることから，製品価格に対する輸送費の割合が小さい。そのため，輸送費が割高となる航空輸送を行っても十分な利潤が得られる。労働力は，開発や検査部門を中心に，若年労働力を多数必要としている（①）。地方での立地が多い理由は，広大な敷地や大量の水や若年労働力を必要とするからである（②）。IC製品は家電製品などに組み込まれており，単体での輸出は少ないといえる（④）。

問3　工場の立地は，原料産地，市場，臨海地など，業種によって特徴がみられる。ただし，日本の場合は多くの一次産品を輸入に依存しているため，工場の立地場所からの考察の方がわかりやすい。①の立地数はやや少ないが，人口の多い地域に多い傾向があるので，市場立地型のビールとなる。②は北海道，東京，沖縄での立地が多いので砂糖となる。北海道はテンサイ，沖縄はサトウキビからの製糖，東京は輸入糖からの生産が多い。③は家畜飼育が盛んな北海道や南九州での立地が多い。よって配合飼料となる。④は立地数が多く，人口の多い三大都市圏が中心である。よって需要が高く，様々な食品に加工される小麦粉となる。

問4　①セメント製造業は，石灰石・粘土を主原料として石炭で焼き，セメントを製造する工業である。**原料の石灰石は日本が自給できる数少ない資源**の一つで，重量がかさむため石灰石産地の近くに立地する場合が多い。秩父市が位置する埼玉県，山陽小野田市・宇部市が位置する山口県，北九州市などに立地が多い。②アルミニウム製錬業は，ボーキサイトを原料として，中間製品のアルミナからアルミニウムを製造する工程で大量の電力を消費するため「電気の缶詰」といわれている。2度の石油危機による電力料金の大幅な引き上げは，日本のアルミニウム産業に大きな打撃を

与え，その後の円高により国際競争力を失うことになった。自家水力発電所を有する日本軽金属・蒲原工場（静岡）も2014年に操業を停止し，**日本で新地金を精錬する工場はなくなった**。③製鉄業は，第二次世界大戦後，太平洋ベルト地帯での立地がすすみ，高度経済成長を支えてきた。近年，中国やNIEs諸国の台頭で，閉鎖や合理化を余儀なくされている。④衣服製造業は，労働集約的な工業であり，日本国内での生産は減少傾向にある。国内企業の中には海外へ生産拠点を移転したものも多く，近年は中国や東南アジアに進出する企業が多い。

問5　図4を見ると，1963年当時の軽工業は48.5％，地場資源型素材工業は18.4％である。計66.9％となるので，①は正しい。新産業都市指定後である1970年の臨海型素材工業は1963年にくらべ4.4％上昇しており，第二次産業人口も1960年の2.0万人より増加している。よって，②も正しい。機械工業は1980年の12.5％から1999年の32.7％へ大幅に伸びている。第二次産業就業者数も1980年の4.6万人から2000年の5.3万人へと増加した。しかし，③中の第二次産業人口は割合である。産業別就業者の総数も増加しているため，1980年から2000年にかけて第二次産業人口割合は低下している。よって，③は誤りである。1960年に47.8％であった第三次産業人口割合は，第一次産業が不明であるが，7割を超えていると読み取ることができる。よって，④は正しい。

11 生活行動

27 生活行動

問1 ② 問2 ① 問3 ④ 問4 ① 問5 ③

・・・・・・・・・・・・・・・・・・・・・・・・・・・・・・・ **設問解説** ・・・・・・・・・・・・・・・・・・・・・・・・・・・・・・・

問1 本問は，各国の経済水準や生活文化，社会制度に関する知識を要求しているわけではなく，与えられた資料の特徴からの論理的思考力が要求された問題である。雇用者1人当たりの年間労働時間と1人当たりGDPの相関図からは，**1人当たりGDPが高くなると雇用者1人当たりの年間労働時間が低下する**傾向を読み取ることができる。この特徴から異なる選択肢が**②**であり，誤りとなる。実際，韓国の労働時間は，1980年の2,876時間から2006年には2,305時間に減少している。なお，オランダは1982年の恐慌時から，オランダモデルと呼ばれる**ワークシェアリング**に取り組んでいる。

問2 家計消費支出であり，国家支出ではない。**社会保障が整備されている国では，医療・保健の家計支出は少なくなる**。また，発展途上国では，**食料の割合すなわちエンゲル係数が高くなりやすい**。さらに，娯楽・文化へ支出する余裕が少なく，住居費も少なくなりやすい。よって，社会福祉先進国のスウェーデンで少なく，医療費が自己負担となるアメリカ合衆国で高い割合を示す**①**が医療・保健である。スウェーデンや日本で高く，インドで低くなる**②**は住居，発展途上国のインドで高い**③**が食料，同じく低い**④**が娯楽・文化となる。

問3 **エコツーリズム**とは，**自然体験，学習型観光を通して環境保護を両立させる観光**のことである。中央アメリカのコスタリカはエコツーリズムの発祥地とされ，国土の4分の1が国立公園や保護区に指定されている。よって**①**は正しい。東南アジアでは，インドネシアのバンドンは，標高が高く(768m)過ごしやすい住環境であり，多くの外国人が居住し「ジャワのパリ」とも呼ばれる。よって**②**も正しい。**グリーンツーリズムは，都市居住者などが農村や山村で休暇を過ごすことであり，アグリツーリズムとも呼ばれる**。ヨーロッパが発祥であり，**③**も正しい。日本人の海外旅行渡航先は，2010年現在で第1位が中国，次いでアメリカ合衆国(ハワイ・グアム・北マリアナ諸島を含む)，韓国，香港，台湾であった。よって，**④**が誤りである。

問4 総観光客数が増加している**P**の時期は，1973年までの高度経済成長期であり，**サ**の「国民所得の向上と全国的なレジャーブーム」に当てはまる。宿泊客が落ち込んだ**Q**の時期は，**1970年代に2度(73年，79年)発生した石油危機で低成長へ転換した**。また交通網が整備されたことで，日帰りは減少しなかったが，宿泊客も減少につながった。総観光客数が減少した**R**の時期は，1990年代初めのいわゆる「**バブル経済の**

崩壊」で，日本経済が急激な景気の悪化を記録した時期でもある。よって，**①**の組合せである。

問5　タは歴史的，地理的なつながりが深いので，韓国である。2018年統計でも大分県を訪れた訪日外国人（**インバウンド**：1,313,177人）の62.7%が韓国人であった。チは観光客への取組みなので，観光に関わる専門的な人材の育成である。よって，**③**の組合せとなる。

第11章

12　交通・通信

28　交通・通信

問1　① 　問2　① 　問3　③ 　問4　③ 　問5　④

·· **設問解説** ··

問1　①日本のことだけを考えると間違いやすい。運賃の高価な航空交通は，先進国の交通機関としての意味の方が大きい。**航空交通における大陸別移動数は，北アメリカとヨーロッパ間が最も多く，次いで北アメリカと中南アメリカである。**アジアと北アメリカ間は，前記に加え，アジアとヨーロッパ間などよりも少なくなっている。ユーロトンネルの開通により，ロンドンとパリ間は3時間で結ばれた。しかし，ユーロスターの運行数が限られているため輸送量が少なく，航空交通の方が圧倒的に多い（②）。同様に，日本と中国を結ぶ国際船舶航路は少なく，航空交通の方が圧倒的に多い（③）。自動車交通が中心のアメリカ合衆国ではあるが，大西洋岸と太平洋岸は4,000km前後あるため，バスや鉄道よりも航空交通の方が圧倒的に多い（④）。

問2　水戸市・佐賀市・宮崎市はそれぞれ大阪市から500kmの距離に位置している。1969年4月の所要時間は**ア→イ→ウ**の順で長くなっている。1969年当時は東海道新幹線が開通しているので，大阪から東京まで利用できる水戸の所要時間（時間距離）が一番短くなる。2016年には山陽新幹線や九州新幹線が開通しているので，佐賀と宮崎の短縮効果は高い。ただし，沿線から離れている宮崎の方が所要時間はかかる。よって，①の組合せとなる。

問3　指標の特徴を考えるとよい。**指標が千人当たりの場合は，該当国の発展段階が関係する。発展段階が高ければ数値は大きくなりやすい。**一方，インターネット利用者数は合計であるため，発展段階のほか，該当国の総人口も関係する。どんなに発展段階が高くても，小国は人口大国を上回る利用者数にはならない。①は，千人当たりの固定電話回線数が小さいことから発展途上国であり，インターネット利用者数を考慮すればタイと判定できる。②〜④はいずれも発展段階が高いといえるが，インターネット利用者数から，人口規模は④>②>③と判定できる。よって，②は韓国，③はシンガポール，④はアメリカ合衆国となる。

問4　発展段階の高い国は，一般にインターネットの普及率，都市人口率，1人当たりGNIが高くなりやすい。すべての指標が最も高い①はマレーシアである。タイはマレーシアとともにDAE（Dynamic Asian Economies）に加えられている。DAEは，アジアNIEs＋マレーシア・タイの6か国・地域であり，発展度が高いとされている。三

つの指標の中では，１人当たりGNIの優先度が高くなる。また，タイは世界第１位の米輸出国(2016年)であり，天然ゴム生産も世界１位(2018年)の農業国でもある。よって，１人当たりGNIは高いが都市人口率はやや低い**③**となる。全体的に数値が低い**④**がインドネシアである。**フィリピンは，海外出稼ぎが多く，海外の**コールセンター**も設置されて１人当たりGNIの割にインターネット普及率が高くなっており，②が該当する。

問5　インターネットは，世界中のコンピュータが回線で結ばれ，相互に情報を交換できるシステムである。**そのため，国境を越えて問題も広がりやすい。よって**①は正しい。**同様に，コールセンターを国外に設置することも可能である。インドにはアメリカ合衆国のコールセンターが設置されており，**②も正しい。**情報通信技術の利用には，情報インフラ整備や通信機器などの端末を普及させる必要がある。そのため，デジタルデバイド**が起こりやすく，**③も正しい。光ファイバーは，同軸ケーブルに比べ，高速で大容量の情報が伝送できる。そのため，通信量が急増しており，**④は誤りである。

13　産業の国際化と国際協力

> 問1　① 　問2　④ 　問3　① 　問4　④ 　問5　⑥

設問解説

問1　**世界標準時（GMT）**はロンドン郊外の旧グリニッジ天文台を通る**本初子午線**を基準にした時刻である。証券取引所における通常の取引時間を考えると，8時から始まる③がロンドンとなる。**時差は2地点間の経度差÷（360÷24）**で求められる。日本は東経135度を標準時の基準とすることから，（135−0）÷（360÷24）＝9となり，日本の標準時はロンドンより9時間早い（GMT＋9）。よって，東京はロンドンの9時間前に取引を開始する①となる。②がホンコン，④がニューヨークである。

問2　**海外（対外）直接投資**とは，海外に資本を投下して，**鉱山開発や工場経営などを行**うことである。日本の企業は，1980年代の日米貿易摩擦の激化，円高期以降，自動車工業ではアメリカ合衆国などへ（③は正しい），電気機械などの労働集約型工業では東南アジア・東アジアへの投資を拡大させてきた。アフリカは，経済水準が低く生産環境も整っていないことから，日本からの投資は少ない。よって④が誤りである。海外投資をはじめ，近年は経済活動の国際化が急速にすすんでいる。その中で，ヨーロッパの複数の国で部品や本体の一部を開発・生産し，フランスの**トゥールーズ**で組立てを行う**航空機工業**や，穀物の国際流通を支配する多国籍企業であるアメリカ合衆国の**穀物メジャー**は，国境を越えた経済活動を行う典型例といえる。よって①・②は正しい。なお，外国企業への証券投資などは間接投資と呼んでいる。

問3　海外直接投資は，工業発展が見込まれる国や地域に対して行われることから，こうした問題では，その増加の時期から判断するとよい。シンガポールは，韓国・台湾・ホンコンなどとともに1970年代から工業化が進展し，**NIEs**の一角を占めている。現在は，高水準の経済力と工業技術を有する国となっている。よって，いち早く純流入額の増加が始まった**ア**がシンガポールである。タイは，マレーシアとともに1980年代から工業化が始まった。近年は，日本からも自動車工場が進出し，関連産業での投資も増加している。よって**イ**がタイとなる。ベトナムは，1986年以降の**ドイモイ政策**下で外資の進出が始まった。1990年頃から増加傾向を示す**ウ**がベトナムである。よって①が正解である。

問4　アジアや北アメリカ，ヨーロッパでも数値が高い**A**は，自動車を主とする輸送機械製造業である。約90％がアジアで占められる**B**は，豊富な低賃金労働力を必要とする繊維製造業である。残った**C**は，アジアとオセアニアで約半分を占めることから，

フィリピンでのバナナプランテーション，東南アジアでのエビの養殖，トンガでのカボチャ生産，オーストラリアでの畜産などの事業が想起でき，農林漁業と判断できる。よって④が正解である。

問5　観光収入は，ヨーロッパでは南ヨーロッパ地域が多いことから，**ク**が該当する。留学生は，語学(特に英語)やハイテク技術の修得を目的とするものが多い。よってアメリカ合衆国やイギリス・オーストラリアなどが高い割合を示す**カ**が，留学生受入数となる。残った**キ**が，特許権・ライセンス使用料収入である。先端技術産業や自動車生産などの分野で高度な技術力をもつアメリカ合衆国や日本で割合が高いのが特徴である。正解は⑥である。

30　貿易

問1　① 　　問2　① 　　問3　③ 　　問4　④ 　　問5　③

························· 設問解説 ·························

問1　第二次世界大戦後の世界貿易は，戦前のブロック経済や**保護貿易**(自国の産業の保護・発展を目的とする貿易形態)への反省から，**IMF**(**国際通貨基金**)・**IBRD**(**国際復興開発銀行**)を柱とするブレトン=ウッズ協定や**GATT**(**関税と貿易に関する一般協定**)を締結し，外国為替相場の安定や**自由貿易**を原則としてきた。よって①は誤りである。近年，中国のように一部の発展途上国では，人口の多さを背景にGDPや貿易額を著しく伸ばしている国もみられるが，未だ多くの発展途上国は農産物などの一次産品を輸出し，工業製品は先進国からの輸入に依存している国が少なくない。こういった貿易形態を**南北貿易**または**垂直貿易**(**垂直的分業**)と呼び，発展途上国と先進国との間の経済格差の拡大につながっている。この経済格差の問題が**南北問題**であり，よって②は正しい。また④は，工業製品を相互に取引する先進工業国間で行われてきた貿易形態，すなわち**水平貿易**が説明されており，正しい。ただし近年は，東アジアや東南アジア諸国の工業化により，同地域と先進工業国との間で工業製品の取引が増加していることにも注意を払いたい。1970年代から，**安価な労働力をもとに先進国企業を誘致して輸出指向型工業**を推進するNIEsと呼ばれる国・地域が現れた。韓国・台湾・ホンコン・シンガポールなどである。さらに1980年代にはタイ・マレーシアをはじめとするASEAN諸国，1990年代には中国などが，同様の形式で工業化をすすめた。今日では，これらの国々から繊維・衣類・家庭電化製品など多くの労働集約的な製品が先進国に輸出されている。よって③は正しい。

問2　貿易相手先は，輸送費の点で有利な，距離的に近い国や地域となることが多い。ヨーロッパの相手先のうち**D**は，アフリカと中央・南アメリカの上位にないことから，

旧ソ連となる。ヨーロッパで3番目に多い**B**は，地中海を挟んだ対岸にあるアフリカとなる。北アフリカに位置するアルジェリアやリビアといった産油国は，それぞれフランスやイタリアの**かつての植民地**であり，そうした国家間では現在も経済的なつながりが深い。残った**A**と**C**は，アフリカの相手先から考える。世界の埋蔵量の約半分を占め，生産量も約3分の1を占める中東地域に近いことから，最大の輸入先**A**はアジアとなる。残った**C**が中央・南アメリカである。よって①が正解である。

問3　コーヒーを輸出しているいくつかの国を，輸出の上位品目から判定する問題である。アフリカのエチオピアとコートジボワールは工業化が進んでおらず，農産物を中心とした一次産品の輸出が多くなることから，①と②のいずれかとなる。**コートジボワールはカカオの生産と輸出で世界1位**が続いており，①が該当する。**エチオピアは国土にコーヒーの原産地を含み**，現在もコーヒーへの依存度が高いことから②となる。一方，衣料品や機械類が上位に入る③と④は，主に労働集約型の業種で工業化が進展中のインドとベトナムのいずれかとなる。**インドは古くからダイヤモンド研磨加工業**が発達しており，原石を輸入し研磨した製品を輸出している。このことから上位品目に宝石・貴金属がある④がインド，残った③がベトナムとなり，正解は③である。

問4　第二次世界大戦後，**長く日本の貿易相手先はアメリカ合衆国が最大**であった。しかし，近年は中国が上回っており，**P**が中国，**Q**がアメリカ合衆国となる。**オーストラリアは，日本の石炭と鉄鉱石の最大輸入先**であり，日本の**開発輸入**により一定の輸入量が維持されている。近年は**天然ガス**の輸入量も増えていることから，**R**がオーストラリアとなる。正解は④である。

問5　貿易額は，経済規模の大きい工業国間や輸送費の点で有利な隣接国間で大きくなる傾向がある。スペイン，ドイツ，フランス，ポルトガルの4か国では，ドイツとフランス間の貿易額が大きくなると考えられることから，**サ**と**シ**が両国のいずれかとなり，いずれの国とも貿易額が小さい**ス**と**セ**が，スペインとポルトガルのいずれかとなる。後者のうち，いずれの国ともより貿易額が小さい**セ**が，ドイツ・フランスから距離があり，人口・経済規模が最小のポルトガルである。よってスペインは**ス**となり，正解は③である。**スペインはフランスの隣国**であり，EU（当時はEC）に**加盟すれば，EU主要国に無関税で輸出が可能となる**ため，1986年のEU加盟期から海外の**自動車メーカーの工場進出**が相次いだ。以後，自動車工業は同国の主要産業となり，**自動車は長く同国最大の輸出品**となっている。そうした背景から，貿易額はポルトガルより大きい。ドイツとフランスの判定はドイツの輸出超過となっていることを知らないと判定は難しい。**シ**がドイツ，**サ**がフランスである。

31　国際協力

設問解説

問1　**ODA（政府開発援助）**の実績（拠出額）や対GNI比から国名を判定させる問題である。本問では，各国の**GNI（国民総所得）**のおおよその規模がわかっていれば容易に解答できる。**表1**から各国のGNIを概算し（ODA実績÷GNIに対するODA割合で求められる），その規模を比較すると，③が最大で，①が2位，②と④はほぼ同規模とわかる。先進国どうしのGNI比較では，各国の人口規模を考慮するとよい。経済水準が同程度であれば，GNIは人口規模にほぼ比例することになるためである。よって③がアメリカ合衆国（約3億人），①が日本（約1.3億人），②・④はイギリス・フランスのいずれか（ともに約6,000万人）と判定できる。国連では，GNIに対するODA割合（%）を，0.7%とする目標を掲げているが，例年達成されているのはノルウェー・スウェーデン・デンマーク・ルクセンブルクの他，2013年以降はイギリスも名を連ねている。**表1**に示されたとおり，アメリカ合衆国や日本の同数値は0.2%前後と低く，批判の対象となってきた。なお**表1**中，②はフランス，④はイギリスである。

問2　ODA（政府開発援助）は，旧宗主国から旧植民地諸国へ，あるいは近隣の発展途上国で主要な貿易相手先である国などに対して行われることが多い。**図1**中の**b**で示された国の多くは，かつてフランス植民地であった国々であり，**b**はフランスとなる。日本のODA拠出先は東南アジアが多く，アフリカに対しては多くはない。また，拠出額を考えても（**問1の表1**参照），アメリカ合衆国の方がはるかに大きいことから，多くの国で首位となっている**a**がアメリカ合衆国，エスワティニ（スワジランドが2018年に改称）やガンビアなどごく僅かしかない**c**が日本となる。正解は**②**である。

問3　①と②は，**図2**をみれば明らかであり，正しい。**アフリカで砂漠化の進行が著しい地域は，サハラ砂漠南縁のサヘル地方**の国々である。**図2**では，その地域に難民規模は記されていないことから，③は誤りである。アフリカ諸国で発生している難民の多くは，政情不安や内戦によるものである。④は正しい文である。

問4　日本の**NGO（非政府組織）**の東ティモールにおける活動は，国造り支援や平和の定着，保健分野などで行われている。内政にかかわる「警察を組織」するような活動はありえない。よって**①**は誤りである。また，NGOの活動は一般的には，②の「小学校の再建支援のための活動」（募金活動のような），③の医療支援，⑤の栄養改善活動，⑥の教育支援活動などが主となる。莫大な費用を必要とする「防波堤の建設」などは，NGOではなくODAで行われるものである。よって**④**は誤りである。

問5　**JICA（国際協力機構）**は，日本のODAのうち，発展途上国での人材養成，青年

海外協力隊の派遣などの事業を行っている。先進国を対象としたものではなく、よって①は誤りである。②は正しい文である。PKO（**国連平和維持活動**）は、紛争の平和的解決を目的に行う活動で、冷戦終結後の地域紛争が頻発する中、治安維持や選挙の監視, 停戦のための強制行動などを行っている。日本の最近の参加としては, 南スーダンでの活動やソマリア沖での海賊対処などがある。よって③は誤りである。日本では、受け入れ数は他国に比べて多くはないが、難民の受け入れは行われている。定住する難民に対し, 日本語教育や職業訓練を行っているが, ODAを通じたものではない。ODAは発展途上国に対して行われる対外的援助である。よって④は適当ではない。

14　人口

32　人口モデル

······················· **設問解説** ·······················

問1　Ⅰ期は出生率・死亡率がともに高い**多産多死型**で，第二次世界大戦以前の旧植民地のように，低年齢層の割合は高いものの死亡率の改善がみられない時期である（②）。Ⅱ期は出生率は高いものの死亡率が低下し**多産少死型**に移行する過程で，戦後の発展途上国にみられる**人口爆発**の時期である（③）。Ⅲ期は①出生率が低下し**少産少死型**になる過程で，発展途上国から先進国へ移行する途中の時期に出現しやすい。Ⅳ期は出生率・死亡率がともに低い少産少死型で，先進国や生活水準の高い時期に出現しやすい（④）。

問2　文章から国名を推測し，三角図から該当する国を判定する問題である。文章アは「温帯・亜寒帯」，「鉱産資源は豊富」，「石油は国内消費量が多いので，輸入国（世界１位）」，「首都は，18世紀末から19世紀初めにかけて建設された計画都市（ワシントン）」などから，アメリカ合衆国と判定できる。文章イは「**大土地所有制度**が現在も存在（ハシェンダ＝**アシェンダ**）」，「貧富の格差が大」，「失業率が高」，「出稼ぎ収入への依存が大」，「国民の大半はキリスト教徒」などから，フィリピンと判定できる。①は2017年でも比較的第１次産業人口比率が高いことから，発展途上国のフィリピンである。②は急激に第１次産業人口比率が減少し第３次産業人口比率が増加していることから，**新興工業経済地域（NIEs）**に数えられる韓国である。③は第１次・第２次産業人口比率が減少し第３次産業人口比率が増加していることから，**脱工業化**が進む日本となる。④は1976年当時から第１次産業人口比率が低いので，76年当時からの先進国であるアメリカ合衆国と判定できる。

問3　①の**人口ピラミッド**は69歳未満の比率がほぼ等しくなる**釣鐘型**，②は**富士山型**に近く，③は39歳未満で変化が生じているが20歳代で増加するなど特別な型，④は29歳未満で比率がほぼ等しくなる釣鐘型といえるが近年出生数が減少している。新興国であるブラジルは，発展途上時代に出生した30歳以上が富士山型となっている④である。①は69歳未満の出生数に変化がないともいえるので，少産型の先進国フランスである。②は10歳くらいまで出生数が増加しているので，多産型の発展途上国インドである。③は出生数の増減が一人っ子政策やその抑制時と関連しており，中国と判定できる。

33 世界の人口・人口問題

問1 ⑤ **問2** ② **問3** ④ **問4** ③・⑦

·············· **設問解説** ··············

問1 単純な知識でも正答を導けるが，**地域の特徴と統計推移の特徴から類推できるようにしたい**。1960 ～ 2015年で①は約2.6倍，②は約1.2倍，③は約4.2倍，④は約2.1倍，⑤は約2.8倍となっている。この間の世界平均は2.3倍なので，②と④は先進的地域，①・③・⑤は発展途上地域と推測できる。そして，②・④と①・③・⑤のグループで増加率や絶対数に着目すれば，①がアジア，②がヨーロッパ，③がアフリカ，④が北・中アメリカ，⑤が南アメリカと判定できる。なお，先進的地域とした④の増加率がやや高いのは，中央アメリカを含めていることと，**北アメリカは現在でも比較的多くの移民を受け入れており出生率が高い**ことも影響している。

問2 出生率・死亡率・自然増加率の階級区分図と選択肢の内容の正否を判断する問題である。北アメリカの出生率は15.0‰未満，中央・南アメリカは大半が15.0‰～25.0‰未満なので出生率に違いがみられる。しかし，自然増加率は0.0‰以上なので，出生率が死亡率を上回っている点は共通している。よって①は正しい。自然増加率の階級区分図から，旧ソ連諸国や東ヨーロッパは自然減少している国が多いとわかる。しかし，**一人っ子政策**は中国で実施されているが，旧ソ連諸国や東ヨーロッパは関係がない。よって②は誤りである。サハラ以南アフリカの出生率は，35.0‰以上の国が多く依然として出生率が高い。また死亡率は15.0‰以上の国も多い。よって③は正しい。死亡率が出生率を上回れば，自然増加率は0.0‰未満になる。日本のほか，ドイツ・イタリアなどが0.0‰未満となっており，④は正しいとわかる。

問3 インドネシア・ナイジェリア・メキシコは，**BRICS**諸国に次いで経済発展すると考えられた**ネクスト11**に数えられている。1990 ～ 2015年の25年間で1人当たりGDPは日本が40％弱の増加にとどまっているが，**ア～ウ**はおよそ3～4倍となっている。その中で，合計特殊出生率が高く人口が急増していると考えられる**ア**がナイジェリア，1人当たりGDPが比較的高い**イ**はラテンアメリカNIEsとも呼ばれたメキシコ，1人当たりGDPの増加率が最も高い**ウ**は世界の成長センターと呼ばれた**ASEAN**の一員インドネシアである。

問4 オーストラリア・ニュージーランドと太平洋島嶼国であれば，送出国が太平洋島嶼国，受入国がオーストラリア・ニュージーランドとなる。送出国は小国の珊瑚礁国家が多いため，**海水面上昇による国土の水没**といった**居住環境の悪化，人口増加による雇用機会の不足**が起こりやすい。受入国は人口密度の低い先進国であるため，相対的に賃金水準は高いが労働力は不足しやすく，移民受入国なので**多文化主義**と

なりやすい。よって，③と⑦が適当ではない。なお，③と④は矛盾する関係にあり，デジタルデバイド（情報格差）が受入要因とは考えられない。

34　日本の人口・人口問題

問1　④　　問2　②　　問3　②　　問4　③　　問5　④

・・・・・・・・・・・・・・・・・・・・・・・・・・・・・　**設問解説**　・・・・・・・・・・・・・・・・・・・・・・・・・・・・・

問1　日本の高齢化社会に関する問題である。①雇用機会の多い大都市部には生産年齢人口が流入するため，**老年人口率は大都市部で低くなり，農山村部で高くなりやすい。**②高齢者福祉に必要な財源には，消費税などが充てられており，農産物の関税は関係ない。また，今日，貿易の自由化という観点から，農産物の関税は引き下げられる傾向にある。③平均世帯人員数は，単独世帯の増加や出生率の低下などで減少傾向にある。また，高齢者の増加に従って，高齢者単独の世帯も増加傾向にある。④地域社会で種々のボランティア活動やサークルなどで，生きがいを見出している高齢者は多い。定年後，シルバーボランティアとして，東アジアや東南アジアの発展途上国で活躍する高齢者もみられるようになった。

問2　昼夜間人口比率は，通勤・通学者が流入する業務地区で高く，流出する住宅地区で低くなる。老年人口割合は，地方・過疎地域や歴史の古い地区で高く，新興地区で低くなりやすい。アは昼夜間人口比率の高さから，大都市圏の中心で業務地区のＡ市である。イは昼夜間人口比率の高さから，一定の中心性があり，老年人口割合の高さから一定の歴史性も予想される。大都市圏外縁部のＣ市と判定できる。ウは昼夜間人口比率が100を割り込んでいることから，人口が流出するＢ市となる。よって②の組合せである。なお，アは大阪市，イは京都府南丹市，ウは大阪府吹田市であるが，統計から具体的な都市名はわからなくてよい。

問3　日本に在留する外国人は，外国人登録法により，登録が義務づけられている。2011年は207.8万人が登録されており，1990年の107.5万人からはほぼ倍増した。この増加に大きな影響を与えたのが，1990年の出入国管理及び難民認定法（入管法）の改正である。この改正により，**日系人の在留資格が再編されてブラジルやペルーからの出稼ぎ労働者が増加し，中国からは研修生・留学生の受け入れが急増した。**近年はフィリピンから興行を目的とする登録者が増加しており，2012年にはブラジルよりも多くなっている。実数は少ないものの，東南アジアの出身者も増加している。その一方で，韓国・朝鮮籍（北朝鮮国籍は認めていない）は，在日韓国・朝鮮人の高齢化や日本国籍の取得などにより，減少傾向にある。よって，減少している①は韓国，増加数の多い②はブラジル，増加率の低い③はアメリカ合衆国，実数の少ない④はイ

ンドとなる。

問4　階級区分図を読み取ると，合計特殊出生率は東京が1.2未満で，東京周辺や大阪
周辺，宮城・秋田・北海道が1.2 ～ 1.4となっている。よって，①は正しい。自然増加
率は東京・神奈川・愛知・滋賀で＋となっている。よって，②も正しい。**人口を維持
できる**合計特殊出生率は，**日本の場合2.07程度である。この値を**人口置換水準**と呼ん
でいる。鳥取・島根・佐賀・長崎・熊本・宮崎・鹿児島・沖縄は合計特殊出生率1.6
以上であるが，2.07を上回る県は1県もない。よって，③が適当ではない。東京周辺
は転入者が多い社会増を記録しており，高齢者の割合は全国平均を下回る。よって，
非大都市圏では高齢者の割合が全国平均より高くなり，④は正しい。

問5　世代Aは1947 ～ 49年のいわゆる第1次ベビーブーム世代であり，出生数が非常
に多かった。1949年には約270万人が誕生しており，①は正しい。1970年の図から，
東京都心部とその周辺の世代Aの比率が高くなっている。20 ～ 24歳という年齢層を
考慮すれば，就職や進学のための集中といえる。よって②も正しい。1990年の図から，
世代Aの比率の高い地域は郊外に移動していることがわかる。住宅団地などの新興
住宅が開発された地域であり，③も正しいといえる。2010年の世代Aは1990年よりさ
らに郊外へ移動している。ただし，東京圏内であり，東京圏外へ転出と読み取るこ
とはできない。よって④が誤りである。

15 村落・都市

35 村落と都市

問1 ③ 問2 ② 問3 ③ 問4 ③ 問5 ③

·················· **設問解説** ··················

問1 洪水被害を避けるため，耕地の周囲に堤防をめぐらせた集落は**輪中集落**である。濃尾平野は，木曽川・長良川・揖斐川により形成された沖積平野であるが，洪水常襲地帯であったため輪中集落が形成された。**環濠集落**とは，周囲に堀をめぐらせた集落であり，外敵からの防御を意識したといえる。堀は稲作農耕の用排水としても利用されたが，ヨーロッパでは稲作農耕文化が見られないため，外敵の防御や避暑などを目的とした**丘上集落**が形成された。**林地村**は森林地帯に囲まれた路村であり，道路・家屋・耕地・森林が短冊形に並ぶ開拓村である。よって，③の組合せである。

問2 **グリーンツーリズム**はアグリツーリズムとも呼ばれる。都市居住者などが農村や山村で休暇を過ごすことであり，①は正しい。**パークアンドライド**とは，自宅から最寄り駅周辺までは自家用車を利用し，その自家用車を駐車場にとめて公共交通機関に乗り換えて目的地に向かうことである。よって②は誤りである。**里山**とは都市と農村の間にあり，人が古くから利用し，人の生活の一部となっている森林である。過疎化などにより里山が危機に瀕しているとされ，環境省でも里地里山の保全・活用運動を展開している。よって③は正しい。地方の農村では，過疎化により農業活動の後継者が不足し，放棄された農地が少なくない。近年は，そのような農地に都市住民のオーナーやボランティアが求められている。よって④も正しい。

問3 A地点は城跡や駅からやや離れているが，区画が整理された地域である。B地点は江戸時代の町人地に位置している。C地点は城下町区域外であるが，駅前に位置している。D地点は国道沿いであるが，区画整理がすすんでいない。これらの特徴を考慮すると，C地点はターミナル駅前であるため，商業施設や銀行などが建ち並ぶが，**モータリゼーション**の進展で閉店している店舗の存在も予想できる。よって，③である。A地点は区画整理などにより①，B地点は江戸時代の町人地なので②，D地点は国道沿いなので④である。

問4 読図と変化の背景の正誤を判定する問題である。1935年の地図では旧川越街道に沿って宅地（農家）が連なっていると読み取ることができる。宅地（農家）の背後に畑地・林地が広がっているので，路村である。よって**塊村**ではないので，①は誤りである。1976年の地図では，1935年に畑地や林地であった地域に川越街道が開通し，宅地（都市的住宅）や工場・倉庫が点在する**スプロール現象**を読み取ることができる。

インナーシティ問題とは都心部の衰退のことである。この点からも②は誤りである。1935年と1976年の間で林地が縮小し，都市化が進展したといえる。また都市的住宅が増えていることからも，薪と落ち葉の利用価値が低下したといえる。よって③は正しい。工場・倉庫は，広大な用地が必要であり，地価の高い都心部での立地が向いていない。よって④は誤りである。

問5　①サは，デパートや専門店が入っていると思われるビルが林立し，通りは多くの買い物客で賑わっている。一般に大都市のターミナル駅周辺にみられる景観である。②シはシャッターを下ろした商店街の風景である。近年はモータリゼーションの進展によって，人々の消費行動が郊外の幹線道路沿いに立地する量販店や大型ショッピングセンターへと流れている。そのため，特に地方の中小都市では，市街地の中心部や駅前の商店街が衰退し，シャッター通りと呼ばれる商店街が増加している。③スは，前述した郊外の幹線道路沿いになどによくみられる，量販店が立ち並ぶ商業地の風景である。こういった店舗は全国規模でチェーン展開しているものが多く，地元資本は少ない。④セは，白壁の古い家並みがさほど広くない道の両側に続いており，そこを歩く人々は観光客とみられる。中央の道は城や有力寺院へと続くか，あるいは近世の主要街道と考えられ，昔の城下町や門前町，宿場町などを起源とする商業地の景観である。

36 都市機能

問1 ②　問2 ⑤　問3 ①　問4 ③　問5 ④

設問解説

問1　規模の大きな中心地は集まる施設数が多くなるので，商品やサービスを供給する範囲は広くなる（④）。逆に，②規模の小さな中心地が商品やサービスを供給する範囲は狭い。この中心地の機能と分布を最初に体系化したのが，ドイツの地理学者クリスタラーである。クリスタラーの中心地理論では，階層が下位の中心地は上位の中心地を補完する関係であり，上位の中心地は下位の中心地がもつすべての財をもつとされる。

問2　都市景観を判定する問題であるが，景観の説明をヒントにするとともに，中心部と郊外の高層建築物に着目すればよい。歴史的建造物が多いヨーロッパの都市は，歴史的建造物を保全するため，高層建築物に建て替える再開発が制限されており，高層建築物は郊外に建設されている。アには「中心部には城壁で囲まれた政府機関」とあるので，クレムリンのあるモスクワとなる。イには「中心部には中心業務地区をなす高層ビル」とあるので，相対的に歴史の新しいアメリカ合衆国のシカゴとなる。

ウには「中心部には〜歴史的建造物が保全」とあるので，パリとなる。よって⑤の組合せである。

問3　カの写真からファベーラと呼ばれる不良住宅地区を読み取るのはやや難しいが，近代的なビル群の手前側には傾斜地を読み取ることができ，低層の建築物が確認できる。**傾斜地は平地にくらべ土地条件が悪いため，不良住宅地区になりやすい。**よって，**a**は正しい。キの写真には高層ビル群が見える。上海環球金融センターや上海テレビ塔が見えるが，2016年には上海タワー（632m）も完成し，商業・金融の世界的中心地となっている。よって，**b**も正しい。クのドバイはアラブ首長国連邦最大の都市である。世界最高層のブルジュ・ハリファ（828m）が建設されたほか，都市インフラの建設が進んでいる。よって，**c**も正しい。

問4　巨大企業の本社数の多寡からその国ないし首都の経済発展度，総人口に占める人口割合からその国の人口ないし首都の人口，国際会議の年間開催件数からその国の世界的影響力ないし世界との関係性などが推測できる。クアラルンプールは発展途上国マレーシアの首都であり，同国の首位都市で東南アジアなどで開催される国際会議も少なくない。よって，③となる。キャンベラは先進国オーストラリアの首都であるが，計画的な政治都市であり経済機能はシドニーやメルボルンが中心となる。また，南半球に位置し，国際会議も相対的に少ないので，④である。ソウルは韓国の首都であり，同国の首位都市で経済発展も著しく，国際会議開催件数も多い。よって，②となる。ペキンは中国の首都で，郊外を含む人口は約2,000万人を数えるが，中国の総人口が約14億人であるため，人口割合は低い。また，中国は世界の工場と呼ばれるほど発展してきており，巨大企業の本社数や国際会議の開催件数も多い①となる。

問5　本問(試行問題)の図3は，2008年のセンター試験にも出題されている。**E**は都心周辺部，**F**は都心から一定距離離れた郊外，**G**は港湾に隣接した地区である。**大規模な工場や倉庫群であれば，原料や部品の輸送に便利で倉庫として利用できる広大で安価な用地が必要となる。**工場や商店と住宅が混在するのであれば，**F**のような広大な地域ではなく限定された地域であり住宅地にも近いといえる。鉄道に沿って住宅地ということは，鉄道を利用する必要がある地域といえる。よって，④の組合せとなる。

37 都市問題

問1 ② 問2 ② 問3 ①・⑤ 問4 ①

·· **設問解説** ··

問1 先進国の大都市は，都心部にC.B.D.（Central Business District）と略記される中心業務地区が形成され，官庁や企業の中枢管理機能が集中し，経済や金融面で世界とつながる世界都市へと発展している都市がみられる。よって①は正しい。郊外には，大規模なニュータウンが開発されることも多い。ただし，大規模なニュータウンは計画的に建設される。スプロール現象は，都市化地域の無秩序な拡大であり小規模な虫食い的宅地化である。よって②は誤りである。インナーシティ問題とは都心部が衰退して発生する諸問題であり，治安や衛生環境の悪化も含まれる。よって③は正しい。ジェントリフィケーション（gentrification）とは高級化という意味であり，比較的豊かな人々が流入する人口移動現象である。よって④も正しい。

問2 都市再開発は，都市における機能の更新活動であり，都市計画の一つである。防災上の問題を抱えた地区や不効率な土地利用地区を改善し，環境が整備された効率的利用地区に更新する。広大な土地を要する大規模な工場は，地価の安い都市郊外に建設される。②ニューヨークでは，老朽化した低所得者層の住宅を高層オフィス街などに更新する再開発が実施された。北九州の製鉄所跡地には，「スペースワールド」というレジャーランドが建設された（①）。パリ市街地外縁部には，副都心としてラ・デファンス，新都市としてマルヌラヴァレやサンカンタン・アイヴリーヌなどが建設された（③）。ロンドンのドックランズでは，衰退した港湾地区をビジネスセンターや住宅街に更新している（④）

問3 ①上海には農村部から大量の労働者が流入（民工潮）している。ただし，流入している民族の大半は漢民族であり，同一民族である。⑤ラゴスは首都ではなくなったが，国際空港や貿易港を有し，依然として経済の中心地である。ナイジェリアの**首位都市**であり，人口も増加している。メキシコシティは高地の盆地底に位置するため，不完全燃焼となりやすく，汚染物質が滞留しやすい（②）。マニラ都市圏の人口は急増しており，郊外にはスラム地区が広がっている。スラムは一般水準以下の不良住宅街であり，不法占拠地区も少なくない（③）。リオデジャネイロにもファベーラと呼ばれるスラムがみられる。そのため，家族と別れて住む家がなく，路上での物売りや日雇いといったその日暮らしをしている子どもたち，ストリート・チルドレンが少なくない（④）。

問4 図1の凡例から，低級住宅地区は工業地区と接しているが，商業地区とは隣接していない。よって，①は適当でない。また，中級住宅地区と接しているが，高級住宅

地区とは隣接していない。よって，②は正しい。居住条件の良い土地は地価が高くな
り，高級住宅地区となる。よって，**ファベーラと呼ばれる不良住宅地は，居住条件
の悪い土地に位置する**ことが多くなる。③は正しいといえる。不良住宅地は，北部の
低級住宅地区内の平地にも存在しているが，等高線から判断すると住宅地区周辺の
斜面地の分布も多い。よって，④も正しい。

16 衣食住

38 衣食住

問1 ⑤　問2 ①　問3 ②　問4 ③

設問解説

問1 雨温図 K は**砂漠気候**，同 L は**地中海性気候**，M は**亜寒帯湿潤気候**と判定できる。アは毛織物の衣服から羊の飼育地域，石灰岩を利用した家屋から地中海と想定できる。イは獣皮使用した衣服からやや寒冷地域，木造家屋から樹林気候地域と判定できる。ウは放熱性に優れた衣服から暑さの厳しい地域，**日干しれんが**の家屋から乾燥地域と判定できる。これらの条件を満たせる組合せは，**⑤**となる。

問2 上層階に見える窓は，相対的に小さいといえる。強い日差しや熱風の吹込みを遮るためであり，**①**は正しい。**平らの屋根は，降雨が少ないために排水の必要がないから**である。よって**②**は誤りである。家屋が密集する理由は，**オアシス**など集落立地の適正地が限られているからであり，密集すると病害虫や疾病の危険性は高まる。よって，**③**も誤りである。オアシスにはナツメヤシが自生することもある。果実のデーツは食用となるほか，油脂や石鹸や化粧品としても利用される。よって，**④**は正しいといえない。

問3 p は中央アメリカのユカタン半島やホンジュラス湾，q はイベリア半島，r は東ヨーロッパ平原西部，s はエチオピア高原周辺である。**トウモロコシは生育期に高温多湿な気候を好み，中南米を原産とする穀類**である。原産地との関係としては，伝播する位置や旧宗主国との関係を考慮する必要がある。よって，伝播経路を表した模式図として最も適当なのは，**②**となる。

問4 会話文の流れから判断する問題である。カには日本で画一化している例を当てはめることになる。キには**欧米諸国の文化が広がり画一化すること**を前提としたデータを選択することになる。X と Y の判定にやや戸惑うようであるが，似たような食料を摂取するようになったことがわかれば，画一化を説明できる。よって，**③**の組合せとなる。

17 民族・宗教

39 民族・宗教

問1 ①	問2 ②	問3 ①	問4 ④	問5 ③	問6 ④

·· **設問解説** ··

問1 宗教は，世界宗教と民族宗教に大きく分けることができる。民族宗教は，ヒンドゥー教やユダヤ教のような特定の民族の間で信仰されるものであるが，世界宗教は民族や国家の枠を超えて世界で広く信仰される宗教で，キリスト教，イスラーム，仏教が該当する。信徒数では，カトリック（旧教），東方正教，プロテスタント（新教）を合わせたキリスト教が最も多いが，キリスト教の宗派別では，16世紀に登場し主にゲルマン系に信仰されるプロテスタント，それより発祥は古いがギリシャ人やスラブ系に信徒が多い東方正教よりも，ラテン系に信徒が多いカトリックの信徒が多い。これはスペイン・ポルトガルに植民支配されたラテンアメリカで，広く信仰されているためである。表中，カトリックの宗派人口が約12.4億人と示されていることから，プロテスタントはそれより少ないBかCとなる。一方，民族宗教であるヒンドゥー教は，インドを中心とした限られた地域で信仰されることから，インドの人口約13億人を参考に，それより少し少ないB（約10億人）が適当と考えられる。よってC（約5.5億人）がプロテスタント，残ったA（約17.5億人）はイスラームとなり，正解は①である。イスラームは，西アジアから北アフリカのアラブ人の主要宗教であるほか（この地域の人口最大はエジプトで約1億人），人口大国でありかつ非アラブ国家の西アジアのトルコ・イラン（いずれも約8000万人），南アジアのパキスタン（約2億人），バングラデシュ（約1.6億人），東南アジアのインドネシア（約2.6億人）などで信徒が多い。その他，中央アジアやマレーシアなどもムスリムが多い地域・国として押さえておこう。なおインドでも，人口の約14％であるが約1.5億人のムスリムが居住している。

問2 世界宗教の伝播に関する正誤判定問題である。問1でも述べたように，キリスト教はヨーロッパの人々が南北アメリカ大陸やオーストラリアなどへ入植，植民地支配を進める過程で広まった。よって①は正しい。東方正教は東ローマ帝国の国教として発展してきたため，現在もギリシャ系やスラブ語派に信徒が多い。よって，②の「ゲルマン語派の言語を話す国々を中心に伝わっていった」は誤りであり，これが正解となる。イスラームは，交易や領土の拡大によって発祥地であるアラビア半島から北アフリカへ，さらには中央アジアや東南アジアにも伝播した。よって③は正しい。インド北部で生まれた仏教は，中国西部を経由する北回りで日本など東アジアに伝わっ

た大乗仏教と，スリランカから東南アジアに伝わった南伝の上座部仏教がある。よって④は正しい。

問3 A地域はキプロスを指している。キプロスは北部のトルコ系イスラム教徒と，南部のギリシア系正教徒との間で，国土を二分した対立がみられる。アラブ系とする①は適当ではなく，これが正解となる。B地域には，ムスリム（イスラム教徒）のチェチェン人が居住しており，ロシア連邦からの独立を求める運動が続いている。よって②は正しい。C地域はソマリアである。多様な軍事勢力により内戦状態が続いている。よって③は正しい。D地域はカシミール地方を指しており，ムスリムが多数を占めるパキスタンと，ヒンドゥー教徒が多数を占めるインドとの間で，国境をめぐる問題がある。よって④は正しい。

問4 北アイルランドは，アイルランド島北部を占めるイギリスの領土である。17世紀後半から，この地にイングランドやスコットランドからプロテスタントが入植するようになり，ケルト系カトリック教徒を中心とする南部とは文化的傾向を異にする地域となった。1937年に南部がアイルランドとして独立した後，北アイルランドにおいて少数派となったケルト系カトリック教徒を中心に，プロテスタントの多いイギリスからの分離とアイルランドへの帰属を求める動きが続いている。よって①は誤りである。シンガポールは，中国系（華人，約74％）・マレー系（約13％）・インド系（約9％）などからなる多民族国家である。イギリスからマレーシアの一部として独立したが，マレーシアが多数派のマレー人を優遇する政策へと動きはじめた1965年に，シンガポールは分離独立した。よって，インドネシアから独立とする②は誤りである。バングラデシュは，第二次世界大戦後，イスラームを国教とするパキスタンの一部（東パキスタン）としてイギリスから独立した。その後，1971年に分離独立するが，人口の大半は現在もイスラム教徒で占められている。よって③は誤っている。バスク地方は，バスク語を母語とするバスク人の居住地域であり，フランスとスペインの国境地帯にまたがっている。現在も，バスク人による分離独立や自治権拡大をめざした運動は続いており，④は正しい。

問5 インドネシアには多くの言語が存在しているが，公用語（国語）はインドネシア語のみである。よって①は適当ではない。オランダは古くから貿易が盛んで，植民地を有していたこともあり，多くの移民や文化を受け入れてきた。自由主義の精神に篤く，多文化主義の下，民族や宗教の違いによる不平等をなくすための様々な制度が採られている。外国人であっても，自分たちの宗教や価値観に従って子どもに教育を受けさせる権利が保障されており，キリスト教徒やイスラム教徒の学校もある。よって②は誤りである。イギリスから独立したカナダの公用語の一つは英語である。国内には，フランス系が多いケベック州の分離独立問題を抱えており，公用語にフランス語を加えることで英仏両系住民の融和を図ってきた。また，カナダでは多文化主

義政策が採られており，国内に居住する**イヌイット**などの少数派の言語教育も支援している。よって**③**は正しい。**フランスには，かつての植民地であるアルジェリアやモロッコなどからのアラブ系イスラム教徒の移民が多い**。イスラム教徒の女性は，宗教上，髪をスカーフで覆ったり，肌の露出の少ない衣服を着用したりすることが多いが，フランスの公立学校では認められておらず，国内に宗教的な摩擦がみられる。よって**④**は誤りである。

問6 社会主義体制下では宗教が否定されることが多く，旧ソ連でもそうであった。ソ連崩壊後，ロシアでも東方正教が復興している。よって**①**は正しい。イスラム教徒の多く住む地域では，今も太陰暦が用いられることが多い。よって**②**は正しい。ヒンドゥー教徒の多いインドでは，身分制度である**カースト制**が残存しており，異なる身分間での結婚や，職業選択の障害になることが多い。よって**③**は正しい。東南アジアの**上座部仏教**が浸透した国としては，ミャンマー・タイ・ラオス・カンボジアなどが挙げられるが，それらの国で漢字を日常的に用いる人は多くない。よって**④**は誤りである。

18　国家・国家群

40　国家・国家群

問1　③　　問2　④　　問3　③　　問4　④　　問5　③　　問6　⑤

·· **設問解説** ··

問1　アルゼンチンの太線は，チリとの国境を形成するアンデス山脈である。スウェーデンの太線は，ノルウェーとの国境を形成するスカンディナヴィア山脈である。メキシコの太線は，アメリカ合衆国との国境を形成するリオグランデ川である。よって③が正解となる。リビアの太線は，エジプトとの国境を形成する東経25度の経線である。この他，河川国境としてはドナウ川やメコン川，山岳国境としてはピレネー山脈やアルプス山脈，経緯線国境としては東経141度，西経141度，北緯49度などを押さえておこう。湖沼国境のタンガニーカ湖や五大湖も確認しておきたい。

問2　**排他的経済水域**は，沿岸から200海里までの水域で（領海の外側），**沿岸国が海洋資源（漁業・鉱産資源）を独占的に管理・利用できる**というものである。よって④が正しい。日本も1996年に**国連海洋法条約**を批准し，200海里排他的経済水域を設定している。**領海**は，国によって海岸からの幅が異なるが，**多くの国で12海里が採られて**いる。

問3　**MERCOSUR（南米南部共同市場）**は，**EU型の共同市場をめざす**もので，域内関税撤廃，対外共通関税設定，域内での財・サービス・労働力の自由移動などが盛り込まれている。NAFTA（北米自由貿易協定）との連携をめざすものではなく，よって③が誤りである。①・②・④は正しい文として理解しておこう。

問4　**国内総生産（GDP）**が小さい**ウ**が，発展途上国からなる**ASEAN（東南アジア諸国連合）**である。**NIEs（新興工業経済地域群）**に数えられるシンガポールを中心に，東南アジアの10か国が加盟している。先進地域の経済組織である**EU**（2020年1月にイギリスが離脱し27か国に）と**NAFTA**（アメリカ合衆国・カナダ・メキシコ）は，**表2**から人口・国内総生産ともにほぼ同規模であることがわかる。ここでは貿易額の差に注目して判別する。EUでは，**域内関税の撤廃**を背景として国境を越えた**分業体制**が発達している。加盟国間の貿易が非常に活発であることから，EUの貿易額はNAFTAのそれを大きく上回ることになる。よって**ア**がEUとなる。また，**アメリカ合衆国は膨大な貿易赤字**を抱える国であり，それはNAFTAの貿易額にも反映されている。よって，貿易赤字額の大きさから**イ**をNAFTAと判定することもできる。正解は④である。

問5　1993年のEU発足から2013年のクロアチア加盟で28か国に至るまでの，統合がす

すんだ理由に関する出題である。EUは発足当初（前身のECの1968年）から基本は関税同盟であり，域内関税は撤廃され，対外共通関税が設定されていた。よって①は誤りである。

　　EUの前身であるECは，ECSC（**石炭鉄鋼共同体**）とEEC（**ヨーロッパ経済共同体**），**EURATOM（ヨーロッパ原子力共同体**）を統合して設立されたが，このうちECSCは，ヨーロッパで二度と戦争が起こらないよう，石炭や鉄鋼という戦略物資を共同管理することを目的とした組織であった。②の文では資源に関することが述べられており，「資源をめぐる国家間の対立を緩和する」の部分はこの当初の目的を彷彿とさせるが，「自然再生エネルギーの共同利用を図り，資源をめぐる国家間の対立を緩和するため」にEU統合がすすんだわけではない。よって②は誤りである。なお現在EUは，エネルギーの域内安定供給を目指して電力網を整備して相互補完体制をつくったり，気候変動に対する取組みも共同で行ったりしている。

　　東欧革命は，**1989年に東ヨーロッパ諸国で起こった民主化への一連の動き**をいう。民主化をなしえた国々は，社会主義体制下で遅れた経済の立て直しを図るため，EUへの加盟を望んだ。よって③は正しい。

　　食事の時にワインを日常的に飲む習慣は現在の加盟国全体に共通することではなく，また仮にそうであったとしても，そうした文化的共通性がEU統合のすすむ要因とは考えにくい。よって④は適当ではない。

問6　EUの予算は，加盟各国の拠出金で賄われるところが大きい。その額は，各国の歳入や歳出額から決定されるが，ほぼ経済規模（GDPやGNI）に応じて決まるものと考えてよい。図3の横軸の右寄りには経済規模の大きい国（図3中の**Q**）が，左寄りにはそれの小さい国が含まれることになる。また，1人当たりGNIは，東ヨーロッパの加盟国で低く（図3中の**R**），人口の少ないルクセンブルクのほか北欧諸国（いずれも人口規模は1,000万人未満）で高くなる（図3中の**P**）。これらのことを踏まえて**カ～ク**の文を見ると，「**カ**のEUの政治経済において中心的な役割を担ってきた国が多い」のはフランス，イギリスなど経済規模が大きい国が含まれる**Q**である。**キ**の「EU発足後に新たに加盟した国が多い」のは東ヨーロッパの旧社会主義諸国であり，経済規模が小さく，経済水準が低い国々であることから**R**となる。**ク**の「国内人口は少ないが，経済活動が活発な国が多い」のは，前述のとおり人口の少ない北欧諸国が該当し，**P**となる。正解は⑤である。

地誌分野／1　アジア

41　東アジア

問1 ③	問2 ②	問3 ④	問4 ②	問5 ③

··· **設問解説** ···

問1　Aのチベット高原は，平均標高が約4,500mの草原地帯で，ヤクや羊の放牧が行われている。よって①は正しい。Bのバイカル湖周辺は，亜寒帯冬季少雨気候地域であり，針葉樹林帯である。林業も盛んであり，②は正しい。**Cの黄河は5,464kmの長大な河川であるが，長江の6,380kmには及ばない**。よって**③が誤りである**。Dの台湾は，温暖湿潤気候に位置するが，同島北部に位置する台北の最寒月平均気温でさえ16.3℃である。そのため熱帯性作物が栽培されており，④は正しい。

問2　シーアンは，**福岡と同緯度に位置するが，内陸であるため気温の年較差が大きく，降水量も少ない**②となる。①は冬季の気温が高く降水量も多いので福岡，③は全体的に気温が低いので高緯度に位置するウラジオストク，④は気温が高く降水量も多いので低緯度に位置するホンコンとなる。

問3　アは，冷涼性のコウリャン，地力が低い土地でも栽培可能な大豆，米より降水量が少なくてすむトウモロコシの栽培地域なので，**G**である。イは，温暖な地域に適する米，茶，サトウキビを栽培できるので，**H**である。ウは，砂漠などでみられる**オアシス農業**なので，**F**である。よって，組合せは④となる。

問4　①の韓国は，**日韓基本条約**（1965年）以降の日本の援助を契機として，重化学工業が急速に発展する「**漢江の奇跡**」を経験した。よって①は正しい。②の台湾は，アジアNIEsとして急速な経済発展を遂げているが，**輸出の中心は電子と電気機械などの機械類であり，自動車や水産加工品ではない**。よって②は誤りである。③の中国は，**改革開放政策**により**経済特区**を沿岸部に指定し工業化が進展した。しかし，内陸部の工業化は遅れ，地域格差も拡大したことから，**西部大開発**をすすめている。よって③は正しい。④のロシアは，サハリン沖で資源開発に着手している。日本など周辺国はその資源の輸入を考慮しているので，④は正しい。

問5　写真タは**オンドル**，チは**ゲル**，ツは**合掌造り**の家屋である。**J**のモンゴルでは遊牧が行われているので**写真チ**，**K**の韓国は冬季の寒さが厳しいことから**写真タ**，**L**の白川郷・五箇山では冬季の豪雪対策もあり**写真ツ**の家屋がみられる。よって，組合せは③となる。

42　東南アジア

問1 ④	問2 ③	問3 ③	問4 ②	問5 ②	問6 ④

……………………………………… **設問解説** ………………………………………

問1　東南アジアから南アジアにかけては，夏季は南西から北東方向へ，冬季は北東から南西へとモンスーンが吹く。よって夏季の風向は**イ**である。また，**夏季は**その**海洋からのモンスーン**によって，大量の降水がもたらされ雨季となる。よって特にベンガル湾北東部で4,000mmという数値が示されている**エ**が夏季となる。正解は④である。

問2　**A**地域には，エーヤワディー川の三角州がある。同河川の上流域では，船材などに利用されるチーク材の生産が盛んであるが，この三角州付近に1990年代に輸出加工区は設置されておらず，①は誤りである。ミャンマーは，近年の政策転換（軍政から民政へ）などを背景に，やっと日本など先進国からの投資が増加しはじめたところである。**B**地域には，チャオプラヤ川の三角州がある。**タイは米の輸出大国で**，近年順位を下げることがあるものの長く世界1位が続いた。よって「自給的稲作が主に行われている」とする②は誤りである。**C**地域にはメコン川の三角州がある。ベトナムでは，近年経済発展を背景に灌漑施設の整備や河川堤防建設などがすすみ，米の増産のほか池や水田を利用した内水面でのエビの養殖も盛んとなった。よって③は正しい。**D**地域にはホン川のデルタがある。付近には**ベトナムの首都ハノイ**が位置しているが，**同国最大の都市は南部のホーチミン**である。よって④は誤りである。

問3　表1中のキャッサバは，**焼畑などで栽培される自給用作物**である。東南アジアでは，近年は経済水準の上昇とともに，こうしたイモ類よりも米などの穀物の消費が増加している。よってキャッサバは，時代を経ると相対的に位置が低下すると考えられる。また，近年日本は，タイなどから鶏肉の加工品の輸入を増加させており，鶏肉や豚肉の輸出向け生産は増加していると考えられる。これらのことから**E**を2005年と判定する。一方，1965年と2005年の間の農業上の変化として想起されるのは，**マレーシアで天然ゴムから油やしへの転作がすすんだ**ことである。油やしから作られるパーム油の生産量は急増しているはずであり，2005年2位の**カ**はパーム油と判定できる。よって③が正解となる。

問4　**P**の**ミャンマーは，かつてイギリスの植民地**であった。よって①は誤りである。**Q**のカンボジアでは，長期にわたり内戦や政情不安が続いたため，経済発展を遂げる隣国タイや近隣のマレーシアなどへ多くの出稼ぎ労働者を出した。よって②は正しい。**R**のマレーシアでは，経済的に下位にあるマレー系住民を優遇する**ブミプトラ政策**が採られてきたが，今日も経済的実権は中国系が握っている。よって③は誤りである。**S**のフィリピンでは，公用語としてフィリピノ語と英語が用いられている。フィ

リピンは，16世紀以降約300年間，スペインの植民地であったが，その後アメリカ合衆国の植民地を経て，第二次世界大戦後に独立した。**スペイン植民地時代にカトリックが浸透**したが，スペイン語は公用語とはなっていない。よって**④**は誤りである。

問5 1人当たりGDPは経済水準を示し，GDPは国別の経済規模を示す。シンガポールやブルネイのように，先進国レベルの経済水準にある国でも，人口がそれぞれ約600万人と40万人という小国では，GDPは大きくない。一方，インドネシアのような経済水準の低い国でも，2億人を超える人口を擁すると，GDPはある程度の規模となる。以上のことを考慮して，1人当たりGDPが最高であり，GDPが**④**より大きい**③**がシンガポール，1人当たりGDPは高いがGDPが極めて小さい**④**がブルネイ，GDPは最大だが，1人当たりGDPが低い**①**がインドネシアとなる。残った**②**がマレーシアである。

問6 フィリピンは，約300年にわたり**スペインの植民支配を受けたため，カトリックが浸透**している。よって**②**がキリスト教である。**マレーシア**は，東南アジアにおいては**インドネシア・ブルネイとともにイスラム教徒の多い国**である。よって**④**がイスラームとなる。また，**ベトナムでは大乗仏教**が広く信仰されている。よって**①**が仏教である。さらに，**マレーシアには約60％を占めるマレー系**（イスラム教徒が多い）の他，**中国系**（約23％，仏教や儒教・道教の信徒が多い），**インド系**（約7％，ヒンドゥー教徒が多い）**が居住し，シンガポールにも同様の民族が居住**している（中国系が約74％，マレー系が約13％，インド系が約9％）。よって**③**がヒンドゥー教となる。

43 南アジア

問1 ④	問2 ②	問3 ②	問4 ④	問5 ③

●●●●●●●●●●●●●●●●●●●●●●●●●●●●● 設問解説 ●●●●●●●●●●●●●●●●●●●●●●●●●●●●●

問1 米は生育期に高温多雨，小麦は冷涼少雨を好む。アは**小麦**栽培の盛んな**パンジャブ地方**付近を指しており，小麦の多い**②**が該当する。ウはガンジスとブラマプトラ両河川のデルタが広がるバングラデシュを指しており，高温で低湿な環境にあることから米の生産の多い**①**が該当する。残った**イ**と**エ**のうち，インド南端の**エ**は**イ**より高温となり，小麦栽培には適さない。よって，小麦が皆無の**③**が南端の**エ**となる。残った**④**を**イ**と判断する。

問2 BRICSに数えられる国々の経済指標の比較である。1人当たりGDPは経済水準を示すものであり，インドは，人口では中国に迫る規模に達しているものの工業化では大きく遅れており，5か国中最も低くなる。よって**②**がインドである。**インドは輸出可能な地下資源に乏しいため，輸出に占める工業製品割合は7割と比較的高くなる**。南アフリカ共和国を除く他の3か国は，1人当たりGDPが約1万ドルと同程

度の経済水準となっている。**ロシアは，工業化が遅れているため，経済は豊富に産出される原油や天然ガスの輸出に大きく依存している。**よって工業製品割合が最も低い④が該当する。ブラジルも，1990年代以降，経済の自由化により外資導入を進め工業化を図っているものの，いまだ輸出の多くは鉄鉱石，大豆・肉類などの一次産品の占める割合が高い。一方の中国は，"世界の工場"と呼ばれる工業国となっており，輸出の多くは労働集約型の組立機械や衣類・繊維などで占められ，不足するようになった原油，鉄鉱石などは輸入依存度を高めている。よって，工業製品割合が9割を超える①が中国，それが低い③がブラジルとなる。**南アフリカ共和国は，他の4か国に比べて人口規模が約6,000万人と少なめであることは押さえておこう。**国内で産出される石炭と鉄鉱石を利用した鉄鋼業のほか，自動車工業も立地し，それらの輸出もみられるが，**レアメタルを含む豊富な地下資源の輸出割合が高いため，**工業製品割合は5割弱である。

問3　スリランカは南西部の雨の多い高地で茶の生産が盛んであることから，茶が2位を占める**F**がスリランカと判定できる。**H**には3位に米が含まれることから，世界的な米の生産国バングラデシュと判定しそうだが，**バングラデシュは1.5億人を超える人口大国**であり，自給もままならない。例年米は輸入していることから，**H**はバングラデシュではなくパキスタンとなる。パキスタンには乾燥気候が卓越しているが，**インダス川の下流域では灌漑によって稲作が行われている。**国内消費よりも輸出を目的とした栽培である。**パキスタンも約2億人の人口大国**であるが，主食作物である小麦は北部のパンジャブ地方を中心に栽培が盛んで，自給達成はもとより，例年輸出されるほどの生産国である。よって②が正解となる。

問4　ヒマラヤ山脈南麓のアッサム地方は，世界的多雨地として知られ，水はけのよい傾斜地が茶の栽培地域となっている。よって④は誤りである。①はインダス川からの灌漑により小麦栽培が盛んなパンジャブ地方，②はデカン高原北西部に分布するレグールの分布地域での綿花栽培，③はガンジス川流域のCwやAw気候下で，夏のモンスーンによる雨季の洪水の頻発を押さえておこう。

問5　写真は，インドのガンジス川中流域の聖地ヴァラナシなどでみられるヒンドゥー教徒の沐浴の様子を撮影したものである。**ヒンドゥー教徒にとって，ウシは神聖な動物であり，その肉を食すことは禁忌となっている。**よって③が正解となる。

44　西アジア

問1　④　　問2　③　　問3　②　　問4　⑤　　問5　①　　問6　⑤

···　**設問解説**　···

問1　アは安定陸塊のアラビア半島，イはティグリス・ユーフラテス川下流の平野，ウは新期造山帯のザグロス山脈やイラン高原付近，エは国境未画定のカシミール地方に近い新期造山帯の高山地域に付されている。これらのうち最も標高の高い地点を含むのは，地体構造から考えて新期造山帯のイかエのいずれかとなるが，エの北側には"世界の屋根"と呼ばれるパミール高原があり，その高山地帯の一角に当たるエの方が，ウのザグロス山脈・イラン高原地域よりも高い。正解は④である。

問2　Aはトルコ西部の海岸近くに付されている。この辺りは**地中海性気候**がみられることから，**夏季乾燥の気候下でオリーブなどの耐乾性作物が栽培**されている。よって①は正しい。Bはアラビア半島の砂漠地域に付されている。**地下水をくみ上げ360度旋回するスプリンクラーで散水，灌漑する**センターピボット**の大型機械を導入して小麦や野菜が栽培されている。**よって②は正しい。Cはイラン高原南部の山脈沿いに付されている。カナート**と呼ばれる地下水路を利用して，小麦や**ナツメヤシ**などを栽培する**オアシス農業はみられるが，低緯度の熱帯地域で栽培される「コーヒー」の栽培は困難である。よって③が適当ではなく，これが正解となる。Dはアフガニスタンの乾燥した山岳地帯に付されている。羊やヤギの遊牧・放牧を行い，乳製品や羊毛を生産している。よって④は正しい。

問3　西アジアの国々の宗教人口に関する出題である。まず，イスラエルはユダヤ教徒が多いことから④である。残った①②③はイスラーム（イスラム教）の割合が高いが，最も注目すべきは②にヒンドゥー教徒が含まれていることである。これはインドから**建設業などで流入した労働力**と考えることができ，豊富に産する原油収入で経済が上向き，**リゾート開発や金融拠点として発展を遂げつつあるアラブ首長国連邦**と判定する。残った①がシーア派のイスラームの国イラン，キリスト教徒が4割近くを占める③がレバノンとなる。

問4　西アジアの産油国としては，サウジアラビア（世界3位，2018年），イラク（4位），イラン（7位），アラブ首長国連邦（8位），クウェート（9位）などが挙げられる。図3では，輸出額に占める石油・石油製品割合が示されているため，この産油量の知識がそのまま使えるわけではないが，主要産油国であるクウェートやアラブ首長国連邦が低位となっているクは，輸出額に占める石油・石油製品割合ではないと判断できる。クは，イエメンやアフガニスタンといった地下資源もなく工業化も進まず，第1次産業に頼らざるを得ない国々が含まれること，その一方で，トルコのような

地中海式農業や灌漑による綿花栽培が盛んな国が含まれることから，「GDPに占める農林水産業の割合」と判断する。残った**カ**と**キ**を見ると，**カ**では，サウジアラビア，アラブ首長国連邦，クウェートなどの産油国が高位となるほか，非産油国のイスラエルが高位，同じくトルコも中位となっていることなどから，「人口1人当たりGNI」となる。イスラエル（42,017ドル，2017年）は日本（39,561ドル）と同水準の1人当たりGNIとなっており，トルコ（10,409ドル）はドイツなどから工場進出が多く西アジア有数の工業国に成長しつつある。なお他の高位国は，アラブ首長国連邦40,994ドル，クウェート33,485ドル，サウジアラビア21,239ドルなどである。残った**キ**が，輸出額に占める石油・石油製品の割合となる。正解は⑤である。

問5　トルコは"文明の十字路"と呼ばれる地域に位置し，世界文化遺産の登録地も多いことなどにより，多くの観光客が訪れる国である。日本人にも人気の観光地が多く，直行航空便も多数設けられている。よって①がトルコとなる。次に外国からの年間訪問者数が多い②が，イスラームの最大聖地であるメッカが位置し，多くの巡礼者が訪れるサウジアラビアである。残った③④の判定は必要ないが，訪問者数が少ない④は，政情不安が要因と考えられるイラク，残った③がカタールとなる。

問6　**X**はキプロス，**Y**はクウェート，**Z**はアフガニスタンに付されている。まずキプロス（**X**）は，北部のトルコ系住民と南部のギリシャ系住民との対立により，国土が二分された状態にあることからシが該当する。クウェート（**Y**）は，1990年に隣国イラクによる侵攻を受けたことに端を発し，1991年1月にはアメリカ合衆国を中心とした多国籍軍がイラクに空爆を行い，大規模な湾岸戦争に発展した。よってスが該当する。残ったサがアフガニスタン（**Z**）である。アメリカ合衆国で発生した同時多発テロは2001年9月11日のことであった。アメリカ合衆国は，イスラム原理主義組織とその支援国に対して報復を宣言し，アフガニスタンやイラクでの戦闘が始まった。正解は⑤である。

2 アフリカ

45 アフリカ

| 問1 ⑥ | 問2 ④ | 問3 ② | 問4 ③・⑤ | 問5 ④ | 問6 ⑤ |

·· **設問解説** ··

問1 **ア**は,「アフリカ大陸の多雨地域」「熱帯雨林」から,一年を通じて赤道低圧帯の影響を受ける赤道直下付近を流れる**C**のコンゴ川に該当する。**イ**は,「砂漠化の進行する地域」,すなわち**サハラ砂漠南縁のサヘル**付近を流れる**B**のニジェール川が該当する。**ウ**の**外来河川**とは,湿潤地域に源流があり,乾燥地域を貫流する河川であり,アフリカではニジェール川とナイル川が該当する。そのうち河口が乾燥気候地域に位置しているのはナイル川である(ニジェール川も河口はデルタであるが,熱帯気候に属している)。よって**ウ**は**A**に該当する。正解は**⑥**である。

問2 図1中の**カ**の西端には,**新期造山帯のアトラス山脈**が走行している。よって左端が高い**①**が**カ**である。**ク**のほぼ中央部にある**ヴィクトリア湖の西側と東側にはアフリカ大地溝帯の高地**が走行しており,東端付近には標高5,000m以上のキリニャガ(ケニア)山が位置している。よって**④**が**ク**となる。アフリカは台地状の大陸といわれるが,大きくみると北部より南部の方が高い。よって高原状の**③**が南部の**ケ**,低い**②**が北部のサハラ砂漠西部の**キ**となる。

問3 アトラス山脈北西部地域の**K**地域には,地中海性気候が分布している。オリーブなどを栽培する**地中海式農業**が行われており,**①**は正しい。サハラ砂漠中の**L**地域では,ナツメヤシや穀物などの自給用作物を栽培する**オアシス農業**が行われているが,天然ゴムは熱帯の高温多雨気候を好み,この地域では栽培できない。よって**②**は誤りである。赤道付近の**M**地域では,**焼畑農業**がみられ,ヤムイモ・キャッサバなどのいも類が自給用に栽培されている。よって**③**は正しい。**N**はソマリアのステップや砂漠気候地域に付されている。牛やラクダの放牧は可能であり,**④**は正しい。

問4 コートジボワールの輸出上位品目は,カカオ豆,石油製品,原油などである。カカオの生産・輸出ともに世界1位を維持しており,**①**は正しい。ザンビアには,コンゴ民主共和国南部から続く**銅の鉱床(カッパーベルト)**が広がっており,銅が重要な輸出品となっている。銅は,**タンザン鉄道**でインド洋側へ,**ベンゲラ鉄道**で大西洋側に搬出され,輸出される。よって**②**は正しい。**ナイジェリアはアフリカ最大の原油産出国**である。石炭産出国ではなく,それを利用した工業化もすすんではいない。よって**③**は誤りである。南アフリカ共和国は,**レアメタル**であるマンガンやクロムなどのの生産が世界1位であり,その他鉄鉱石や石炭,ダイヤモンド,金など鉱物資源が

豊富である。よって**④**は正しい。モーリタニアは，沿岸部まで砂漠気候が分布している。小麦などの穀物栽培には適さず，よって**⑤**は適当ではない。

問5 写真1は田植え風景を示しており，図1中**①**〜**④**の中で唯一湿潤気候が分布する**④**が該当すると判定できる（他は砂漠気候地域）。**マダガスカルでは，7世紀頃から移住してきたマレー系を中心に稲作が行われている。**

問6 **女性1人が生涯に産む子どもの平均数を示す**合計特殊出生率は，一般に発展途上国で高く先進国で低い。全体に経済水準の低いアフリカ諸国であるが，石油産出国が多く比較的経済水準が高めの北アフリカで低く，サハラ以南のアフリカで高くなる。よって**ウ**が該当する。一方識字率は，経済水準が高い地域で高く，特にイスラームの経典であるコーランを読むために北アフリカのアラブ諸国では高くなるが，経済水準の低い国では教育が十分ではなく識字率は低い。よって北アフリカやBRICSに数えられる南アフリカ共和国などが高位となっている**ア**が識字率である。残った**成人のHIV感染率は，中南アフリカ，特に罹患者数では南アフリカ共和国が世界最多**であることを押さえておきたい。同国は罹患率でも世界最高（約19％，2016年）であり，ジンバブエ（約14％），ザンビア，モザンビーク（ともに約12％）などのアフリカ南部の国々が上位を占めている。よって**イ**が該当する。正解は**⑤**である

3　ヨーロッパ

46　ヨーロッパ

問1 ②	問2 ②	問3 ③	問4 ③	問5 ②	問6 ②

・・・・・・・・・・・・・・・・・・・・・・・・・・・・・・・・・　**設問解説**　・・・・・・・・・・・・・・・・・・・・・・・・・・・・・・・・・

問1　ハイサーグラフの①は**地中海性気候**，②は**西岸海洋性気候**，③は地中海性気候ないし**ステップ気候**，④は**亜寒帯湿潤気候**である。ギリシャの首都アテネは北緯38度，アイルランドの首都ダブリンは北緯53度，エストニアの首都タリンは北緯59度，スペインの首都マドリードは北緯40度付近に位置している。ダブリンは高緯度であるが暖流の北大西洋海流の影響もあるため，気温の年較差が小さい②となる。アテネは地中海に面し，マドリードより低緯度であるため③となる。地中海性気候の特徴が顕著であるが，**乾燥限界式**などに代入して計算するとステップ気候と判定できる。やや高緯度のマドリードは，アテネよりやや低温の①である。タリンは最も高緯度に位置することから，冬季が亜寒帯気候の基準となる④である。

問2　**A**はドイツ南部，**B**はアルプス，**C**はスペイン南部に位置している。農業景観の**ア**は平地の開拓地，**イ**は樹木園芸地，**ウ**は酪農景観が撮影されている。よって，**混合農業**が盛んな**A**地域は**ア**，**移牧**が盛んな**B**地域は**ウ**，**地中海式農業**地域で耐乾性樹木栽培が盛んな**C**地域は**イ**となる②である。

問3　**G**国はポーランド，**H**国はブルガリアである。**G**国の公用語である**ポーランド語**は**スラブ語派の言語であるが，約9割がカトリックを信仰している**。一方**H**国の公用語であるブルガリア語はスラブ語派の言語であり，ブルガリア正教すなわち正教会である。よって，**③**の組合せである。

問4　**A**はスコットランド，**B**はパリ盆地，**C**はイタリア北部，**D**はスロベニアに位置している。**D**のスロベニア西部は**カルスト地方**で，**ドリーネ・ウバーレなどの凹地が分布する石灰岩地帯で，ポリエと呼ばれる溶食盆地では農耕地が広がっている**。よって，**③**が該当する。**A**は断層運動によって生じた低地帯の**スコットランド地溝帯**に位置し，混合農業や牧羊が盛んな**④**である。近年は，情報技術産業が集積した**シリコングレン**としても注目されている。**B**のパリ盆地は，侵食により緩斜面と急斜面が現れる**ケスタ**が形成されている**②**である。緩斜面は大規模な小麦地帯となっている。**C**のイタリア北部は，ポー川の堆積作用で形成された**パダノ＝ヴェネタ平野**が広がる**①**である。灌漑施設が整備され，小麦や稲作，酪農が盛んな農業地域でもある。

問5　**J**はデュッセルドルフ，**K**はストラスブール，**L**はウィーン，**M**はベオグラードである。**J**のデュッセルドルフは，ライン・ルール大都市圏の中心に位置し**②**に該当

する。**ブルーバナナ**とも呼ばれる地域内で，日本企業も含め外国企業や金融機関の立地も多い。**K**のストラスブールは，アルザス地方に位置し，ドイツとの間で帰属の変遷が繰り返されており，**③**である。フランス最大の河港を有し，多国籍企業や国際機関の立地も多い。**L**のウィーンは，オーストリア＝ハンガリー帝国の首都であり，**①**である。モーツァルトやベートーベンなどの作曲家が活躍し，ウィーン国立歌劇場やウィーン少年合唱団などでも知られる「**音楽の都**」である。**M**のベオグラードは，旧ユーゴスラビア社会主義連邦共和国の首都であり，**④**である。セルビア共和国の首都であるが，1990年代に連邦が解体された時期には政情不安やハイパーインフレが記録され，経済は停滞した。

問6　**X**国のベルギーと**Y**国のスイスにおける言語による地域区分に関する問題である。ベルギー北部の**a**はオランダ語系，南部の**b**はフランス語系，東部の**c**はドイツ語系である。また，スイスにみられる**d**はイタリア語系，その他はロマンシュ（レトロマンス）語である。オランダ語とドイツ語はゲルマン語派であり，**スイスは2000年の新憲法で，ドイツ語・フランス語・イタリア語に加えロマンシュ語も公用語に定めた。**よって**②**の組合せとなる。

第3章

4　ロシアとその周辺諸国

47　ロシアとその周辺諸国

> 問1　④　　問2　③　　問3　②　　問4　③　　問5　①　　問6　③

······················· **設問解説** ·······················

問1　アは北極海の沿岸に描かれ，イは同心円の一部のような曲線となっている。ウは東部のシベリアで南下しており，エは全体的にウより低緯度に位置している。針葉樹林の純林である**タイガ**は，亜寒帯気候の広範な地域に分布しており，**④のエ**となる。一方**ツンドラ気候は，無樹林気候の寒帯**であり，高緯度の北極海沿岸に分布するが標高なども関係するため，シベリアの内陸にも一部見受けられる。よって，**①のア**となる。**北極圏**は北緯66度33分以北の地域であり，**②のイ**となる。**永久凍土**は年間を通して0℃以下の地盤であるが，表層は融解しツンドラ土やポドゾル土壌が分布している。よって，**③のウ**である。

問2　Aは黒海に面したソチ，Bはフィンランド湾に面したサンクトペテルブルク，Cはオビ川河口オビ湾に面するヌイダないしナドゥイム，Dは日本海に面するウラジオストクである。Bの**サンクトペテルブルク**は，**ロシア第2位の人口を有する連邦直轄市**であり，**③**となる。低緯度に位置するAのソチは，2014年に冬季オリンピックやパラリンピックが開催されたロシア随一のリゾート地であり，**④**である。Cの地名は気にしなくてよい。オビ湾周辺の高緯度地域であり，農耕が難しい遊牧地域であるため，**①**となる。Dのウラジオストクは，**水産物や木材関連製品の軽工業が盛んであり，シベリア鉄道の起点・終点**でもあるので，**②**となる。

問3　**ウラル山脈**南部はカザフスタンであり，タタール人はトルコ系民族とされる。**バイカル湖**周辺はシベリアであり，ブリヤート人はモンゴル系民族とされる。ロシア人は東スラブ系民族とされる。トルコ系はイスラーム，モンゴル系は仏教，東スラブ系は東方正教（キリスト教）の信仰者が多い。よって，**②**の組合せとなる。

問4　ソ連（ソビエト社会主義共和国連邦）は，1991年にロシアを含む15共和国に解体した。**菜園付き別荘のダーチャは，旧ソ連時代から農民の自給用食料生産地**であり，近年では市民の食生活を支えているほか売買の対象にもなっている。よって，**①**は正しい。ソ連が解体した直後は，政策転換により経済に混乱が生じ，1989～98年の10年間でロシアの経済生産は45％減少し，2000年までのGDPは解体前の30～50％の間で推移していた。よって，**②**も正しい。市場経済が導入されたロシアではあるが，教育・医療・社会保障制度は国家が支えている。また**市場経済の導入により貧富の差**

拡大が指摘されている。よって，③は適当ではない。ロシア経済は原油・天然ガス・石炭などの生産や輸出により影響を受けやすい。市場価格の変動により経済が不安定になるので，④は正しい。

問5　**サ**は，モスクワが位置する中央連邦管区をはじめ，ヨーロッパロシアが高・中位となっている。**シ**は，ヨーロッパロシア南部が高位で，中央連邦管区やシベリア連邦管区が中位となっている。**ス**は，北西連邦管区・ウラル連邦管区と極東連邦管区が高位で，中央連邦管区・沿ヴォルガ連邦管区が中位となっている。人口密度は大都市の多いヨーロッパロシアで高い。人口１人当たりの**農業生産額は，肥沃なチェルノーゼムが分布する黒土地帯で高くなる**。人口１人当たりの鉱工業出荷額は，原油・天然ガス・石炭などの資源産出地域で高くなる。よって，①の組合せとなる。

問6　2005年から2014年にかけて，４か国との貿易額はすべて増加している。ただし，図の特徴を読み取ると，①はロシアの輸出が急増しロシアの輸出超過が著しい。②は輸出と輸入がほぼ拮抗している。③はロシアが輸入超過となっている。④は貿易額が少額と読み取ることができる。すなわち，①は**ロシアの資源輸出先**でもあるのでオランダ，②は資源の輸出先であるとともに工業製品を輸入するドイツ，③は貿易額がやや少ないものの工業製品の輸入が増加したアメリカ合衆国，④は貿易品目が重なり輸送距離も長くなることから貿易額が少ないブラジルとなる。

第4章

5　南北アメリカ

48　北アメリカ

問1　②　　問2　⑤　　問3　①　　問4　④　　問5　③　　問6　③

設問解説

問1　北アメリカの地形に関する出題である。図1中のAはカナダのロッキー山脈にあたっている。新期造山帯で標高が高く急峻な山々がみられることから，**①は正しい**。Bはセントローレンス川の河口の**エスチュアリー（三角江）**を指している。**エスチュアリーは沈水海岸**であり，ここに河口に形成された**砂泥の堆積層からなる三角州**はみられない。よって**②は適当ではなく，これが正解となる**。Cはアメリカ合衆国東部を走行するアパラチア山脈を指している。同山脈は古期造山帯に属し，侵食が進み比較的なだらかな山容を呈していることから，**③は正しい**。Dはカリフォルニア州の海岸付近に付されている。この地域には**プレートのずれる境界**である**サンアンドレアス断層**が走行しており，**④は正しい**。

問2　北アメリカの気候に関する出題である。図1中の**X**は，北アメリカ大陸西岸の北緯50度付近に付されている。この地域は**カリフォルニア州から沿岸部を北へと分布する地中海性気候（Cs）**の北限に当たっている（これより北側の海岸線には西岸海洋性気候（Cfb）が分布していることも押さえておこう）。**Y**は北緯50度付近の内陸部に付されている。この地域は北アメリカ大陸の約43％を覆う**亜寒帯湿潤気候（Df）**区に当たっている。**Z**はカナダ北東部のニューファンドランド島に付されている。この地域の気候もDfであるが，比熱の大きい海洋の影響を受けるため，内陸に位置する**Y**に比べて気温の年較差は小さくなる。以上のことから，最寒月の気温が−3℃以上で温帯気候の**ウ**は**X**，−3℃未満の亜寒帯気候の**ア**と**イ**のうち，より気温の年較差が大きい**ア**が内陸の**Y**，それが小さい**イ**が海沿いの**Z**となる。**正解は⑤である**。

問3　アメリカ合衆国の人種・民族に関する誤文判定問題である。**1960年代の公民権運動**の結果，法律の上では平等な権利が保障されるようになるとともに，**移民法が改正**され，それまでのアジアからの移民制限が緩和されたため，アジア系移民の流入が増加した。一方ヨーロッパは戦後の復興期，高度経済成長期に当たっており，アメリカへの移民は減少傾向にあった。よって**①は誤りである**。

　19世紀中ごろまで，アフリカ系の人々はプランテーション労働力として南部の綿花地帯に導入されたため，今日も南部への集中度が高い。よって**②は正しい**。

　北アメリカ北部に居住する先住民（エスキモー，カナダでは**イヌイット**と呼ばれる）は，海面が低下していた最終氷期に，ベーリング海峡をユーラシア大陸から歩いて

渡った人々であり，ヨーロッパ人の入植以前から北極海沿岸地域で狩猟や漁労に従事して生活してきた。よって③は正しい。

　　ヒスパニックは，スペイン語を話すメキシコやキューバなどからの移民で，カリフォルニア州などでは農業の季節労働のほか，サービス業や建設業などの低賃金労働に従事する者が多かった。よって④は正しい。近年ヒスパニックは，約60％を占めるヨーロッパ系に次ぐ人口割合となっており（約18％），アフリカ系（約12％）を上回っている。

問4　ニューヨーク，ヒューストン（テキサス州），ロサンゼルスの3都市を，住宅の月平均賃料や通勤手段から判定する問題である。3都市の人口を比較すると，ニューヨークは約850万人でアメリカ合衆国最大，ロサンゼルスは約400万人で第2位，ヒューストンは約230万人で第4位となる（第3位はシカゴ）。このうち，**メガロポリス**に位置する最大都市ニューヨークは，地価が高いため住宅賃料も高いと考えられ，**カ**か**キ**のいずれかとなる。経済・文化など諸機能が集積した同市は通勤人口の流入が多く，市内の地下鉄はもとより，郊外地域にのびる鉄道路線も発達している。よって**キ**がニューヨークとなる。ロサンゼルスは州人口が国内最大（約4,000万人）のカリフォルニア州の最大都市であり，商工業などの集積度から考えてヒューストンより住宅の平均賃料は高くなると考えられる。よって残った**カ**と**ク**のうち，それが高い**カ**がロサンゼルス，低い**ク**がヒューストンとなる。正解は④である。

問5　この4か国中，穀物自給率が最も高いのは，肥沃な**プレーリー土**が分布し冷涼少雨の気候下で大規模に小麦栽培が行われる一方，人口が少なく国内消費量が少ないカナダである。よって①がカナダとなる。第1次産業従業者率は，経済水準が高い国ほど低くなる傾向があるため，①のカナダ同様，それが2％程度と低い②がアメリカ合衆国となる。メキシコとキューバでは，近年労働集約型の工業化が進むメキシコの方が経済発展著しく，第1次産業従事者率は，未だ**モノカルチャー経済の域を脱しきれないキューバ**よりは低くなるはずである。よって③がメキシコ，④がキューバとなる。正解は③である。

問6　アメリカ合衆国の州別のコンピュータ・電子部品製造業，食品製造業，石油・ガス採掘業の立地状況を判定する問題である。図4では，各業種の生産額ではなく州別の就業者割合の上位5州が示されていることも考慮しなければならない。**産油量では，州内にメキシコ湾岸油田と内陸油田という二つの油田地帯を有するテキサス州が最大**であるほか，**アラスカ州やカリフォルニア州などで多い**が，**テキサス州やカリフォルニア州には先端産業の集積地もあり，コンピュータや電子部品の生産量**も多い。本問では，こうした主だった州以外の州に注目する必要がある。**サ**は，アラスカ州を除くと，五大湖西部の**酪農が盛んなウィスコンシン州**，その南西部で接する**トウモロコシ地帯の一角を占めるアイオワ州**，その西隣で同じくトウモロコシ

や大豆の生産量が多いネブラスカ州が上位となっていることから食品製造業と判定する。シは，カリフォルニア州を除くと，北東部のボストンを州都とするマサチューセッツ州や周辺のニューイングランド地方とまとめられる数州に付されており，この地域は主だった油田や天然ガス田はみられないことから，コンピュータ・電子部品製造業と判定する。**ボストン近郊には，エレクトロニクスハイウェーと呼ばれる先端産業の集積地があることも判断基準となる。**残った**ス**が石油・ガス採掘業である。前述のとおり，テキサス州は国内最大の産油州であり，近年はテキサス州やその北のオクラホマ州，北東部のアパラチア山脈付近(ペンシルヴェニア州やウェストヴァージニア州)などで**シェールガス**の採掘がすすんでいることも押さえておけば決め手となろう。正解は③である。

---

49 中央・南アメリカ

> 問1 ①　問2 ③　問3 ①　問4 ②　問5 ③　問6 ③

······································· **設問解説** ·······································

問1　景観には地形や気候が表れている。図1中の**A〜C**は，ペルーの太平洋岸の砂漠地域，山頂に氷河をいただくアンデス山脈の高地，その東側の山麓の熱帯気候地域に付されている。写真1の**ア**は砂漠であり**A**に，**イ**は氷河をいただく山岳地帯であり**B**に，**ウ**は背後の山脈と手前の広葉樹の密林から**C**と判定する。よって正解は①である。

問2　図1中**E**はオリノコ川河口に付されており，Aw気候下を流れる同河川が形成した三角州に当たっていることから①は正しい。**F**は赤道付近のアンデス山脈に付されている。**新期造山帯に属するアンデス山脈**は，海洋プレートのナスカプレートの沈み込みによって形成されたため**随所に火山**がみられ，**F**にも火山が分布している。よって②は正しい。**G**はアマゾン川南側のブラジル高原北部に付されている。**ブラジル高原は安定陸塊**であり，古期造山帯ではないことから③の文は適当ではなく，これが正解となる。**H**は南緯50度付近のアンデス山脈に付されている。高緯度の標高の高いこの地域には**山岳氷河とその侵食を受けたU字谷**がみられることから，④は正しい。**H**に含まれるアルゼンチン南部には，世界遺産にも登録された巨大氷河で知られるロスグラシアレスがある。

問3　図1中**K**はコロンビアのアンデス山脈に付されている。この地域はアンデスを流れる河川(マグダレナ川)の河谷で，スペイン植民地時代に起源をもつプランテーションでコーヒーの栽培が行われている。よって②が該当する。**L**は，ボリビア付近のアンデス山脈に付されている。この地域は**ジャガイモの原産地**であり，**先住民の主食**

作物として現在も栽培が盛んである。また高地の草地ではリャマやアルパカの放牧
が行われている。よって③が該当する。アルゼンチンのパンパの西側に付されたNは,
降水量の少ないステップ地域に当たっている。この地域では,エスタンシアと呼ば
れる大土地所有制に基づく農牧地で牛や羊の放牧が行われている。よって④が該当す
る。なお大土地所有制に基づく農園は,ブラジルではファゼンダ,チリやエクアド
ルなどではアシェンダと呼ばれる。よってMに該当するのは残った①となる。Mはブ
ラジル高原に付されており,この地域では近年特に大豆の栽培が盛んである。大消
費国である中国などへの輸出を目的としたもので,穀物メジャーの経営によるもの
が多い。なおブラジルの主なコーヒー栽培地は,Mの南東側のテラローシャの分布
地域である。正解は①である。

問4　ブラジルの人口100万人以上のP～Rの都市の説明文を選ぶ問題である。PとQ
の都市名は知っておきたいが,アマゾン川流域は天然ゴムの原産地,首都ブラジリ
アは内陸開発の拠点として20世紀半ばにブラジル高原上に建設された計画都市,イ
タビラ鉄山やカラジャス鉄山の位置,などがわかれば解答可能である。

　　Pはアマゾン中流部の中心都市マナオスである。天然ゴムの主産地は東南アジア
に移動したが,かつては原産地であるアマゾン川流域で盛んに栽培された。Pはそ
の集散地として栄えたが,現在は自由貿易地域(フリーゾーン)が設けられ,労働集
約型の電気機械や輸送用機械工業が立地している。よってカが該当する。Qはブラ
ジル高原に付されており,前述の首都ブラジリアである。よってクが該当する。R
はイタビラ鉄山付近に付されており,豊富な鉄鉱石を利用して鉄鋼業が立地してい
ることからキとなる。正解は②である。

問5　問題文にあるとおり,「貿易による国々の結びつきは,相手国との近接性や自由
貿易協定の存在などにより異なる」。「近接性」は輸送費を軽減できる距離的なものが
大きいことから,ベネズエラやコロンビアなど割合の高い国が北部に偏る④はアメリ
カ合衆国,太平洋側の2か国のみが中程度の割合を示す②は日本と判定できる。
MERCOSUR(南米南部共同市場)は,1991年にブラジル,アルゼンチン,パラグアイ,
ウルグアイの4か国で設立され,その後ベネズエラとボリビアを加えて6か国の組
織となっている。1995年から域内関税は原則撤廃されている(自動車,自動車部品,
砂糖を除く)。よって,ブラジルを除く加盟国が25％以上の割合を占める(すなわち
ブラジルへの依存度が高い)③がMERCOSUR,残った①がEUとなる。①は大きな偏
りがないものの一定の依存関係があることが読み取れる。正解は③である。

問6　南アメリカ諸国の住民は,先住民(アジア系,モンゴロイド),植民地化したスペ
イン・ポルトガルをはじめとするヨーロッパ系,プランテーション労働力として導
入されたアフリカ系の三大人種のほか,その混血であるメスチソ(メスチーソとも。
先住民とヨーロッパ系の混血),ムラート(ヨーロッパ系とアフリカ系の混血)などで

構成されている。図3から，アルゼンチンやウルグアイではヨーロッパ系住民の割合が高いが，これは植民地時代に流入したスペイン系の末裔が現在も居住するためである。「独立後に北アメリカからの移民を大量に受け入れたため」ではないことから①は誤りである。エクアドルやコロンビアはスペインの植民地であったため，公用語はスペイン語が用いられている。よって②は誤りである。**ポルトガル語を公用語**とするのは，**唯一ポルトガルの植民地であった**ブラジルだけである。ブラジルやベネズエラではムラートの割合が高いが，これは，前述のとおりプランテーション労働力として，植民地時代にアフリカから多くの奴隷が連れてこられたためである。よって③は正しく，これが正解となる。**ボリビアやペルーで先住民の割合が高い**のは，これらの地域でかつて**先住民によるインカ帝国**が栄えた名残であるが，宗教は他のラテンアメリカ諸国同様カトリックが多数を占めている。よって，「植民地支配を受ける以前からの宗教を信仰する住民が多数を占めている」とする④は誤りである。**メキシコ以南のラテンアメリカ諸国では，ラテン系のスペイン，ポルトガルの布教によってカトリックの信徒が大半を占めている**。

6　オセアニア

50　オセアニア

| 問1　③　　問2　③・⑦　　問3　①　　問4　④　　問5　⑥ |

······························ **設問解説** ·····························

問1　オークランド（ニュージーランド）の気候区は**西岸海洋性（Cfb）気候**である。①の
ケアンズは**熱帯モンスーン（Am）気候**，②ブリズベンは**温暖湿潤（Cfa）気候**，③のメル
ボルンは西岸海洋性（Cfb）気候，④のパースは**地中海性（Cs）気候**である。よって，③
となる。

問2　Aのオーストラリア東岸には堡礁を読み取ることができる。**堡礁は海岸から離れ
て発達し沖サンゴ礁とも呼ばれる**。基盤となる陸地の沈降や海面上昇などにより，
裾礁の次の段階で形成されたサンゴ礁である。海岸と堡礁の間には礁湖（**ラグーン**）
が形成される。なお，**裾礁は陸地の周縁に接して発達し岸サンゴ礁とも呼ばれる**。
環礁は基盤となる陸地が水没しドーナツ状に発達したサンゴ礁である。**ダーウィン**
は裾礁→堡礁→環礁と進化するという説を提示している。Bのサンゴ礁分布の周辺
域には第一段階でもある裾礁がわずかに認められるが，サンゴ礁は少ない。南アメ
リカ大陸西岸でサンゴ礁分布の周辺域の高緯度側に当たるCではサンゴ礁を読み取
ることができない。その理由は，寒流のペルー（フンボルト）海流が流れ，湧昇流も
生じることから低海水温となるためである。よって，⑦の組合せは適当である。さら
に，オーストラリア北東岸は**グレートバリアリーフ（大堡礁）**と呼ばれる世界最大の
サンゴ礁地帯であり，③の組合せも適当である。

問3　Kの**ファレ**と呼ばれる住居は屋根と柱だけで壁がない。柱と屋根の大きさから持
ち運びは難しく，熱帯地域に位置することから風通しを考慮したことがわかる。L
は根茎を食用とするタロイモである。日本の**サトイモはタロイモの一種である**。よっ
て，①の組合せである。なお，バナナは多年生植物で高さ数メートルとなる。

問4　カは特定の国への集中は読み取れず，均等にODAが供与されている。キはミク
ロネシア・マーシャル諸島・パラオが多くなっている。クはパプアニューギニアを
中心とするが，ソロモン諸島・バヌアツなど，この地域へのODA供与が多いことも
わかる。表1の「旧宗主国または国際連合信託統治の旧施政権国」を考慮すれば，④の
組合せとなる。なお，日本は1997年以降**太平洋・島サミット**を開催し，この地域と
の関係を強化している。

問5　ニュージーランドとカナダはイギリスから独立し，英語が公用語となっている。
ニュージーランドにとってのオーストラリアやサモア，カナダにとってのアメリカ

第6章

合衆国は，地理的近接性があるといえる。2015年の送出国にインド・中国・フィリピンが共通して登場している。**BPO（業務プロセスアウトソーシング）**委託先や新興国に該当する国々である。ただし，難民の受け入れを厳しく制限するニュージーランドと，難民は社会を構成するパートナーとして迎えようとしているカナダで登場国と順位の差異が生じている。

7　比較地誌

51　比較地誌

問1 ④　**問2** ①　**問3** ③　**問4** ④　**問5** ⑨

·· **設問解説** ··

問1　アフリカ東岸からスリランカへの追い風なので，南西から北東に向かって吹く風となる。**南西から吹く季節風となるため，**北半球のスリランカが低圧部になる季節を考えることになり，夏季の7月となる。貨物輸送量は，南アジア方面経由の中国を考慮せずインドだけでも，南アジアの方が東アフリカへ直接向かう貨物量より多くなる。よって，東アフリカの方が少ないので，④の組合せとなる。

問2　雨温図カは**熱帯雨林気候**，同キは**温帯夏雨気候**から**高山気候**，同クは**西岸海洋性気候**である。コロンボとナイロビはほぼ赤道直下であるがコロンボの基準地標高は7m，ナイロビの基準地標高は1624m，ロンドンは北緯50度付近に位置している。これらを考慮すると，①の組合せとなる。

問3　Aの**大インド（タール）砂漠**やEのポートノロス周辺はほとんど雨が降らない砂漠地帯であるが，カカオ栽培は高温多雨を条件とするため，この地域で栽培されていない。よって，①は誤りである。Fの**ケープタウン**周辺は**地中海性気候でブドウの栽培も盛んである**が，Bの**マラバル海岸**は6〜9月に降水量が多く稲作が盛んな地域である。よって，②も誤りである。Cの**デカン高原**西部やGの**ハイベルト**は乾季が長く，綿花栽培も盛んである。よって，③は適当である。DのウエストベンガルやHのクワズール・ナタールはいわゆる夏期に多雨であるが，ライ麦は寒冷な地域での栽培が多い。よって，④は誤りである。

問4　インドでは，カースト制による差別は禁止されている。ただし，**身分の上下関係と職業の分業が結びついたカースト制**に規定されてきた。よって，①は正しい。なお，近年はカーストではなく**「ヴァルナ・ジャーティ」**と呼ばれることも多い。農村部では農業以外の就業機会が少ないため，人口が増加すると貧困層が都市部へ流出することが多い。よって，②も正しい。**アパルトヘイト**は白人を優位とする人種隔離政策であったが，1991年にアパルトヘイト三法が廃止され，1994年には制憲議会選挙が実施された。よって，③も正しい。アパルトヘイト時代はいわゆる白人が都心部を占拠していた。廃止後はその都心部に非白人が流入し，治安も悪化した。そのため，都心部から郊外へ諸機能の移転が進んだ。よって，④は適当ではない。

問5　仮説Xに当てはまる事例としては，アルジェリア・モロッコ・チュニジアからフランスへの移動，インド・パキスタンからイギリスへの移動などが当てはまる。た

だし，**サ**の食料自給率，**シ**の大学進学率，**ス**の工業付加価値額といったデータでは仮説を確かめられない。仮説**Y**に当てはまるEU内の事例としては，ドイツからイギリス，イタリアからフランス，スペインからフランスへの移動を読み取ることができるが，相互移動かつ大量移動とはいえない。仮説**Z**の事例としては，トルコや東ヨーロッパからドイツへの移動や，旧植民地からフランス・イギリスへの移動などが当てはまる。**賃金格差を確かめるデータとして，1人当たりの工業付加価値額も適当である。**よって，最も適当な組合せは⑨である。

8 日本

52 日本

設問解説

問1 アは三大都市圏が上位で北海道・東北や中・四国および九州に低位が多い。全体的に似ているものの，イは福岡が上位となり北海道・宮城・広島など広域中心都市を有する道県も中位となっている。ウは東京・神奈川・大阪が中位となり北海道・岐阜・兵庫が上位に登場している。出版・印刷業は市場，電気機械器具製造業は労働力，窯業・土石業は原料産地に立地指向性がある。この点を考慮すれば，③の組合せとなる。

問2 カは三大都市圏の比重がやや高くなっている。キは北海道の比重が高いが，地域的な偏りが少なく全国に分散していると読み取ることができる。クは東京への集中度が高く，二大都市でもある大阪の比重も高くなっている。情報関連サービス業は発信源となる政府・研究機関・大学との関係が強い。道路貨物運送業は物資等の流通量との関係が強い。農業関連サービス業は農産物生産だけでなく人口や観光土産なども関係するため分散傾向が強い。よって，⑤の組合せとなる。

問3 Aは北海道苫小牧市，Bは群馬県富岡市，Cは山口県宇部市～山陽小野田市付近である。Aには明治末期(1910年)に製紙工場が立地し，パルプから紙までの一貫生産を行っている。Bには明治初期(1872年)に官営の製糸工場が立地しており，2014年世界遺産に登録されている。Cはカルスト地形の秋吉台近くに位置しており，現在の山陽小野田市に民間初(1881年)のセメント会社が設立された。よって，①の組合せとなる。

問4 Xは行政と文化の中心なので，昼夜間人口比率は100を超え，年間商品販売額も多くなる。Yは大都市圏の副都心でターミナル駅に高層ビルが建ち並ぶので，昼夜間人口は100を大幅に超え，年間商品販売額も巨額になると考えられる。Zはベッドタウンなので，昼夜間人口は100を下回り，年間商品販売額もやや少ないと考えられる。よって，③の組合せとなる。なお，タは東京都豊島区，チは群馬県前橋市，ツは大阪府高槻市である。

第8章

— *memo* —

— *memo* —

— *memo* —

— *memo* —

① 20200310